D0383233

Pourquoi les hommes s'en vont

Données de catalogage avant publication (Canada)

Shoshanna, Brenda
    Pourquoi les hommes s'en vont
    Traduction de : Why men leave.
    1. Hommes – Psychologie.   2. Relations entre les hommes et femmes.
3. Engagement.   4. Séparation (Psychologie).   I. Titre.
HQ1090.S4614 2000   306.7   C00-940521-6

DISTRIBUTEURS EXCLUSIFS :

* Pour le Canada
et les États-Unis :
MESSAGERIES ADP*
955, rue Amherst,
Montréal, Québec
H2L 3K4
Tél. : (514) 523-1182
Télécopieur : (514) 939-0406
* Filiale de Sogides ltée

* Pour la France et les autres pays :
INTER FORUM
Immeuble Paryseine, 3, Allée de la Seine
94854 Ivry Cedex
Tél. : 01 49 59 11 89/91
Télécopieur : 01 49 59 11 96
Commandes :   Tél. : 02 38 32 71 00
                 Télécopieur : 02 38 32 71 28

* Pour la Suisse :
DIFFUSION : HAVAS SERVICES SUISSE
Case postale 69 - 1701 Fribourg - Suisse
Tél. : (41-26) 460-80-60
Télécopieur : (41-26) 460-80-68
Internet : www.havas.ch
Email : office@havas.ch
DISTRIBUTION : OLF SA
Z.I. 3, Corminbœuf
Case postale 1061
CH-1701 FRIBOURG
Commandes :   Tél. : (41-26) 467-53-33
                 Télécopieur : (41-26) 467-54-66

* Pour la Belgique et
le Luxembourg :
PRESSES DE BELGIQUE S.A.
Boulevard de l'Europe 117
B-1301 Wavre
Tél. : (010) 42-03-20
Télécopieur : (010) 41-20-24

Pour en savoir davantage sur nos publications,
visitez notre site : **www.edjour.com**
Autres sites à visiter : www.edhomme.com • www.edtypo.com
www.edvlb.com • www.edhexagone.com • www.edutilis.com

L'Éditeur bénéficie du soutien de la Société de développement des entreprises culturelles du Québec pour son programme d'édition.

Nous remercions le Conseil des Arts du Canada de l'aide accordée à notre programme de publication.

Nous reconnaissons l'aide financière du gouvernement du Canada par l'entremise du Programme d'aide au développement de l'industrie de l'édition (PADIÉ) pour nos activités d'édition.

© 1999, Brenda Shoshanna

© 2000, Les Éditions de l'Homme,
une division du groupe Sogides,
pour la traduction française

L'ouvrage original américain a été publié
par The Berkley Publishing Group, division de Penguin Putnam Inc.,
sous le titre *Why Men Leave*

Tous droits réservés

Dépôt légal : 2ᵉ trimestre 2000
Bibliothèque nationale du Québec

ISBN 2-7619-1546-1

Pourquoi les hommes s'en vont

Brenda Shoshanna

*Traduit de l'américain
par Louise Chrétien
et Marie-Josée Chrétien*

*Cet ouvrage est dédié à mon merveilleux agent,
Noah Lukeman, dont l'extraordinaire clarté, la
gentillesse et la sagesse m'ont guidée, encouragée
et profondément inspirée.*

INTRODUCTION

Tous les hommes cherchent l'amour. Lorsqu'ils le trouvent, certains ont peur et prennent leurs jambes à leur cou. D'une part, ils souhaitent trouver l'amour et vivre une relation amoureuse ; d'autre part, ils sont soulagés d'y échapper.

Pour ces hommes, les relations amoureuses « semblent » toujours difficiles. Difficiles à trouver, difficiles à garder et difficiles à apprécier. En réalité, il n'y a jamais de pénurie d'amour, de pénurie de relations. L'amour est notre état naturel. Pourquoi ne sommes-nous pas amoureux tout le temps ? Qu'est-ce qui nous fait fuir l'amour dont nous avons tellement envie ?

Cet ouvrage tente de répondre à cette question en examinant ce qui pousse les hommes à quitter leur femme et ce qu'il faudrait pour qu'ils restent. Il a pour but d'aider autant les hommes que les femmes à comprendre toute la gamme des désirs masculins afin qu'ils puissent bâtir des relations qui résisteront à toutes les tempêtes.

Il y a plusieurs façons d'interpréter l'expérience. Nous pouvons l'envisager sous un angle psychologique, mythologique, métaphysique, religieux, existentiel... Dans le présent ouvrage, tous les points de vue sont représentés parce que l'amour est un sujet trop vaste et trop mystérieux pour être limité à un seul point de vue.

Pour commencer, nous devons simplement écouter l'histoire d'un homme, sans faire aucune interprétation, en respectant son expérience et en écoutant *son* point de vue. Si nous n'écoutons pas attentivement les voix des hommes, leurs questions, leurs rêves et leurs cœurs brisés, la guerre tacite entre les sexes ne prendra jamais fin. Si nous ne trouvons pas le moyen de guérir ces blessures, les hommes, les femmes et les enfants continueront à en souffrir.

Nous avons interviewé un vaste éventail d'hommes représentant tous les groupes d'âge, tous les niveaux d'instruction et toutes les classes sociales et économiques. Certains étaient célibataires, d'autres divorcés. Au cours de ces entrevues, nous avons encouragé chacun à trouver l'essence de ses relations avec les femmes. Naturellement, différents thèmes ont surgi et chaque participant a été appelé à élaborer sur le sien.

Pour l'interprétation des entrevues, nous avons consulté des thérapeutes représentant des approches très diverses. Nous voyons ainsi les expériences de ces différents hommes à travers plusieurs filtres.

La division des chapitres est quelque peu arbitraire et un grand nombre d'hommes auraient pu apparaître dans plus d'un chapitre. Chaque exemple contient des aspects des autres, mais à des degrés divers. En fin de compte, l'homme est trop complexe pour être compartimenté de la sorte.

En cours de rédaction, j'ai fait une découverte extraordinaire. Il s'agit d'une technique qui pourrait épargner aux hommes comme aux femmes des années d'angoisse et de confusion dans leur recherche de l'amour. Cette technique, que j'appelle la technique de la volte-face, est décrite en détail à la fin du présent ouvrage. Si vous vous en servez, vous pourrez déterminer sans difficulté si un partenaire potentiel vous convient et comment vous pourrez procéder pour éviter les embûches. Si vous suivez fidèlement la technique de la volte-face, elle sera comme un phare dans la tempête de l'amour.

Chaque chapitre contient des «Conseils à retenir» donnant aux femmes des indices de ce qu'elles peuvent faire pour aider le type d'homme dont il est question à rester en ménage sans avoir envie de s'enfuir, ainsi que des conseils pour les hommes. Cette section peut aussi être utilisée pour déceler des signaux avant-coureurs des problèmes qui pourraient surgir dans les relations amoureuses avec de tels hommes. Vous avez tout intérêt à prendre ces «Conseils à retenir» au sérieux.

Cet ouvrage exprime l'espoir qu'une meilleure compréhension entre les sexes permette enfin aux hommes et aux femmes de déposer les armes et de connaître la joie, le bonheur et l'appui mutuel auxquels ils sont destinés.

CHAPITRE 1

La peur de s'engager

Nous avons parfois le choix de dire Oui à la vie et à nous-mêmes. Alors, la paix entre en nous et nous rend entiers.

RALPH WALDO EMERSON

«Les femmes veulent se faire épouser», dit le Dr Selwyn Mills, psychothérapeute et thérapeute de groupes d'hommes. «Pour se sentir en sécurité, les femmes ont besoin qu'un homme s'engage. Mais l'homme, lui, peut avoir l'impression qu'il n'est qu'un objet utilisé par la femme pour sa sécurité. Aucun homme n'aime sentir qu'on se sert de lui. Dès qu'il s'en rend compte, il s'en va. Se sentir aimé n'est pas la même chose que se sentir utilisé. Lorsqu'une femme peut vraiment accorder de la liberté à un homme, celui-ci a moins peur de se sentir exploité.»

La liberté n'a pas le même sens pour tous les hommes. Pour certains, le plus grand plaisir dans une relation amoureuse est l'étape de la recherche. Ils poursuivent une femme tant qu'ils ne l'ont pas séduite, mais aussitôt qu'ils la possèdent, ils commencent à se sentir coincés, privés de spontanéité et d'occasions de faire de nouvelles expériences. L'aventurier en chaque homme a l'impression de n'avoir nulle part où aller. Or, pour ce genre d'homme, se sentir prisonnier d'une relation est pire que la mort.

Lorsque Simon, un célibataire plutôt bel homme à la fin de la vingtaine, se fait demander pourquoi il ne s'est jamais «casé», il répond: «Les femmes veulent mener les hommes par le bout du nez. Domestiquer un gars, voilà ce qui les excite. C'est pour cela qu'elles ont envie de moi. Je ne suis pas exactement du genre malléable. Mais ne vous y méprenez pas, si elles réussissaient à m'avoir, je deviendrais comme de la pâte à modeler entre leurs mains. »

Cette crainte de n'être que de la pâte à modeler dans les mains d'une femme, de se faire mener par le bout du nez et d'avoir à mener une vie rangée est comme la mort pour certains hommes, jeunes ou vieux, célibataires ou mariés. Ils ont l'impression de succomber à une figure maternelle, de devenir un bon petit garçon et, en fin de compte, de perdre leur pouvoir et leur virilité.

« La liberté est donnée à l'homme à sa naissance, dit Simon. Une fois qu'une femme nous enlève notre liberté, on devient mou comme une chiffe entre ses mains. Les femmes le sentent aussi et elles n'aiment pas ça. À mon avis, c'est une lutte de pouvoir. Le plus fort est celui qui a le moins besoin de l'autre. Le vrai pouvoir, c'est de ne pas avoir besoin de l'autre. »

Pour de nombreux hommes, ne pas se soumettre à une femme, c'est-à-dire garder le contrôle, est synonyme de pouvoir et de virilité. Il n'est pas étonnant que ce genre d'homme soit incapable de rester bien longtemps avec une femme. Tôt ou tard, leurs besoins se développent, leurs sentiments de dépendance croissent. Pour étouffer leurs propres émotions, ces hommes mettent les voiles. Même s'ils ont l'impression d'être les plus forts, leur solitude et leur frustration augmentent chaque fois qu'ils prennent la fuite.

LA PSYCHOLOGIE MASCULINE

On peut aborder la psychologie masculine et les désirs d'amour, de pouvoir et de succès sous plusieurs angles. Selon les jungiens et le mouvement de sensibilisation des hommes, l'homme est composé de différentes parties qui ont besoin de s'exprimer de différentes façons et avec différents partenaires. Avant de les examiner, nous jetterons un coup d'œil aux travaux du grand-père de la psychologie moderne, Sigmund Freud, pour voir ce qu'il dit de la lutte intrapsychique entre l'homme, la femme et l'amour.

Selon Freud, un jeune garçon doit pendant son développement réussir la tâche herculéenne d'aimer sa mère, puis de renoncer à elle et de la rendre à son père, son rival. Le jeune homme doit ensuite devenir l'ami de son père et s'identifier à lui pour devenir lui-même un homme. D'une certaine façon, c'est la version freudienne de la «marche du héros» dont on parle si souvent aujourd'hui.

Dans la marche du héros, un homme doit relever de nombreux défis pour que son rêve se réalise. Dans la marche d'un jeune homme, à un certain moment, le père est son adversaire et son rival pour l'amour de sa mère. Lorsqu'il franchit cette étape avec succès, le garçon renonce à sa mère et surmonte la rivalité avec son père, en partie par son sacrifice. Il établit une relation d'amitié avec le père, s'identifie à lui et peut ensuite vivre un amour bien à lui.

S'il ne franchit pas cette étape avec succès, il peut y avoir diverses conséquences. Certaines mères s'accrochent à leurs fils et refusent de les laisser partir. D'autres refusent à leurs fils l'amour dont ils ont besoin. Lorsque cela se produit, la mère — ou la femme — est perçue comme une adversaire. L'amour d'une femme devient dangereux. Les hommes qui vivent cette situation fuient constamment une femme après l'autre, considérant l'amour comme un piège.

Éric, un cadre dans la trentaine, célibataire invétéré, raconte que toutes ses liaisons prennent fin très rapidement après quelques mois.

«Ce qui a commencé agréablement se termine misérablement. Aussitôt que je sors avec des femmes depuis un mois, elles pensent me posséder et les critiques commencent. Parfois, c'est au sujet de ma façon de m'habiller ou alors parce que je ne les écoute pas assez. Je peux les écouter toute la nuit, mais elles retiennent la seule fois où je ne le fais pas. Quelles que soient leurs doléances, elles ne manquent pas de me les faire connaître. En peu de temps, je me sens comme un petit garçon qui a eu un "D" sur son bulletin. Alors, je souris et je ne dis rien, mais aussitôt que je le peux, je passe la porte.»

Lorsque la mère rejette ou domine son fils, celui-ci peut se mettre à attirer le même genre de femme. Richard a l'impression qu'il doit lutter pour survivre dans toutes ses relations. Il ne se bat pas uniquement contre la femme avec laquelle il sort, mais aussi contre ses dures années avec sa mère. Dès qu'une femme émet un commentaire négatif, il se sent incapable de se défendre et de gagner. Sa seule sécurité et son seul espoir de préserver sa virilité résident dans la fuite.

Voici ce qu'en pense le Dr Mills, qui pratique la gestalt-thérapie: «Dans une thérapie avec un homme comme Éric, nous devons l'aider à rester où il est et à exprimer ses sentiments. Nous demandons à Éric d'imaginer cette femme assise dans un fauteuil vide. Il lui dit ensuite tout ce qu'il pense. De cette façon, il donne libre cours à son ressentiment réprimé et exprime ce qu'il a été incapable de lui dire directement. Après avoir démêlé ses sentiments de cette façon et appris à les exprimer directement, il n'a pas besoin de la quitter, car il ne se sent plus sans défense. »

Une femme qui a une liaison avec un homme comme celui-ci devrait l'encourager à se défendre, à exprimer ses sentiments. Elle devrait l'écouter calmement et éviter de le critiquer. Un homme est souvent plus fragile qu'on ne le pense. Les critiques acerbes de sa petite amie peuvent le blesser profondément. Lorsqu'elle exprime ses besoins et ses sentiments, celle-ci doit faire attention de les formuler sans le critiquer, tout en s'assurant qu'il comprend à quel point elle l'apprécie.

Si un jeune homme est incapable de renoncer à sa mère comme lien primaire, ou s'il a une meilleure relation avec elle qu'avec son père, il peut y avoir d'autres conséquences. (Certaines concernent l'amour et les histoires sentimentales, d'autres la vie professionnelle et financière.) La façon dont un homme renonce à sa mère comme objet d'amour primaire influence plusieurs aspects de sa vie future.

Certains hommes se convainquent inconsciemment que l'amour est dangereux et même défendu. L'objet de leur amour primaire, la mère, appartient en définitive à un autre, le père. Peu importe l'intensité de mon désir pour elle, se disent-ils, je ne pourrai jamais avoir la femme de mes rêves ou, si je réussis à l'avoir, c'est que je l'enlèverai à un autre. Certains hommes découvrent qu'ils sont incapables d'entrer en compétition avec d'autres hommes, convaincus que les autres gagneront facilement l'élue de leur cœur. Ils estiment que, comme leur père, un autre homme a toujours davantage qu'eux à offrir. Il s'agit là d'une répétition de l'enfance, alors qu'ils se sentaient incapables de se mesurer à leur père.

D'autres n'arrivent pas à être heureux avec la femme de leurs rêves parce que cela signifierait vaincre leur père sur son propre terrain, c'est-à-dire lui enlever maman. Cette crainte et cette culpabilité inconscientes sont profondément ancrées depuis la petite enfance. À moins que cette dynamique ne soit résolue pendant l'enfance ou à un autre moment, la relation d'un homme avec les femmes en sera tôt ou tard perturbée.

Finalement, pour qu'un homme ait une attitude saine avec les femmes, il doit pour ainsi dire retourner sur la scène du crime et résoudre ce dilemme. Certains le font tout seuls au cours de leur développement ; pour ceux dont les conflits sont plus profonds, l'aide d'un psychologue ou une thérapie peuvent être très utiles. Une fois le problème résolu, un homme acquiert des rudiments de confiance en lui et réussit à se libérer et à trouver une femme bien à lui.

LE MANQUE DE CONFIANCE

En tant qu'animateur de groupes de sensibilisation pour hommes, le Dr Selwyn Mills a consacré beaucoup de temps à discuter et à analyser de nombreux problèmes. Il parle volontiers de ses propres expériences avec les femmes :

«À l'âge de 19 ans, je suis tombé amoureux de ma femme. J'étais plein d'illusions sur la beauté de l'amour et des relations amoureuses. Nous avons eu des enfants tôt. Nous avions beaucoup d'amis et je travaillais fort pour bâtir ma carrière et bien faire vivre ma famille. Je me suis toujours considéré comme un bon père de famille. J'en tirais une grande satisfaction. Même si ma femme et moi étions sexuellement compatibles sur le plan physiologique, cela n'allait pas beaucoup plus loin.

«Notre mariage a duré 21 ans. Nous avons élevé quatre enfants, mais les dernières années, la situation s'est vraiment dégradée. Ma femme était une personne pragmatique. J'avais entrepris une démarche spirituelle et mes besoins avaient changé. À l'âge de 35 ans, j'ai traversé une grave crise émotionnelle et j'ai commencé à me sentir faible et vulnérable. Le rôle du mâle invincible que j'avais joué jusque-là craquait de toutes parts. Ma femme s'est alors éloignée de moi et ne m'a apporté aucun soutien. Elle avait toujours été très dépendante de moi et ma faiblesse lui faisait peur. Le papa solide qu'elle croyait avoir trouvé avait disparu.

«Une fois la crise passée, j'ai commencé à voir la vie différemment, pleine de possibilités et de nouvelles façons d'être. Mais j'avais perdu confiance en ma femme. Comme je ne voulais pas quitter ma famille, je suis devenu renfermé et j'ai passé de plus en plus de temps tout seul. Elle n'arrêtait pas de me demander si je l'aimais toujours. Finalement, un jour, je lui ai avoué que je ne l'aimais plus. Elle m'a alors rendu la vie impossible et m'a poussé à partir.»

Dans ce cas, l'homme est d'abord parti sur le plan affectif plutôt que sur le plan physique. C'est son attitude renfermée qui a poussé sa femme à entamer la séparation physique. En raison de sentiments de culpabilité et de responsabilité, certains hommes sont *incapables* de quitter leur femme. Alors, ils la poussent à les mettre à la porte et évitent ainsi de porter l'odieux de la situation. Le Dr Mills affirme qu'il avait besoin d'être compris et non blâmé et qu'il voulait devenir un homme neuf.

« Je crois que beaucoup de femmes sont incapables de tolérer la vulnérabilité ou la faiblesse chez un homme. Au fond, elles veulent un homme qui soit toujours fort – qui puisse être un père pour elles. Les hommes le sentent et ils ont peur de révéler leur vraie nature aux femmes qu'ils fréquentent. Ils craignent qu'en se montrant tels qu'ils sont, ils les feront fuir ou se feront démolir. Rares sont les hommes qui font vraiment confiance aux femmes ou qui osent se montrer vulnérables devant elles. C'est la raison pour laquelle ils se sentent forcés de partir. »

Quand ils se rapprochent d'une femme, qu'ils deviennent vulnérables et qu'ils commencent à éprouver des sentiments pour elle, certains hommes estiment que la confiance devient cruciale. S'ils ne peuvent pas faire confiance à une femme, ils ont l'impression qu'ils vont se rendre ridicules en laissant tomber le masque du mâle fort qu'ils croient être son idéal. Ces hommes s'enfuient sans jamais vérifier si c'est vraiment ce genre d'homme que la femme cherchait ou s'ils s'imposent à eux-mêmes cette image macho. Peuvent-ils prendre le risque de lui poser la question ? Peuvent-ils lui faire suffisamment confiance pour baisser leur garde et lui demander ce qu'elle cherche vraiment ?

Le manque de confiance remonte souvent à la relation avec la mère, une relation empreinte d'insécurité. Être vulnérable et ouvert avec une femme donne à ces hommes l'impression de redevenir de petits garçons à la merci d'une mère puissante et sévère. Passer d'une femme à une autre ou jouer au macho insensible sont des mécanismes de défense qui compensent leur vulnérabilité intérieure. De nombreuses femmes ne comprennent pas les énormes efforts qu'un homme doit déployer pour réprimer ses sentiments et jouer les durs.

Le Dr Robert Johnson, psychologue réputé et analyste jungien, décrit à la fois les hommes et les femmes lorsqu'il dit : « Nous sommes sous l'emprise de préjugés patriarcaux – la poursuite du pouvoir, de la production, du prestige et de la réussite nous appauvrit et évacue les valeurs féminines de notre vie. Comme nous dominons l'environnement, nous nous dominons l'un l'autre. Rares sont les gens en paix avec eux-mêmes, heureux dans leurs relations et à l'aise dans le monde. »

L'abandon peut bien sûr être perçu sous un éclairage différent. Comme le dit Lao-Tseu : « Celui qui a la plus grande souplesse est le plus puissant de tous. »

En amour, cependant, bon nombre d'hommes sont plutôt prêts au combat. Certains n'ont jamais vraiment accepté de renoncer à leur mère. Ils ont le vague sentiment d'avoir été rejetés et projettent ce sentiment sur les femmes qu'ils fréquentent. Lorsqu'une liaison commence à se développer, il est extrêmement important qu'un homme sache s'il est en terrain sûr et s'il peut se permettre d'être lui-même sans craindre qu'on l'envoie promener. Certains hommes préfèrent rejeter une femme, plutôt que de risquer de se faire rejeter.

«Les femmes adorent nous rejeter, dit Henri, un représentant dans la vingtaine. Dire non leur donne un sentiment de puissance. Pas de sexe, pas de sorties, tu n'es pas mon genre. C'est pour cela que je ne m'attarde jamais longtemps. Je les quitte avant qu'elles le fassent.»

Dans leurs relations avec les femmes, certains hommes cachent une colère sous-jacente, une blessure suppurante. Henri éprouve constamment le besoin d'avoir le dessus sur une femme, de garder le contrôle. Henri et ses semblables sont prêts à n'importe quoi pour éviter un autre rejet, même s'ils doivent quitter la femme en premier.

Pour vaincre cette crainte du rejet, un homme doit prendre conscience qu'elle exerce une influence dans sa vie et qu'elle peut avoir toutes sortes de conséquences. Il doit s'arrêter, réfléchir à son comportement et déterminer s'il découle d'un véritable désir de liberté ou s'il n'est qu'une réaction à la peur d'être abandonné ou rejeté.

Une femme qui vit avec ce genre d'homme ne doit pas se sentir blessée personnellement par ce comportement. Voici la meilleure chose à faire : *Ne réagissez pas à ses tentatives de s'éloigner.* Prenez du recul et laissez-lui de l'espace. Moins vous réagirez, meilleures seront vos chances de vous retrouver. Si vous savez d'après son passé et sa vie familiale qu'il est mu par une sorte d'automatisme, montrez-vous compréhensive au lieu de lui faire des reproches. Votre attitude changera immédiatement la perception qu'il a de vous. Vous ne serez plus une ennemie, mais une alliée. Peut-être ne pourra-t-il pas poursuivre la relation malgré tout, mais s'il y a la moindre chance que cela se produise, vous aurez fait un pas dans la bonne direction.

De nombreuses femmes commencent à s'énerver dès qu'elles sentent leur homme s'éloigner d'elles. Elles le blâment et se blâment elles-mêmes. Inutile de préciser que cela ne fait rien pour arranger les choses.

Devenez son alliée. Examinez la situation plus globalement. Même s'il vous quitte, sachez reconnaître que cela ne signifie pas que vous êtes indigne d'être aimée ni qu'il ne vous aime pas. Cela veut dire qu'il a peur. Une attitude compréhensive a fait revenir bien des hommes.

QUAND IL CHANGE

«Avec Anne, je ne suis pas le même homme qu'avec ma femme, m'a dit Léo, un homme dans la quarantaine, en me décrivant une aventure extraconjugale. Même si je me sentais heureux avec ma femme et que mon mariage allait bien, avec les années j'ai commencé à me sentir de plus en plus limité. Il y avait des facettes de ma personnalité que je ne sentais plus. Je ne pouvais pas les vivre avec ma femme. Elle ne les faisait pas ressortir en moi. Si je les avais exprimées, elle aurait pensé que j'étais fou. Elle aimait une petite vie bien compartimentée, mais moi j'étais sur le point d'éclater.

«Puis j'ai rencontré Anne et la terre a tremblé. Je n'arrivais pas à croire à ce qui m'arrivait. Je riais aux éclats, je faisais l'amour comme un jeune homme et je me sentais heureux de vivre. C'était une vie complètement différente. Ma femme a pris peur. J'ai essayé de mettre fin à ma liaison, de redevenir celui que j'étais avec elle, mais je n'y arrivais plus.

«Je n'avais d'autre choix que de la quitter pour Anne. Il n'y avait pas de place pour l'homme que j'étais devenu dans la maison rangée de ma femme. J'aime celui que je suis avec Anne et j'ai besoin d'être cet homme-là!»

Léo n'a jamais dit qu'il aimait Anne plus que sa femme. C'est l'homme nouveau qu'il est devenu dont il est tombé amoureux. «Je suis en paix avec Anne. J'ai l'impression que tous mes efforts pour être une personne que je n'étais pas sont enfin finis.» Quelle était cette quête dans laquelle Léo s'était engagé? Comme le dit Lao-Tseu: «Le véritable combat est à l'intérieur et il n'est rien de plus qu'une bataille entre l'homme réel et l'homme idéal.»

Pour certains hommes, la routine, les attentes et les contraintes qui se développent avec le temps dans un couple peuvent devenir un véritable étau. Ils peuvent avoir le sentiment d'être faux, de ne pas se montrer tels qu'ils sont et d'être incapables de réfléchir à ce qui compte vraiment pour eux dans la vie. Souvent, les longues relations amoureuses ne laissent pas de place au changement. Pour qu'une relation survive aux tempêtes, chacun doit se réserver suffisamment de temps et d'espace pour se ressourcer et vivre ses rêves personnels. La véritable sécurité ne découle pas de structures rigides, mais de la capacité d'accorder une certaine latitude à l'autre.

Pour certains existentialistes, la monogamie n'est pas naturelle, mais plutôt le résultat de la socialisation à laquelle l'homme est forcé de se plier. Avec le temps, peu importe le succès de sa socialisation ou la qualité de sa relation amoureuse, l'homme verra sa nature profonde refaire surface pour exprimer son besoin de variété, de découverte et d'expériences de vie. À moins qu'une longue relation amoureuse puisse résister à cet appel, elle sera mise au rancart ou maintenue par la peur.

> *Qu'on sorte les oiseaux et les poissons de leur élément*
> *et ils meurent. L'eau est la vie pour le poisson, le ciel*
> *pour les oiseaux. Qu'est la vraie vie pour l'homme?*
>
> DOGEN ZENJI

LE BESOIN DE LIBERTÉ

Le Dr Mills est un cas inhabituel et intéressant d'une personne qui a vraiment agi selon ses sentiments et exploré les fantasmes qu'un grand nombre d'hommes entretiennent sans oser les exprimer. Depuis son deuxième divorce, il consacre sa vie à explorer en profondeur à la fois son besoin de liberté et ses relations avec les femmes.

«Je me suis marié deux fois, dit le Dr Mills. Mon deuxième mariage a été très bref. Très tôt, ma femme n'a plus voulu me quitter. Partout où j'allais, il fallait qu'elle m'accompagne. Avant notre mariage, elle avait toutes sortes d'intérêts personnels; après, elle s'accrochait à moi et n'avait d'autre envie que de me suivre. Je sentais que je suffoquais. J'avais l'impression qu'elle n'avait plus de vie personnelle en dehors de ce que je lui donnais. J'ai voulu mettre fin à la relation, mais elle a refusé. Je lui ai offert le choix entre le divorce ou un mariage ouvert. Il fallait absolument que je respire.

«Elle a choisi le mariage ouvert. Nous avons déménagé dans des appartements séparés. Je la voyais pendant les week-ends. Pendant la semaine, j'avais ma propre vie et j'ai commencé à sortir avec d'autres femmes. Non seulement cela m'a ouvert les yeux, mais cela m'a aussi beaucoup soulagé. Je n'avais plus l'impression qu'on me possédait ni que j'avais besoin de posséder qui que ce soit.

« Je savais que j'avais besoin de variété, dit-il, mais j'avais surtout besoin d'être honnête, avec les autres comme avec moi-même. Si je suis honnête dans la vie, je me sens bien. Je ne mens pas et je ne cache pas ce que je fais ou ce que je ressens, ni aux autres ni à moi-même. »

Un grand nombre de relations échouent en raison des mensonges et des tromperies de l'homme qui est insatisfait et qui cherche à le cacher. Certains hommes vivent des fantasmes et rêvent à d'autres femmes, tandis que d'autres entretiennent des liaisons clandestines ou des étreintes sans lendemain. La plupart du temps, ces liaisons restent secrètes, mais la culpabilité accumulée crée une faille dans la relation et entraîne l'homme à chercher des défauts à sa partenaire pour justifier sa conduite.

« La véritable liberté que j'ai acquise dans tout cela, dit le Dr Mills, est celle de pouvoir être honnête. Cela m'a permis de faire ce que je voulais et de ne mentir à personne, pas même à moi. J'étais certain de ne pas vouloir d'une autre relation fondée sur les obligations et la culpabilité. »

Lorsque les hommes mettent fin à une relation, ils ont souvent l'impression que ce n'est pas la femme elle-même qu'ils fuient, mais les obligations et la culpabilité. Ils ont peur d'être enfermés dans un carcan de règles et d'attentes.

« Je ne vois pas pourquoi j'endurerais ça, dit Thomas, un ingénieur célibataire. Il y a plein de femmes et quand l'une d'entre elles commence à me dire ce que je peux et ne peux pas faire, je fous le camp. »

Thomas ne veut tout simplement pas obéir à des règles édictées par quelqu'un d'autre.

« Je ne veux pas d'une relation où je dois rendre des comptes. Je veux une relation où je trouve ce dont j'ai besoin et vice versa. Parfois, c'est comme cela qu'on commence et puis les maudites règles s'insinuent partout. Si j'appelle à 16 h au lieu de 15 h 30, j'en entends parler toute la nuit. Je dois être sûr que je n'ai de comptes à rendre à personne, sinon je ne reste pas longtemps. »

Thomas a besoin de satisfaction immédiate. Il prend ce qu'il veut sans donner quoi que ce soit en retour. Tenir compte des besoins d'une autre personne est trop difficile pour lui. Thomas s'accroche à sa vie d'enfant, période bénie où on prenait soin de lui sans qu'il ait à s'occuper de personne. Il est clair que Thomas est incapable de renoncer à sa liberté d'enfant.

« Avec moi, c'est comme un raid éclair, dit-il avec un sourire charmeur. Je ne vaux pas grand-chose à long terme, mais pendant que je suis là on s'amuse bien. »

Le désir d'être libre de toute obligation et de toute culpabilité peut découler de facteurs autres que le besoin d'échapper aux responsabilités. Il peut venir du désir d'avoir un nouveau genre de relations avec les femmes.

« Après mes deux mariages, ma conception des relations amoureuses a complètement changé, dit le Dr Mills. J'avais déjà vécu deux mariages basés sur des devoirs de toutes sortes. J'ai bien voulu le faire pendant un certain temps, mais en fin de compte cela n'a pas marché. Maintenant, je cherche des relations fondées sur la découverte et la vérité. »

Il est relativement rare qu'un homme exprime ce genre de sentiment aussi clairement. La plupart d'entre eux ne se permettent pas de penser de cette façon ; au contraire, ils passent à l'acte subversivement.

« Ma générosité et mon ouverture d'esprit attiraient beaucoup les femmes, a poursuivi le Dr Mills. J'ai fait l'amour avec un grand nombre de femmes, mais je ne les possédais pas et elles ne me possédaient pas. Je le leur disais toujours à l'avance. Je veux simplement une expérience amoureuse qui ira peut-être plus loin. Nous ne parlions pas d'avenir. Bien que certaines aventures n'aient été que des histoires d'un soir, ce n'était jamais de l'exploitation pure et simple. À mon avis, celle-ci est mauvaise, en ce sens qu'on utilise une personne pour assouvir ses propres désirs. Dans mes rencontres, je voulais toujours connaître la personne, être gentil avec elle et vice versa. »

Pour le Dr Mills et bien d'autres hommes, il est parfaitement possible d'éprouver des sentiments pour une personne avec laquelle on ne passe qu'une ou deux nuits.

« À mon avis, l'amour n'a pas besoin de croître avec le temps, dit-il. Il y a toutes sortes d'amour. Pour moi, être ouvert avec une femme et partager quelque chose honnêtement avec elle est une forme d'expérience amoureuse. C'est ce que je désire, et non pas une personne qui cherchera à m'attacher. »

Qu'est-ce qui l'attirait le plus chez toutes ces femmes ? « Lorsqu'elles exprimaient quelque chose de vraiment authentique sur elles-mêmes, cela m'excitait beaucoup. C'était très particulier, car j'avais l'impression que je pouvais aussi le faire. Je me sentais à la fois libre et ravi. »

Pour certains hommes, il est plus facile d'être ouvert et « vrai » dans des relations passagères où ils se laissent aller à ce genre de comportement pendant très peu de temps. En outre, comme ces relations ne sont jamais exposées aux regards critiques des pairs, de la famille et des amis, elles sont sans danger et leur permettent d'exprimer des facettes de leur personnalité qui pourraient autrement paraître inacceptables. Il peut être très difficile de se comporter régulièrement de manière inacceptable dans le monde.

La plupart des hommes ne peuvent s'ouvrir à une femme que lorsqu'ils savent que l'expérience est passagère. Ils n'ont ni à en craindre les conséquences ni à faire face à la personne le lendemain.

Lorsqu'on a demandé au Dr Mills si les femmes qu'il fréquentait souhaitaient aussi des rencontres sans lendemain ou si elles auraient préféré que la relation aille plus loin, il a convenu que la plupart des femmes attendaient davantage de lui.

« Plusieurs d'entre elles refusaient de croire ce que je leur disais. Elles ne m'écoutaient pas vraiment. Elles s'imaginaient qu'elles allaient me changer et que je les aimerais tellement que je ne pourrais plus me passer d'elles. Je ne les quittais pas parce que je ne les aimais pas assez. Pour moi, c'est une question de liberté, de possibilité d'explorer différentes facettes de moi-même. Si je trouvais une femme qui comble tous mes besoins, je resterais avec elle. Sinon, pourquoi me priver à nouveau ? »

Lorsque je lui ai demandé si son attitude équivalait à faire marcher les femmes, à faire naître chez elles des attentes irréalistes, il a nié tout cela.

« Pas du tout. Je leur dis tant et plus de ne pas attendre d'engagement plus profond de ma part. Je suis très direct. Par exemple, j'ai rencontré cet été une femme appelée Élaine. Je l'ai fréquentée pendant un certain temps, puis l'atmosphère est devenue plus romantique. Une semaine avant de faire l'amour avec elle pour la première fois, je lui ai dit que je n'étais pas monogame et que je n'avais pas l'intention de le devenir. Je lui ai demandé honnêtement si elle était capable de supporter ce genre de relation. Elle a fait une pause pour y réfléchir. La situation semblait l'étonner au plus haut point. Elle m'a dit qu'elle ne s'était jamais trouvée dans une situation pareille, mais qu'elle pensait pouvoir s'en accommoder.

« Nous avons passé un merveilleux été ensemble, en savourant chaque minute. À l'automne, en ville, elle est venue manger un soir à mon appartement et le sujet est revenu sur le tapis. Je lui ai avoué que je voyais quelqu'un d'autre et elle en a été sidérée. Elle s'est levée, a jeté son assiette sur le plancher et a commencé à crier que je l'avais trahie. Franchement, je ne comprenais pas. Je lui ai rappelé notre conversation du début de l'été. Elle a dit qu'elle n'y avait plus repensé et qu'elle avait présumé que je n'avais besoin de personne d'autre, puisque tout allait tellement bien entre nous.

« Je suis arrivé à la conclusion que la plupart des femmes n'écoutent pas un homme. Elles entendent ce qu'elles veulent entendre. Élaine m'apportait beaucoup, mais pas tout. Ce n'était pas une relation pour laquelle j'aurais laissé tomber toutes les autres. Cela m'était arrivé lors de mes deux mariages. J'avais déjà fait des compromis émotionnels. Dans un mariage on le supporte, mais c'est fini. Maintenant, je n'ai pas l'impression de devoir quoi que ce soit à qui que ce soit. Maintenant, je donne parce que j'en ai envie. Nous sommes deux adultes mutuellement consentants et nous devons nous satisfaire l'un l'autre. »

Du point de vue du Dr Mills, le besoin de liberté n'est pas une façon de fuir l'intimité et l'amour, mais un moyen de multiplier les occasions d'intimité et de combler ses nombreux besoins.

Lorsque leurs relations échouent, de nombreux hommes se sentent blessés, exploités et ruinés. Certains refusent d'aimer à nouveau. Pour d'autres, les relations avec les femmes deviennent empreintes de vengeance et ils cherchent à prendre tout ce qu'ils peuvent tout de suite sans rien donner en retour. Malheureusement, cette phase peut durer très longtemps.

Une femme qui a une liaison avec un homme dans cette situation doit faire preuve de beaucoup de patience. Elle doit lui donner le temps de digérer sa colère et de se rendre compte qu'elle est différente de l'autre, qu'elle n'est pas son ancienne femme ni aucune autre femme qu'il a déjà connue, et qu'il ne répétera pas forcément les mêmes erreurs. Certaines femmes y arrivent, d'autres pas. Mais j'ai souvent vu la patience récompensée.

Le Dr Mills affirme qu'il ne voit pas ses anciennes épouses dans toutes les femmes et qu'il n'est pas en colère contre elles. Au contraire, il est disposé à aimer et à se donner pleinement, sans toutefois être prêt à renoncer encore une fois à sa liberté. Il a simplement éliminé de ses relations la culpabilité, les obligations et les devoirs.

« Elles doivent me prendre comme je suis. J'ai beaucoup à donner et je donne beaucoup. Je trouve dommage que la plupart des femmes ne sachent pas se contenter de jouir du bonheur qu'elles ont sans chercher constamment à l'épingler. Quand on fixe une chose, on la change, on la fait mourir. »

Il y a plusieurs façons d'envisager et d'interpréter les paroles du Dr Mills selon les valeurs et la culture de la société dans laquelle on vit ainsi que les diverses écoles de pensée en psychologie. Et même à l'intérieur des différentes approches psychologiques, on peut apprécier son désir de liberté de diverses manières.

Certains freudiens diraient qu'en ayant de nombreuses partenaires, le Dr Mills fuit l'anxiété provoquée par la menace œdipienne. Inconsciemment, il a organisé sa vie de manière à ne jamais entièrement posséder l'objet original de son amour (la mère). Il ne trouve jamais la femme qui le comblerait complètement, remplaçant ainsi sa mère. À cet égard, et tout à fait inconsciemment, il pare à la menace du père tout en restant fidèle à sa mère, car il ne trouve jamais entière satisfaction dans les bras d'une autre.

Un thérapeute gestalt interpréterait ce comportement différemment. Dans son analyse de ce cas, il dirait que le Dr Mills s'ouvre et permet l'expression de différentes facettes de sa personnalité. Il n'a pas une vie rigide, dominée par son censeur ou son juge intérieur. Il ne réprime ni ne nie l'aventurier, l'explorateur ou le romantique en lui. De plus, il est honnête avec les femmes. Il ne parle pas «au futur» et ne crée pas d'attentes hypothétiques. Il reste bien ancré dans le moment présent, ouvert à l'expérience qui s'offre à lui. Ce genre d'orientation peut être interprété comme le fruit d'une attitude saine et pleinement intégrée devant la vie.

Pour sa part, le Dr Robert Johnson, analyste jungien bien connu, déclare que «l'âme de chaque homme exige qu'il vive chaque grand rôle ou archétype de l'inconscient collectif, le trompeur et le trompé, l'amoureux et l'aimé, l'oppresseur et le vainqueur, etc.»

En plus de décrire tous les rôles de l'inconscient collectif, la psychologie jungienne postule l'existence en chacun de nous d'archétypes féminins et masculins. Selon les jungiens, chaque homme doit être capable d'exprimer la femme et l'homme en lui. Lorsqu'il sera en paix avec les aspects plus doux, plus sensibles et plus maternels de sa nature, il se sentira plus en sécurité avec une femme.

Dans sa recherche d'une partenaire, un homme se sent plus attiré par une femme qui ressemble à la femme en lui. La quête du Dr Mills peut découler de son besoin d'apprendre à mieux connaître divers aspects de sa féminité. Il ne peut mettre fin à ses recherches avant d'avoir trouvé la femme qui comblera toutes les facettes de son âme.

Le Dr Robert Johnson décrit ce dilemme dans son ouvrage intitulé *We*:

Il y a en chacun de nous d'énormes contradictions. D'un côté, nous voulons la stabilité d'une relation avec un être humain ordinaire, de l'autre, nous cherchons inconsciemment une personne qui sera l'incarnation de l'âme, qui saura nous émouvoir jusqu'à l'adoration et remplira notre vie d'extase.

En quittant une femme après l'autre, certains hommes cherchent bien plus que la partenaire idéale. Ils peuvent même vouloir quelqu'un qui touche leur âme. Certains s'imaginent qu'elle se présentera comme une image dans un miroir et qu'il n'y aura plus jamais de conflits. Or, quand on résout ses conflits et qu'on affronte ses craintes, on laisse tomber son masque et on profite de ses expériences. Certains hommes seront sans doute étonnés d'apprendre que cette longue recherche n'est pas nécessaire et que leurs rêves sont déjà réalisés.

CONSEILS À RETENIR
Comment composer avec les hommes qui ont peur de s'engager

POUR LES FEMMES
- Écoutez attentivement ce qu'il vous dit. Il ne blague pas.
- Ne vous imaginez pas que votre amour va le changer ou faire en sorte qu'il s'attache à vous. Il vous désire autant qu'il le peut en ce moment. Il ne veut tout simplement pas être avec vous exclusivement et pour la vie.
- Moins il y a de pression, de culpabilité et d'obligations dans votre relation, mieux elle s'en portera. Plus vous êtes occupée et autonome, meilleures seront les chances que votre liaison aille plus loin.

POUR LES HOMMES
- Réfléchissez à l'image que vous vous faites d'une relation amoureuse et aux attentes qui s'y rattachent. Comprenez pourquoi vous vous sentez piégé et pourquoi vous avez toujours besoin de fuir. Que fuyez-vous vraiment ?
- Essayez d'établir une relation dans laquelle vous pouvez vous accorder la liberté émotionnelle d'être vous-même. Nombreux sont les hommes qui ont l'impression qu'ils doivent constamment se mettre en scène pour une femme. C'est d'ailleurs pourquoi ils ne restent pas très longtemps avec elle. Permettez-vous d'être vous-même dans vos relations amoureuses. Dites non quand vous en avez envie. Après, vous pourrez dire oui.
- Certaines femmes sont plus compréhensives que d'autres et supportent mieux une relation moins structurée. Recherchez ce genre de femme. Demandez-leur à l'avance ce dont elles ont besoin pour

qu'une relation les satisfasse. Si elles veulent plus que vous ne voulez en donner ou si elles sont trop possessives, ne vous engagez pas. Rendez-vous compte qu'il y a toutes sortes de femmes. Certaines ont aussi peur que vous de s'engager.

• L'engagement est un processus organique qui prend du temps. Il s'installe habituellement par étapes et représente l'évolution naturelle du cœur. Ne vous laissez pas bousculer et ne vous engagez pas avant d'être prêt. Sachez que si vous êtes honnête et vrai, l'engagement viendra de lui-même.

Recherche ton autre moitié
Celle qui marche toujours à tes côtés
Et est celle que tu n'es pas.

MACHADO

CHAPITRE 2

Le fantasme amoureux

Le culte du romantisme nous enseigne qu'une personne ordinaire ne suffit pas, qu'il faut chercher un dieu ou une déesse, une reine de beauté, une anima ou un animus incarné.

ROBERT JOHNSON

Il peut être beaucoup plus facile de tomber amoureux de son fantasme que d'une personne en chair et en os. Pour certains, les fantasmes sont la plus grande source de satisfaction, même lorsqu'ils s'expriment avec une vraie personne. Pour d'autres, la frontière ténue entre le fantasme et la réalité peut être difficile à percevoir. Certains hommes imposent leurs fantasmes aux femmes, d'autres refusent d'avoir une relation suivie avec une femme pour la garder à l'état de fantasme amoureux, enchâssé à jamais dans leur esprit et leur cœur. Les hommes qui préfèrent le fantasme à la réalité ont l'air d'aimer les femmes, mais la vraie femme qu'ils rencontrent peut leur rester à jamais étrangère.

«Qu'est-ce que la vie sans une petite amie?» demande Gino, un beau grand Sicilien de 45 ans, charmeur à souhait. Père de trois enfants qu'il adore, Gino est toujours entouré de femmes.

«Je n'en quitte jamais une sans en avoir quelques-unes en réserve. Cela me garde en forme. Est-ce si mal que ça?» ajoute-t-il avec un sourire gamin.

Bien que ses liaisons ne durent jamais longtemps, Gino a des opinions bien arrêtées sur les relations entre les hommes et les femmes.

« Voici ce que je pense. La femme est comme la reine de la ruche. Elle considère qu'un homme devrait être heureux de travailler, travailler, travailler et de vivre uniquement pour elle. L'homme se dit : "Pourquoi est-ce que je ne peux pas m'étendre toute la journée et la laisser tourner autour de moi ?" Il y a un conflit de rôles parce que les rôles ne sont pas clairement définis.

« Nous ne pouvons pas être satisfaits tous les deux. Les femmes veulent des relations monogames et les hommes ne veulent pas se faire piéger. Mais les hommes se sentent coupables quand ils partent. Croyez-le ou non, c'est difficile de partir. Nous nous sentons vraiment coupables. Quoi que nous fassions, nous finissons toujours par avoir le mauvais rôle. »

Voilà certains des problèmes avec lesquels Gino doit composer dans ses relations avec les femmes. Il est convaincu que les femmes veulent faire des hommes leurs serviteurs. Comme il veut aussi se faire servir par une femme, ce scénario est inacceptable pour lui et ses relations amoureuses ne durent jamais longtemps. Son comportement cache des sentiments de dépendance et d'infériorité. Au fond, Gino croit qu'un homme n'est rien comparé à une femme.

« Un homme veut une femme pour organiser sa vie, admet-il volontiers. Tout seul, un gars est perdu. Mais il veut aussi une femme qui lui laisse croire que c'est lui qui mène. Si seulement les femmes pouvaient comprendre ça, ce serait formidable. C'est subtil. Un homme ne peut pas supporter que ce soit la femme qui mène, mais, au fond, il veut qu'elle lui donne une petite tape sur la tête et lui dise quoi faire. »

Selon le Dr Robert Berk, analyste au Postgraduate Center for Mental Health de New York, nombreux sont les hommes qui ne peuvent pas supporter leur dépendance envers les femmes parce qu'ils se sentent castrés. C'est pourquoi ils se retirent. Certains se montrent même méprisants avec leur femme pour qu'elle paraisse moins importante qu'elle ne l'est pour eux.

Comme ces sentiments sont inacceptables pour Gino, il compense en adoptant un comportement hyper macho et en ayant autant de femmes qu'il le peut. De cette façon, il n'est pas un homme qu'on quitte, une éventualité insupportable pour son ego.

« Un homme aime qu'une femme soit forte, poursuit Gino, mais il faut qu'elle sache s'y prendre. L'homme doit sentir qu'il la satisfait. Pour qu'une femme lui semble vraiment formidable et qu'il ne soit pas tenté de la quitter, il doit être confiant que son amour est assez fort pour qu'elle n'ait pas envie d'aller voir ailleurs. Il a peur de ne pas être à la hauteur. Il faudrait qu'il se sente l'égal de la femme, mais les femmes bien le sont trop pour la plupart des hommes. »

Quelle admission pathétique du manque d'estime de soi de Gino, de son incapacité de reconnaître ses talents et ses compétences et de se valoriser pour ce qu'il est ! Au contraire, il idéalise les femmes et projette sur elles son immense force et ses multiples dons.

Voilà une contradiction intéressante que vivent un grand nombre d'hommes. L'identité et la forte carapace masculine se basent souvent sur la compensation, plutôt que sur leurs véritables qualités.

Le Dr Gerald Epstein, psychiatre bien connu spécialiste de la thérapie du rêve éveillé, de la visualisation et de la spiritualité occidentale, interprète la déclaration de Gino d'une autre façon, liée aux différences entre les hommes et les femmes. « Premièrement, dit-il, il faut comprendre que les femmes sont moins superficielles, plus complexes, plus fortes et plus développées que les hommes sur le plan humain. Il y a donc déjà un écart dans la relation. Cependant, dans une société dominée par les hommes, les jeunes filles sont élevées à ne pas se rendre compte qu'elles sont plus fortes et plus développées. C'est ainsi qu'elles finissent par se sentir asservies par les hommes et obligées de dépendre de leur amour.

« Le besoin d'être aimé, qui se manifeste de façon grandement erronée du côté des femmes, les pousse à pervertir leur situation à l'égard des hommes. »

Selon le point de vue du Dr Epstein, Gino réagit de cette façon parce qu'il est conscient qu'il y a des différences entre les hommes et les femmes. Sa crainte de ne pas être à la hauteur a un fondement réel. Cependant, en idéalisant la femme, puis en la fuyant, Gino ne prend jamais conscience de ses propres qualités, de son intelligence et de ses compétences. Il n'a pas non plus l'occasion de se rendre compte de tout ce qu'il a à offrir à une femme et de tout ce qu'une femme peut lui apporter.

« Quand je suis avec une femme depuis un certain moment, poursuit Gino, je commence à me dire que j'ai fait mon temps avec celle-là. J'ai atteint ma limite. Je commence à espérer que quelque chose de meilleur m'arrive. La terre ne tremble plus. Et après avoir couché avec elle, il faut bien que je me lève tous les matins et que je mène une vie ordinaire de toute façon. »

La vie de tous les jours de Gino est remplie d'activités et de comportements conflictuels et peut-être même d'ennui. Pour lui, les femmes sont une façon de sortir de sa routine et d'entrer dans un monde magique, presque mystique. Il considère ses liaisons sans lendemain comme des expériences à part, dans lesquelles il peut se ressourcer. Bien sûr, ces rencontres sont très brèves et se terminent aussitôt que la réalité prend le dessus.

Quand Gino parle de la *vie ordinaire,* il fait référence à sa perception de lui-même comme une personne ordinaire, indigne d'être aimée par une femme qu'il admire et incapable de la retenir. (Dans ce cas-ci, il s'agit de distorsion. Gino est un homme fort, doué et fascinant qui s'ignore.)

L'analyste jungien Robert Johnson décrit admirablement cette situation dans son ouvrage *We*:

> *Lorsque les projections d'un homme au sujet d'une femme s'évaporent subitement, celui-ci est désenchanté et déçu qu'elle ne soit qu'un être humain et non l'incarnation de son fantasme. S'il ouvrait les yeux, il verrait que rompre l'enchantement lui fournit une occasion unique de découvrir la vraie personne derrière le fantasme et d'explorer des facettes de sa personnalité qu'il projetait sur elle et essayait de vivre à travers elle.*

Le cas de Gino illustre bien ce point. Lorsqu'il a enfin trouvé la femme de ses rêves, Gino est sorti avec elle deux fois et a refusé de la revoir.

«Qui aurait cru qu'une pareille chose m'arriverait?» a lancé Gino en commençant à parler d'elle. C'était l'été et je passais par là, alors je suis allé à un bal quelque part au Rhode Island. Le bar n'était pas mal et en sortant, je suis tombé sur une magnifique femme blonde. Nous nous sommes regardés et ça a été le coup de foudre. Je l'ai prise par le bras, j'ai fait demi-tour et je suis allé danser avec elle.

«C'était magique. Je l'ai tenue serrée contre moi. Nous avons beaucoup ri, elle était formidable. Nous ne pouvions pas nous séparer. Nous sommes allés sur une plage voisine et nous avons marché toute la nuit en regardant la lune. C'était génial! Mais j'étais terrifié. Elle était mariée. Elle avait fait un mariage de raison pour l'argent et cela lui convenait, mais nous savions que nous étions faits l'un pour l'autre. À la fin de la nuit, nous n'avons pas échangé nos numéros de téléphone. Nous avions passé un bon moment et nous nous sommes dit au revoir.»

L'idée de partager sa vie ordinaire avec une femme pareille terrifiait Gino parce qu'il avait peur de ne pas savoir la retenir, de ne pas la mériter et de ne pas savoir l'aimer suffisamment. Gino s'est donc immédiatement empêtré dans son idéalisation de cette femme.

Évidemment, la brièveté de la relation avait une autre fonction. S'il laissait cette femme entrer dans sa «vie ordinaire», elle perdrait son aura de perfection. Or, Gino avait besoin de cette perfection, ne serait-ce que de manière passagère. Pour cela, il fallait qu'elle demeure un fantasme.

«Je ne pouvais pas m'en empêcher, a-t-il poursuivi. Quelques semaines plus tard, je suis retourné au même bar et elle était là. Je savais qu'elle y serait, je le sentais. La même chose est arrivée. Je l'ai prise par le bras, nous avons dansé, nous sommes retournés sur la plage et nous avons passé une autre nuit magique ensemble. Puis, à la fin, nous avons tous deux dit que nous espérions ne plus jamais nous revoir. Nous ne voulions pas que les merveilleux sentiments que nous partagions soient banalisés par la vie de tous les jours.

«Je me souviendrai toujours d'elle, je la sentirai toujours dans mes bras. Vous voyez, nous avions réussi à créer cette extraordinaire illusion pendant deux nuits, mais aurions-nous pu le refaire?»

Pour Gino, se sentir vraiment heureux, être intime avec quelqu'un et épanoui en amour n'est possible que dans un monde irréel. Il était déterminé à figer pour l'éternité cette femme et les deux nuits qu'ils avaient passées ensemble. Il voulait à tout prix empêcher que cette illusion soit détruite. Il y tenait absolument.

«Vous savez, j'ai passé ma vie à chercher ce genre de bonheur. Maintenant que j'y ai goûté, je n'en ai plus envie. J'ai atteint un paroxysme avec cette femme. Après cela, tout est nécessairement décevant. Je vivrai de ce souvenir toute ma vie. L'amour que nous avons ressenti est monté jusqu'à la lune où il est précieusement conservé. Une nuit, la lune fera rayonner notre amour sur une autre plage où deux amants se feront attraper comme nous l'avons été. »

Gino a besoin d'un fantasme amoureux parfait, parce que dans la vie il doute constamment de lui-même et des femmes. Son fantasme est un sanctuaire où il peut se réfugier quand il a besoin de se sentir aimé et valorisé. De plus, un tel amour lui confirme que la vie ordinaire peut être transcendée et que la perfection existe. C'est un souvenir qu'il peut évoquer lorsqu'il se sent déprimé et seul.

Un fantasme amoureux ne peut être ni menacé, ni brisé, ni dérobé. Ce fantasme amoureux a une trop grande importance pour que Gino prenne le moindre risque de le perdre. Évidemment, une telle situation est à la fois douloureuse et contradictoire. En s'accrochant à son fantasme, Gino s'empêche de trouver le véritable amour, un amour qui le soutiendrait dans sa vie ordinaire. Mais quelle femme peut se comparer à son souvenir ? Surtout que la femme idéale qu'il a rencontrée n'a jamais été mise à l'épreuve d'aucune façon.

En fait, Gino est en train de dire que l'amour n'est qu'illusion. C'est tout ce qu'il peut avoir et tout ce qu'il veut. Il a eu deux nuits parfaites, impossibles à surpasser, qui correspondaient en tous points à son rêve. Dans ses fantasmes, il peut avoir tout ce qu'il désire, sans faire d'effort, sans être remis en question et sans avoir à regarder l'autre en face, l'altérité troublante d'un véritable être humain. Ainsi, d'une certaine façon, ce fantasme amoureux rend Gino distant et inaccessible, ce qui est bien dommage tant pour lui que pour les autres.

Le Dr Harriet Field, psychanalyste au William Alanson White Institute et directrice de recherche au NYU Postdoctoral Program, fait de l'analyse relationnelle sur une base interpersonnelle. Elle voit les choses bien différemment.

« Ce genre de personne a probablement été profondément déçue, dit-elle, soit par sa mère, soit par son père. Parfois, on épouse sa mère, parfois son père. Ces hommes cherchent quelque chose de différent ; ils rencontrent quelqu'un et sont très excités. Puis, avec le temps, la relation les déçoit et ils laissent tout tomber. Ils ne voient pas leur propre rôle dans la situation, ils constatent simplement que cette personne ne comble pas leurs besoins. »

Que ferait le Dr Field si elle avait un patient comme celui-ci ? « C'est une situation délicate, car ces personnes ont de la difficulté à remettre leur fantasme en question. Elles refusent de reconnaître l'absence dont elles ont souffert, laquelle est maintenant comblée par le fantasme.

« Pour pouvoir commencer à travailler avec ce genre de patient, celui-ci doit sentir qu'il reçoit quelque chose de l'analyste, quelque chose dans la qualité de l'analyste, sa capacité de comprendre sans juger ni blâmer. Il doit sentir que son analyste le met sur la piste qui lui permet de commencer à explorer.

« Tout cela est lié à une déception très précoce et, comme la personne n'a jamais résolu le problème original, il subsiste toujours un espoir qu'elle finira par rencontrer quelqu'un qui comblera tous ses besoins. »

J'ai demandé à Gino s'il avait tenté de revoir cette femme idéale. « Deux mois plus tard, je suis retourné une fois dans le même bar pour voir. J'y ai rencontré une femme que j'avais connue en même temps que l'autre. Elle m'a dit qu'elle n'avait jamais vu deux êtres aussi amoureux l'un de l'autre et qu'elle pensait que nous étions sûrement mariés depuis. Je lui ai répondu qu'avec un peu de chance, je ne la reverrais jamais. »

Non seulement Gino essaie de se protéger de la déception précoce dont parle le Dr Field, mais il perçoit vraiment son fantasme comme une chose positive et puissante. Ce fantasme est une source de bonheur qu'il ne peut trouver nulle part ailleurs.

« Aucune réalité ne pourra jamais se comparer à ce fantasme. Nous avons partagé quelque chose de tellement valorisant, c'est comme une potion magique dans ma vie de tous les jours. Même si je la quitte, je ne la quitte pas. L'expérience que nous avons partagée vivra éternellement. Je n'oublierai jamais ces deux nuits. Leur souvenir me tiendra au chaud quand il fera froid ; je les mettrai à la banque et les retirerai quand j'en aurai besoin. Si vous venez ici et si vous voyez la lune, vous pourrez atteindre les mêmes sommets avec une personne que vous aimez.

« La vibration amoureuse que vous émettez vous revient. Elle fait partie de l'énergie qui se crée entre deux personnes, un tourbillon d'énergie qui ne meurt jamais. Vous n'avez pas besoin de chercher mieux. Vous pouvez toujours l'injecter dans votre vie. »

Gino est un homme singulier qui possède un sens très développé du romantisme et de la poésie. Il faut dire que cela contraste avec sa vie de tous les jours. Pour lui, le fantasme amoureux est une façon de transcender la vie, une expérience quasi religieuse, cosmique même. Il refuse catégoriquement de l'abaisser au même rang que ses relations ordinaires dans la vie de tous les jours.

Sur une note plus positive, cette facette de la personnalité de Gino le rend plus créateur et plus sensible à toutes sortes de choses qui ne touchent pas les autres hommes. Cependant, sur le plan psychologique, Gino est amoureux non pas de la femme qu'il a rencontrée, mais du fantasme qu'elle est devenue pour lui. En un sens, il est amoureux de l'amour.

Pour rendre complètement justice à l'expérience de Gino, nous pouvons et devons l'examiner dans un contexte transpersonnel plus large. Il y a d'autres façons de voir l'amour romantique, des façons qui font appel à la poésie et au mythe. Comme le dit le Dr Robert Johnson, « nous savons qu'il y a un élément inexplicable dans l'amour romantique. Quand nous sommes amoureux, nous nous sentons entiers, comme si une partie manquante de nous-mêmes nous avait été rendue, améliorée, soudainement élevée au-dessus du monde ordinaire.

«Quand nous luttons pour nous élever au-dessus de la petitesse et de la partialité de la vie personnelle pour atteindre un idéal, on peut dire qu'il s'agit d'aspirations spirituelles. Dans cet état, un homme a le sentiment que l'objet de son amour est tout ce qui compte dans la vie.

«Les poètes romantiques ne se le cachent pas. Ils ont choisi de renoncer à voir la femme comme une femme en chair et en os et d'en faire un symbole de l'âme, l'éternel féminin, l'amour divin. La femme devient une façon de s'élever au-dessus de son petit ego.

«Comme le dit une chanson mexicaine : "Pour moi, t'adorer est une religion". »

LE RÔLE DU FANTASME AMOUREUX

Chaque homme interprète le rôle d'amant idéal de manière différente. Louis, spécialiste en médecine douce et éducateur, est un beau grand jeune homme qui pourrait avoir toutes les femmes qu'il désire. Longtemps porté par son fantasme de parfait chevalier servant, il affirme avoir eu les meilleures.

Récemment fiancé pour la première fois de sa vie à une femme charmante dans la quarantaine, Louis a passé des années à draguer et à séduire des femmes de toutes sortes.

«J'adore sortir avec une jeune beauté au bras et faire tourner les têtes d'envie, dit Louis. C'est une vraie dose d'adrénaline. Cela me rappelle ma jeunesse. Je me sentais gauche et solitaire et je me disais que je n'aurais jamais aucun succès. »

Ces conquêtes ont nourri l'estime de soi de Louis en lui donnant le sentiment d'avoir conquis le monde. (Le monde se réduisant à un corps voluptueux.) Il se sentait heureux à l'idée qu'il faisait plaisir à une femme. Fils d'une mère qui lui faisait constamment des reproches, Louis avait besoin d'approbation féminine.

«Je suis gentil pour elles aussi, dit Louis avec un sourire coupable. Je ne les quitte jamais, je n'ai pas besoin de le faire. Si les choses ne vont pas à mon goût, je refuse de faire ce qu'elles veulent et elles me quittent d'elles-mêmes. Mais je ne suis jamais malhonnête. Dès le début, je leur dis à quoi elles doivent s'attendre à mon sujet. Puis, lorsqu'elles se rendent compte que c'est la vérité, elles me quittent. Ce n'est pas ma faute. »

Louis a clairement besoin de cette femme fantasmatique qui prouve sa puissance et rehausse l'estime qu'il a de lui-même.

« Il y avait une femme que je désirais depuis des années, raconte Louis. Elle était assez jeune quand je l'ai rencontrée. Aujourd'hui, elle a 26 ans. Nous avons eu des relations sexuelles quelques fois, mais cela n'avait rien à voir avec une intimité amoureuse. Elle était bisexuelle et terriblement attirante. Je l'ai revue récemment, cinq ans après notre première rencontre. Je lui ai dit qu'elle regretterait, quand elle aurait 31 ans, de ne pas s'être intéressée à moi, car elle saurait alors ce qu'elle cherche chez un homme et elle verrait que c'est moi. Je suis cet homme merveilleux ! Elle est tout simplement trop jeune pour s'en rendre compte.

« J'avais dit cela pour rire, mais elle m'a téléphoné le lendemain pour me dire qu'elle ne voulait pas manquer tout ce que je lui avais fait miroiter. "Je veux bien être ta petite amie, mais je ne suis pas encore prête à être monogame." Je lui ai répondu que j'étais d'accord. »

La seule pensée de posséder cette magnifique jeune femme suffisait à Louis. Savoir qui elle était devenue, si elle avait changé et ce qui lui arrivait dans la vie n'avait aucune importance. Elle jouait le rôle de fantasme amoureux et lui celui de l'amant idéal. En fait, Louis tirait son plus grand plaisir de son rôle de jeune premier auprès de belles jeunes femmes. Leur véritable personnalité et leurs besoins ne changeait rien pour lui.

« Elle a continué à avoir d'autres liaisons pendant que nous étions ensemble, mais ça me laissait complètement indifférent. Elle m'attirait tellement. J'avais peu d'exigences à son égard, mais j'insistais parfois pour qu'elle fasse ce que j'avais envie de faire.

« Au bout d'environ trois semaines, elle m'a dit qu'elle n'avait plus envie d'être ma petite amie. Elle voulait que ce soit comme avant entre nous. »

Très souvent, dans un fantasme amoureux, aussitôt que l'un des partenaires a la moindre exigence et que l'autre doit renoncer à ses propres plaisirs ou projets, la relation prend fin.

Louis s'en est rendu compte. « Elle n'était même pas ma petite amie, dit-il, parce qu'une petite amie est là de temps en temps. J'arrivais, je lui disais bonjour, nous faisions l'amour de manière divine et cela s'arrêtait là. Nous n'avions aucune intimité amoureuse ensemble. À part les mots : "Tu es mon petit ami", il n'y avait rien de plus entre nous. »

Louis fait une importante distinction entre l'intimité et les relations sexuelles. Dans un fantasme amoureux, les relations sexuelles sont habituellement merveilleuses et l'intimité, au mieux transitoire. Parfois, il n'y a aucune intimité ; parfois, elle est très intense, mais très brève, tant que la scène se déroule comme prévu.

Louis comprend l'origine de son comportement. Il le décrit en parlant de lui-même adolescent.

« Quand j'étais à l'école secondaire, dit Louis, j'ai commencé à jouer à un jeu qui découlait de mes insécurités. Je ne savais pas comment draguer les femmes ni comment socialiser avec elles. Je me souviens d'être étendu sur mon lit et de me demander comment cela se passerait quand je serais grand. Serait-ce vraiment horrible ? Et là, j'ai mis l'avenir au défi de me procurer ce que je désirais.

« Maintenant, chaque fois que je suis au lit avec une belle femme, j'envoie un message au petit Louis de 16 ans et je lui dis : "Tu vois comme ça marche !" »

Toutes ces jeunes femmes nourrissent le fantasme que Louis entretenait à l'école secondaire, rêvant d'être sexy, populaire et accepté, le tombeur de ces dames. Même si Louis a vieilli, il continue à se percevoir comme un enfant de 16 ans et à avoir des femmes et des expériences que le jeune Louis aurait désiré avoir à l'époque.

C'est ce que les psychologues appellent l'arrêt du développement ou un retour sur une expérience traumatisante pour s'en libérer. Les choix de Louis dans sa vie adulte ont été largement dictés par sa période douloureuse à l'école secondaire. Dans le choix des femmes avec lesquelles il couchait, il cédait toujours à la beauté physique, comme un enfant de 16 ans le ferait.

D'autre part, il dit : « J'adore les femmes, toutes les parties de leur corps. Je n'en ai jamais assez et je ne vois pas pourquoi je devrais me priver. »

Voici ce qu'Erich Fromm a écrit au sujet du même problème : « Très souvent, lorsque les traits masculins du caractère d'un homme sont affaiblis parce qu'il est resté enfant sur le plan émotif, il essaie de compenser cette lacune par le sexe.

« Il en résulte un Don Juan qui a besoin de prouver sa puissance parce qu'il est incertain de sa virilité. »

Louis avoue qu'en plus d'être un merveilleux amant, il aime vraiment les femmes. Pourtant, quand il élabore un peu plus sur ses relations amoureuses, il admet qu'elles comportent des difficultés pour lui aussi.

« Les femmes peuvent être vraiment emmerdantes, dit Louis, contrariantes, indiscrètes, exigeantes. Imaginons par exemple que j'attends une femme dans un parc. Nous avons décidé d'aller à un concert qui me fait vraiment envie. Elle est en retard et, quand nous arrivons au guichet, c'est complet. *Ça, je trouve ça emmerdant.* Les femmes sont souvent comme ça.

« Je veux leur donner l'heure juste. Mais si on est honnête avec les femmes, elles nous trouvent grossier et misogyne. Si on est malhonnête avec elles, elles nous accusent de tous les noms. »

Cette frénésie sexuelle et ce désir de plaire cachent une profonde blessure et une incompréhension totale de la femme. Louis a l'impression de donner tout ce qu'il peut et de ne recevoir souvent que des critiques en retour.

« Par exemple, je suis allé rendre visite à un ami qui habite Fire Island. Il partageait un appartement avec une femme que je ne trouvais absolument pas attirante sur le plan physique. Je ne la trouvais pas jolie et je n'aimais pas son corps, mais je passais du temps avec elle. Un jour, nous sommes allés à la plage et tout d'un coup nous avons commencé à nous embrasser. Elle n'était pas désagréable, je pouvais quand même l'embrasser. »

Il est évident que Louis a besoin de plaire et de séduire presque toutes les femmes qu'il rencontre.

« Puis nous sommes retournés à sa chambre et en 10 minutes nous faisions l'amour. J'ai vraiment apprécié le genre de désir qu'elle suscitait en moi, très primal, plus que d'habitude. C'était très inhabituel. Avec elle, on ne prend pas de détour. Après cela, chaque fois qu'elle a voulu me revoir, j'ai été d'accord.

« Cela a duré environ huit mois. Je l'aimais bien. Nous avions une relation très physique, mais elle n'était pas tellement jolie. Je ne pouvais pas la promener à mon bras, en faire un trophée. Mais c'était une merveilleuse personne. Qu'est-ce qu'on fait avec une merveilleuse personne qui est aussi une femme ? On lui fait l'amour. »

Louis est convaincu qu'il ne peut rien faire d'autre parce qu'il joue son rôle d'amant idéal, lequel compte pour une grande partie de son identité.

« Avec le temps, je lui ai demandé quels étaient ses sentiments pour moi et elle m'a assuré qu'elle n'était absolument pas amoureuse de moi, et je lui ai répondu de même. Elle aimait faire l'amour avec moi et j'avais envie de coucher avec elle. C'était une question d'hormones, de phéromones même ! Ces substances sont primales et déterminent nos réactions envers les autres. C'est une question d'odeur.

« Un peu plus tard, je suis revenu sur le sujet parce que certaines de mes amies me disaient qu'elle était sûrement amoureuse. Elle m'a donné la même réponse en me demandant de cesser de l'embêter avec ça.

«Et puis, il y a eu son anniversaire et j'avais promis que nous ferions une sortie. Mais voilà qu'un de mes neveux qui n'a pas de père est venu me rendre visite. Sur les entrefaites, j'ai rencontré un vieux copain qui est entraîneur de basket-ball à l'université St. John's. "St. John's joue pour le championnat national, m'a-t-il dit, tu veux venir? Je te donnerai des billets pour toi et ton neveu." Évidemment, la partie tombait le jour de son anniversaire.

«Je l'ai appelée et je lui ai dit : "Je sais que c'est ton anniversaire. Nous arrêterons te voir après le match ou nous pourrions sortir le lendemain ou le jour avant, comme tu veux."

«Eh bien, elle m'a fait une de ces crises abominables. Elle a été vraiment odieuse. Je n'ai pas besoin de ce genre de chose. Je vais à une partie de basket-ball et je lui dis que je sortirai avec elle après. Je la dérange? Je suis un amant attentif, je suis gentil avec elle, je l'appelle le lendemain pour lui dire que c'était merveilleux, etc. Qu'est-ce qu'elle veut? Pourquoi crie-t-elle après moi? J'ai gâché sa journée ou quoi?»

Louis a besoin qu'on le considère comme un bon gars, aimant, serviable et généreux envers les femmes. Il ne comprend vraiment pas pourquoi elles se mettent aussi violemment en colère contre lui, un peu comme sa mère. Il n'est pas conscient que son comportement entraîne les femmes à réagir comme sa mère le faisait.

«Ses copines lui ont organisé une fête d'anniversaire, raconte Louis, et elle m'a téléphoné pour m'inviter. J'ai accepté.

«Après la partie, je suis passé chez elle et elles m'ont toutes regardé comme si j'étais un monstre. Elle est restée distante. Je lui ai téléphoné le lendemain pour la remercier, mais après cela elle n'a plus voulu me parler pendant un an. Je l'ai trouvée vraiment emmerdante. Les femmes sont comme ça. Elles se retournent contre vous soudainement. C'est malhonnête de leur part. Qu'est-ce qu'elle voulait de moi? Est-ce que je lui avais menti?»

Comme Gino, Louis a le sentiment d'être incapable de vraiment satisfaire une femme, de l'aimer complètement. Il n'est pas étonné qu'elles se retournent contre lui; en fait, il s'y attend. D'aucuns diraient qu'il le souhaite et en a besoin, car il revit sa relation avec sa mère, qu'il n'arrivait jamais à satisfaire.

«Alors, est-ce que c'est moi qui l'ai quittée ou si c'est elle qui m'a quitté? On pourrait dire que j'ai été un passif agressif et que je me suis arrangé pour qu'elle me quitte. Une femme dirait que je n'ai jamais vraiment été là. Ce qui n'est pas tout à fait vrai. J'étais là, mais je ne voulais pas m'engager à ce moment-là ni même essayer d'être amoureux d'elle.

« J'aime servir une femme. À moins que je trouve une femme vraiment repoussante, je peux faire l'amour avec elle. J'aime donner du plaisir aux femmes, même si elles sont emmerdantes. Je pourrais le faire à longueur de journée.

« Mais même si je fais tout ce qu'elles veulent, elles me quittent parce que je refuse de changer la petite chose qui les dérange. Je fais ce que je fais. Je m'occupe de mes affaires. Je n'essaie pas de les repousser. »

Le fantasme de l'amant idéal n'inclut aucune notion de sacrifice. L'homme qui le joue n'estime pas avoir à changer son horaire et ses plans pour faire plaisir à l'autre. Ainsi, par définition, les amours fantasmatiques ne durent qu'un temps. Lorsqu'elles se prolongent, les besoins et les réalités de la vie de tous les jours s'y insinuent. Or, aucune relation n'est statique. De toute évidence, la femme dont Louis parlait a estimé qu'il avait accordé la priorité à son neveu à un moment important pour elle. Dans son esprit, ce choix reflétait l'ordre d'importance dans lequel elle venait dans sa vie.

Après des années de ce genre de vie, Louis a vécu récemment une expérience complètement nouvelle. C'était au début de l'été. Il était à l'hôtel avec un joli mannequin que tout homme lui aurait envié.

« J'étais avec un magnifique jeune mannequin de 25 ans et je ne pouvais rien demander de mieux. Puis, soudain, j'ai entendu une voix qui me disait : *"Ce n'est pas assez."* Je me suis demandé ce qui pourrait être assez alors ? »

Les besoins intérieurs de Louis commençaient à faire surface. Le plaisir qu'il trouvait au fantasme commençait à pâlir.

« Je ne savais pas ce que je cherchais, ajoute Louis, mais je savais que c'était autre chose complètement. Peu de temps après, j'ai rencontré Lili, la femme que je vais épouser. »

Cette histoire raconte une transition fascinante entre les années passées à vivre dans le fantasme et la volonté de renoncer à ce genre de vie et de rechercher l'authenticité et la vraie satisfaction.

« Avec Lili, je ne peux pas imaginer qu'il existe quelque chose de plus. Et elle n'est ni jeune ni blonde comme ce mannequin. Je sais qu'il est très improbable que je rencontre une femme qui réunira tous les atouts de toutes les femmes que j'ai jamais connues. Et Dieu sait que j'en ai connu !

Je n'ai aucun désir de voir le Grand Canyon une deuxième fois. J'aimais la variété. Et puis, j'ai rencontré Lili. »

Je lui ai demandé ce que Lili avait de si particulier pour qu'il soit certain qu'il ne s'en lassera jamais. « Voilà. La compagnie que je préfère est la mienne. La meilleure chose pour moi est une personne dont j'aime la compagnie autant que la mienne et qui ne m'empêche pas de m'amuser. Voilà Lili.

« Lili me laisse de l'espace, vraiment. Elle n'a pas besoin de me posséder. Quand nous sommes ensemble, je n'ai aucun autre désir. La mère de Lili lui disait toujours : "Comment sait-on qu'assez c'est assez ? Quand le couvercle est enlevé et que l'eau déborde." »

« Lorsque j'ai rencontré Lili, l'eau débordait. J'ai une attitude très zen dans la vie. Je n'ai pas le choix. C'est comme me marier maintenant, je n'ai pas le choix si je veux être en harmonie avec le moment présent. Je veux aimer, être avec une personne qui m'excite, avec laquelle je peux être affectueux et qui a un grand cœur. La voie est toute tracée. »

Lorsqu'il a rencontré Lili, Louis était prêt à vivre un amour durable. S'il a de la chance, un homme se lasse de son fantasme et finit par chercher le vrai. Il sait accepter le compromis, sortir de son rêve et accepter enfin de vraiment connaître la femme avec qui il est. Il est prêt à prendre le risque d'être vulnérable, d'être rejeté et de s'ouvrir vraiment à l'autre.

CONSEILS À RETENIR

Comment composer avec les hommes qui vivent le fantasme amoureux

POUR LES FEMMES

- Si un homme est incapable de vivre autre chose que son fantasme, admettez-le et quittez-le.
- S'il veut une relation, laissez-lui beaucoup d'espace pour vivre son fantasme.
- Flattez son estime de soi. Dites-le-lui s'il vous fait plaisir et soulignez tout ce qui vous plaît en lui.
- Ne vous sentez pas offensée lorsqu'il regarde et apprécie les belles femmes. Il va le faire toute sa vie. Ne faites pas en sorte qu'il se sente coupable. Aussitôt que vous le ferez, il prendra la poudre d'escampette.

- N'entretenez pas trop d'attentes à son égard. Il est difficile de renoncer à un fantasme.
- Soyez certaine de pouvoir tolérer ce genre de situation. Il n'abandonnera pas son rôle d'amant idéal avant d'être prêt à le faire. Ne vous imaginez pas être celle qui le fera revenir à la réalité. Aimez son fantasme avec lui ou quittez-le.

POUR LES HOMMES

- Bien que les fantasmes puissent être délicieux, sachez qu'ils vous limitent.
- Trouvez des qualités différentes qui sont dignes d'être aimées chez les vraies femmes que vous rencontrez. Prenez-les en note et méditez.
- Essayez de déterminer ce qui vous empêche d'avoir confiance en une vraie femme et de l'aimer.
- Essayez de trouver de la beauté et de l'exaltation dans votre vie de tous les jours. Est ce toujours nécessaire de vous réfugier dans le fantasme pour que votre vie soit intéressante?
- Un fantasme peut parfois remplacer le désir d'une véritable pratique spirituelle. Arrêtez-vous un instant et demandez vous si la méditation, la prière ou d'autres pratiques religieuses pourraient combler un besoin plus profond.
- L'attirance pour le fantasme peut être transformée en créativité. Peut-être avez-vous un talent pour la musique, les arts plastiques ou une autre forme d'expression de votre moi profond.

> *L'humanité est incapable de supporter une trop grande dose de réalité.*
>
> T.S. ELIOT

CHAPITRE 3

Les femmes éternellement insatisfaites

Si la poussière d'or est précieuse, dans l'œil elle cause des cataractes.

SOEN ROSHI

Pour certains hommes, l'arme de choix dans la recherche de l'amour est l'argent. Leur image primaire de l'homme comme pourvoyeur est une machine à faire de l'argent dont il se sert pour séduire et retenir de belles femmes, qui ne restent satisfaites que jusqu'à l'arrivée de la prochaine cargaison de cadeaux. L'image de la femme vampire qui draine les vies et les ressources des hommes est intimement liée à ce scénario.

Bien qu'ils travaillent d'arrache-pied pour gagner de l'argent, ces hommes en éprouvent de la rancœur et ils ont le sentiment que leur vie se réduit à bien peu de chose. Non seulement ils se voient comme des objets, mais leur femme aussi devient un objet qu'ils achètent et retiennent avec de l'argent et du clinquant — la maison qu'il faut dans le quartier qui convient, le club social, les bijoux... enfin tout pour qu'elle reste.

Cette notion transforme l'amour en une transaction sur le marché des valeurs. On achète et on vend de l'attention et de l'affection. La valeur et l'intérêt d'un homme se résument à son porte-monnaie.

D'une certaine façon, on peut dire que cette attitude est conditionnée par la culture, mais elle a des répercussions bien plus profondes. Il est beaucoup plus facile pour un homme de donner des cadeaux et de l'argent que de donner de lui-même. De nombreux hommes ne savent même pas qu'ils ont quelque chose d'unique et de personnel à offrir. Leur obsession du pouvoir, de l'identité et de l'argent les absorbe complètement. Ils finissent par se sentir amèrement déçus lorsqu'ils se rendent compte que, peu importe leurs cadeaux et leur dur labeur, leur femme ne sera jamais satisfaite. En fait, elle ne peut pas l'être, car l'argent n'est qu'une contrefaçon de l'amour.

Même si beaucoup d'hommes blâment leur femme ou leur maîtresse, eux aussi sont responsables de la perpétuation de cette illusion et de ce faux sens d'identité.

« Je suis content qu'on me donne enfin la chance de raconter ma version de l'histoire », m'a dit Nicolas, un bel homme d'une quarantaine d'années d'origine grecque, chauffeur de taxi à Atlanta, en Géorgie. Excité à l'idée de raconter ses histoires avec les femmes, il tournait sans cesse la tête vers la banquette arrière, parlant sans arrêt tout en conduisant à vive allure.

« Je ne suis pas un gars ordinaire, non plus, dit Nicolas. Je suis en train de terminer un doctorat en génie chimique. Pensez-vous que cela fera plaisir à ma femme ? Sûrement pas. » Une veine gonflait dans son cou à mesure qu'il parlait.

« Pourquoi les hommes quittent-ils les femmes ? Ce n'est pas la bonne question. Demandez plutôt pourquoi ils restent. Et moi ? J'ai essayé de la quitter quelques fois, mais je vieillis. Je commence à avoir peur. C'est la même chose pour tous les gars. Et pourquoi les femmes ne sont-elles jamais satisfaites ? C'est toujours une seule et même chose, enfin, à mon avis : l'argent.

« C'est toujours l'argent. Elles veulent tout votre argent et ce n'est pas encore assez. Regardez-moi, je suis criblé de dettes. Je suis marié depuis 20 ans et comme je vous l'ai dit, je l'ai quittée une ou deux fois. Pourquoi suis-je parti ? Je l'adore, mais si je lui donne mille dollars elle en dépense mille cinquante. Elle n'en a jamais assez. Je suis toujours dans le rouge. Je ne suis pas le seul, le pays tout entier croule sous les dettes. Les gars essaient d'acheter l'amour des femmes. Ils pensent que l'argent suffit, mais ça ne dure pas. Je lui achète ce qu'elle veut et qu'est-ce qu'elle fait ? Elle se querelle avec moi. Pourquoi ? Parce que tous ces objets ne la rendent pas heureuse et ne pourront jamais le faire. »

Nicolas a haussé les épaules. Sa voix semblait désespérée. « Vous savez, j'ai tout fait pour qu'elle m'aime. Quand nous nous sommes mariés, tout ce que je voulais c'était son amour. »

Nicolas n'a aucune idée qu'il mérite l'amour de sa femme, avec ou sans argent. Il ne se rend pas compte que c'est *lui* qu'elle devrait aimer et non les choses qu'il lui donne. Il est triste et perplexe parce que, malgré sa générosité, rien ne va jamais comme il le voudrait. Quand je lui ai demandé si une femme pouvait aimer un homme qui n'a pas d'argent, il a ri à gorge déployée !

« Ma femme aime ses affaires. Vous devriez voir ses placards. Plein de robes, de chaussures et de bijoux qu'elle ne porte jamais. Mais elle se plaint tout le temps. Elle n'est pas la seule, toutes ses amies sont pareilles. Elles s'encouragent l'une l'autre, elles comparent ce qu'elles ont. C'est ainsi qu'elles se démontrent leur importance, se prouvent qu'elles sont aimées. »

Nicolas perçoit les femmes comme des espèces de gouffres qui essaient constamment de se remplir. Sa femme essaie de le faire en remplissant ses placards de robes et de chaussures dont elle n'a pas besoin, et bien d'autres femmes peuvent faire la même chose.

Nicolas n'a jamais pris le temps de se demander d'où vient ce vide — ce que sa femme cherche vraiment.

Selon le Dr Rémi Berk, psychanalyste freudien, de nombreux hommes ont peur que les femmes ne les engloutissent sexuellement et financièrement. Cependant, la crainte d'être englouti par une femme peut être une projection du désir de l'être. Or, c'est un désir inacceptable, car c'est le désir de retourner à sa mère et de se retrouver dans un rôle infantile. Ces hommes entretiennent inconsciemment le fantasme que la mère va les engloutir et ils ont peur qu'elle ne les castre en même temps. »

Nicolas et d'autres hommes dans sa situation se sentent certainement castrés sur le plan émotif. En effet, quoi qu'ils donnent, cela ne suffit jamais à leur femme, qui n'est jamais contente très longtemps. D'une certaine façon, cela les rend impuissants avec leur femme.

Quand je lui ai demandé comment il se sentait comme homme, Nicolas est resté silencieux un moment. « Horrible, qu'est-ce que vous pensez ? Que je donne n'importe quoi, ce n'est jamais assez. »

Comme homme, Nicolas se sent impuissant, incapable de satisfaire sa femme insatiable. Il a l'impression de ne pas être à la hauteur, d'être sans ressources pour rendre sa femme heureuse.

De nombreux hommes tirent une grande satisfaction et une grande fierté de savoir qu'ils peuvent contenter une femme, que ce soit sur le plan sexuel, financier ou émotionnel, ou en lui offrant un foyer et des enfants. En effet, pour sentir qu'il a réussi, un homme doit savoir qu'il contente sa femme. Il se convainc ainsi qu'elle restera auprès de lui, ce qui le rassure. Nicolas, lui, se sent à jamais privé de ce plaisir dans son mariage.

« Il n'y a pas moyen de s'en sortir non plus, dit Nicolas. C'est le système qui nous tue. Ce ne sont pas seulement ses amies, c'est le système dans lequel on vit. Chaque jour à la télé, les publicités la sollicitent avec de nouveaux produits. Deux jours plus tard, il faut qu'elle achète quelque chose, car tout ce qu'elle a ne vaut plus rien. En se montrant toujours insatisfaite, elle me blâme d'une certaine façon. Elle se met en colère quand je lui fais remarquer qu'elle n'a pas besoin de ceci ou de cela et rit de moi quand je dis que nous sommes devenus esclaves de nos cartes de crédit. Puis, dans le temps de le dire, je dois encore plein d'argent. Je suis pris dans le système et je dois payer. Je ne savais pas que l'amour coûtait aussi cher. »

Nicolas ne voit aucune issue parce que, pour lui, il s'agit d'une attitude innée que démontrent toutes les femmes dans leurs relations avec les hommes, surtout en Amérique du Nord. « Ici, dit Nicolas, l'amour est une marchandise qu'il faut acheter. »

« Je suis originaire de Grèce, ajoute-t-il, et j'ai sept sœurs. Leurs maris ne leur achètent des cadeaux qu'une fois de temps en temps, mais elles sont heureuses et reconnaissantes de ce qu'ils leur offrent. Elles apprécient leur mari. Mais ici, quoi qu'on fasse, les femmes crient tout le temps. Et puis elles engraissent. En plus, elles engraissent ! »

« L'argent est le sujet le plus tabou de *l'American way of life,* déclare le Dr Gerald Epstein. On peut parler à un homme de sa vie sexuelle et il deviendra intarissable, mais si on mentionne son compte de banque, il se fermera comme une huître. L'argent est plus important pour l'estime de soi d'un homme que sa sexualité. Les hommes ont toujours peur que leur argent leur soit enlevé, de sombrer dans la pauvreté. Dans ce pays d'abondance, on craint la disette.

« Bien entendu, il y a des hommes et des femmes qui veulent surtout se faire entretenir. Ils se vendront pour de l'amour. Celui ou celle qui peut leur offrir la plus belle vie sur le plan matériel remporte le prix.

« Les hommes qui perçoivent les femmes de cette façon attirent ce genre de femme. Ils les *appellent.* Ils ont une sorte de système de valeurs commun où l'argent est utilisé pour séduire la femme ; il sert d'appât. Évidemment, cet appât attire dans leur vie des femmes dont l'intérêt est purement mercantile. C'est le marché. Peu importe ce que l'homme donne, personne n'est jamais content.

« Certains hommes ne sont pas disposés à partager cette richesse à laquelle ils s'identifient. Pour ce genre d'homme, argent égale pouvoir et ils s'identifient à leurs possessions. L'une des plus grandes erreurs des matérialistes est de s'identifier à ce qu'ils possèdent. »

Nicolas a essayé de se sortir de cette situation. Il a quitté sa femme une ou deux fois. Pourquoi ? « À la fin, c'était trop. Les comptes s'accumulaient et elle prenait du poids. Je lui ai dit d'arrêter, mais elle en était incapable. Alors, un bon jour, je suis déménagé. Je suis parti pendant une semaine. Une drôle de semaine ! Au début, j'étais content, mais après j'ai commencé à m'inquiéter et à m'ennuyer. Je ne voulais pas lui faire de peine, non plus. Je ne voulais pas la perdre, je l'aime comme un fou. »

L'image du pourvoyeur est profondément ancrée dans l'identité de Nicolas. Cette image soutient son estime de soi. Quitter sa femme représente pour lui un échec et une solitude qu'il serait incapable de supporter. De plus, il n'a aucun espoir d'être plus heureux avec une autre femme.

« Ce n'est pas facile, dit Nicolas. J'ai 40 ans. Si je m'en vais maintenant, qu'est-ce que je vais trouver ? Quand on est jeune, beau, bien bâti, les femmes nous désirent. Quand on est plus vieux, c'est le porte-monnaie qui compte. J'en trouverais probablement une autre pareille. Ou même pire ? On ne sait jamais. »

Nicolas a le sentiment d'être un objet qu'on utilise, qui pour l'argent, qui pour le sexe. Il est là pour offrir du plaisir à une femme, sinon pourquoi voudrait-elle de lui ? Sa perception de lui-même et des relations amoureuses le dévalorise jusqu'au plus profond de son âme. Même si la femme la plus aimante et la plus simple débarquait dans sa vie, il serait incapable de la reconnaître. En mettant l'accent uniquement sur l'argent, il s'est fermé les yeux et le cœur.

« Et l'amour dans tout ça ? » lui ai-je demandé doucement.

Les yeux de Nicolas ont roulé dans l'eau. « Je ne pense plus à l'amour depuis bien longtemps. Dans mon vieux pays, c'était possible. Mais ici, tout le monde est esclave. On travaille jour et nuit, obsédé par l'argent. Quand on arrive à la maison, on est épuisé rien qu'à penser aux comptes qu'il va falloir payer. Dans mon pays, nous n'avions besoin de rien, nous avions plus de temps pour penser à toutes sortes de choses, comme l'amour. »

Nicolas est intelligent. Il se rend compte que l'argent n'achète que l'illusion de l'amour, l'enveloppe externe. Et même cela ne marche plus.

« Je vous parle d'Atlanta, dit-il, mais c'est bien pire à Dallas. Dans cette ville-là, dès qu'une femme pose le regard sur un homme plus riche que le sien, elle part sur-le-champ. Les femmes veulent du pouvoir, des diamants. Elles n'ont que faire de l'amour. Elles sont sans pitié, ouais, les femmes sont vraiment impitoyables. »

Nicolas est sans pitié pour lui-même. Il conduit son taxi et se pousse jusqu'à la limite, paniqué à l'idée de sortir de ce cercle vicieux.

« Je n'ai pas besoin d'une autre femme maintenant. J'ai besoin d'une vie plus simple dans laquelle l'amour occupe une plus grande place. On aime plus quand on a moins d'attentes, quand on n'a pas besoin de travailler comme un fou et de vivre constamment sous pression. C'est épuisant à la fin toutes ces pressions. »

Malgré qu'il soit conscient de tout cela, il y a peu de chances que Nicolas quitte sa femme de nouveau et essaie de trouver une autre partenaire. Il ne croit tout simplement pas que c'est possible en Amérique du Nord. Il en est tellement convaincu qu'il ne veut même pas chercher, incapable de voir les couples qui vivent plus simplement et qui sont heureux. Un système de croyances qu'il refuse de remettre en question l'empêche de voir d'autres possibilités.

« Dans cette culture, il faut être fort mentalement, a poursuivi Nicolas. Un faible est fini. Si on est fort, on peut dire "non merci" à tous les produits qu'on veut nous imposer. On peut dire : "Je n'ai pas besoin de ça en ce moment. Je ne peux pas continuer à acheter et à payer plus tard." C'est ce que je dis à ma femme, mais elle ne m'écoute pas. »

Nicolas ne se rend pas compte qu'il est complice de cette situation. Malgré ses doléances, il la laisse se perpétuer. Il travaille comme un forcené sans s'apercevoir que la recherche obsessive de biens matériels cache des besoins émotionnels que sa femme n'a jamais exprimés.

Cette relation a aussi des relents de sadomasochisme. Sa femme le contrôle avec ses exigences et lui refuse la satisfaction de sentir que sa contribution à leur relation a la moindre importance pour elle. Cette situation est d'autant plus pénible que, dans l'esprit de Nicolas, sa seule valeur réside dans ce qu'il peut donner. Il n'a aucune idée qu'il a une valeur en tant qu'être humain.

Nicolas doit d'abord apprendre à se valoriser. Il doit prendre conscience de ce qu'il a à offrir *en tant qu'être humain*. Il doit prendre le temps de s'arrêter pour tourner son regard vers l'intérieur. Il éprouve un sentiment de vide personnel et pense, comme sa femme, qu'il doit toujours donner des *choses*.

Nicolas n'était pas encore prêt à en discuter plus avant. Il se réconfortait en retournant en esprit dans son pays d'origine. «En Grèce, les gens sont plus heureux, m'a-t-il dit. Ils rient, mais ici les femmes crient constamment.»

En parlant du genre de dilemme dans lequel se trouve Nicolas, Jeffrey Keller, président de *Attitude Is Everything,* a émis le commentaire suivant : «Dans mes programmes, il y a une diapositive intitulée : "Il n'y a pas de patterns accidentels." Je veux dire par là qu'on est responsable de ses succès dans la vie, et des gens qu'on attire. J'ai une autre diapositive intitulée : "Pensées et situations" et je souligne les multiples façons dont les gens se font piéger par leur situation ; ils restent dans une relation qui ne leur plaît pas ou se contentent d'un emploi peu rémunérateur, etc. Ils s'embourbent dans les circonstances de leur vie. Je les invite à prendre un peu de recul et à se demander pourquoi ils se trouvent dans une telle situation. Se laisser piéger par les circonstances de la vie, c'est faire comme le chat qui court après sa queue. On n'arrive jamais à la source du problème. Je leur fais comprendre, du moins je l'espère, que c'est notre attitude et notre philosophie qui attirent les gens et créent ce qui se passe dans notre vie.

«Je donne aux gens l'exemple d'une personne qui a réussi à sortir avec le mauvais partenaire 29 fois de suite et je leur demande si, à leur avis, il s'agit d'une coïncidence. Non. Il y a quelque chose dans cette personne, sa façon de se percevoir, son attitude, son estime d'elle-même, qui attire la mauvaise personne.»

Selon Jeffrey Keller, les pensées, les croyances et les sentiments de Nicolas envers lui-même attisent et exacerbent le comportement de sa femme et attirent dans sa vie d'autres femmes qui, remarque-t-il, se comportent de la même façon.

Jeffrey Keller ajoute : «De temps en temps, ce genre d'homme croise le chemin d'une personne vraiment gentille, qui le traite avec égards et partage ses goûts. Que fait-il ? Il la rejette parce qu'il n'a pas le sentiment de mériter d'être traité avec autant de gentillesse.

«J'insiste sur la façon dont *la pensée crée les circonstances.* Faites quelque chose. Prenez le contrôle. Changez votre façon de penser, améliorez votre attitude et les résultats ne tarderont pas à se faire sentir dans votre vie.

« Si vous pensez que les gens font irruption dans votre vie sous l'effet d'une force extérieure, c'est que vous traversez une période de faiblesse, de déni. Lorsque vous comprendrez que vous irradiez quelque chose, que c'est vous qui les attirez et que vous pouvez changer les choses en modifiant votre attitude et la façon dont vous vous percevez, vous pourrez briser ce cercle vicieux.

« Si vous ne regardez que les circonstances désagréables, vous vous retrouvez dans le cercle vicieux du négativisme. Transformez-le, prenez-vous en main, ayez des pensées et des croyances positives, soyez affirmatif et vous verrez que votre vie changera. »

SE SENTIR JUGÉ PAR LES FEMMES

Michel est un bel homme de 55 ans, célibataire, qui a eu plusieurs liaisons de longue durée. Il a vécu le même genre d'expériences et en a maintenant assez d'essayer de contenter les femmes.

« Leur première question porte toujours sur ce que je fais pour gagner ma vie, dit Michel. Elles me regardent, mais ce sont des dollars qu'elles voient. Ça me dégoûte. Ces femmes me mettent sur la défensive, on dirait qu'elles veulent savoir ce qu'on va faire pour elles. Pour d'autres, le fait que je n'aie jamais été marié est mauvais signe. Mais c'est parfaitement normal pour un homme de 50 ans de payer une pension, de s'inquiéter de trois enfants et de courir comme un fou un week-end sur deux ! Pourquoi un tel homme est-il normal et pas moi ? »

Michel croit aussi que les femmes le voient comme une commodité sur le marché.

« Manhattan est comme un magasin de bonbons, m'a-t-il expliqué. Il y a du meilleur comme du pire. Il y a beaucoup de femmes très gâtées. Elles sont sorties avec les meilleurs et si vous leur dites que vous êtes enseignant, vous êtes mort. J'ai eu un rendez-vous surprise avec une femme. Nous étions au restaurant et elle ne savait pas ce que je faisais dans la vie. Lorsque je lui ai dit que j'étais enseignant, elle m'a avoué qu'elle ne serait pas sortie avec moi si elle l'avait su. Sur le coup, ça m'a blessé. »

Pour Michel, les femmes avec lesquelles il sort deviennent juge et jury ; il se sent dans leur mire. Il préfère être seul que de se soumettre à un tel traitement.

«Après un rendez-vous, je me demande si j'ai aimé ma façon d'être pendant la soirée, si je me sentais intéressant et intéressé et si j'aime la personne que j'étais. Si j'ai l'impression d'avoir subi un interrogatoire visant à déterminer ma valeur nette, je détale dans le temps de le dire.»

Erich Fromm a écrit dans *L'art d'aimer*:

Notre société a besoin d'hommes qui coopèrent gentiment, qui veulent consommer de plus en plus et dont les goûts sont de plus en plus uniformes... Quel est le résultat? L'homme moderne est aliéné de lui-même, de ses semblables et de la nature. Il a été transformé en marchandise et considère son énergie vitale comme un investissement qui doit lui rapporter le plus de profits possible sur le marché.

Les relations humaines sont essentiellement des relations entre automates aliénés. Or, les automates sont incapables d'aimer. Ils peuvent échanger leurs «forfaits personnalisés» et espérer faire une bonne affaire. (Traduction libre)

«J'aimerais bien me marier un jour, dit Michel doucement. Ce n'est pas uniquement parce que je n'ai pas rencontré la bonne personne. Je pense que je n'étais pas prêt. Chaque fois que j'ai rencontré une femme avec laquelle ça aurait pu marcher, ce n'était pas le bon moment. J'ai connu une femme que j'ai beaucoup aimée et que j'aurais voulu épouser, mais elle venait de divorcer. Ce n'était pas le moment pour elle. Nous avons passé un an ensemble, mais elle a eu besoin de reprendre sa liberté. J'en ai eu beaucoup de peine.»

Lorsque je lui ai demandé pourquoi il quittait les femmes, Michel a répondu: «Je pars pour diverses raisons: l'ennui, le manque de communication, l'impossibilité de se faire comprendre. Les femmes n'écoutent pas. Elle ne comprennent pas le point de vue d'un homme. Au bout d'un certain temps, on s'éloigne l'un de l'autre.»

Comme il se sentait jugé par les femmes, il n'est pas étonnant que Michel ait eu de la difficulté à s'exprimer, à dévoiler sa vulnérabilité et à croire qu'une femme puisse être intéressée à le découvrir vraiment et à le connaître. Au lieu de prendre le risque d'être honnête et rejeté, Michel a plutôt le réflexe de passer son temps à polir son image.

Mais lorsqu'une relation dure, nos sentiments profonds sur nous-mêmes et sur les autres finissent toujours par refaire surface. Nos rapports avec nos parents et leur façon de réagir avec nous resurgissent aussi. Le bonheur parfait que nous avons toujours désiré sans jamais l'obtenir devient notre attente silencieuse envers l'autre. Il arrive que nous n'en soyons pas conscients. Ce sont des problèmes difficiles à surmonter, surtout pour une personne qui a le sentiment d'avoir constamment à projeter une image.

Dans son for intérieur, Michel souhaitait communiquer avec les femmes qu'il a connues et être écouté d'elles ; il avait aussi envie de prendre soin de quelqu'un et que quelqu'un prenne soin de lui. Malheureusement, il avait l'impression que ni l'un ni l'autre n'était possible.

« L'une des premières choses que je fais quand je sors avec une femme est de regarder dans son frigo, révèle Michel. S'il est plein, j'ai le sentiment rassurant d'un foyer. Mais si je n'y trouve qu'une bouteille de soda décarbonaté et du dissolvant pour le vernis à ongles, je ne suis pas rassuré. Cela en dit long sur une personne et j'aime qu'on prenne soin de moi.

« J'aime aussi parler et écouter, ajoute Michel. Je veux me sentir à l'aise pour exprimer mes sentiments et vice versa. J'aime téléphoner à une femme à 22 ou 23 h, du soir, partager, écouter.

« La plupart des femmes que j'ai connues ne voulaient pas de ce genre d'intimité. Si j'ai l'impression que je ne peux pas donner cela à une femme, je perds tout intérêt. »

Les femmes que Michel a rencontrées avaient autant de difficulté à recevoir qu'à donner. Bien qu'elles aient recherché la sécurité et tous les symboles du succès, elles ne pouvaient ou ne voulaient pas recevoir les confidences et l'amour qu'il mourait d'envie de leur offrir. Il avait l'impression d'être tenu à distance, comme il l'avait toujours été par sa mère dépressive et peu communicative.

« Ma mère m'aimait beaucoup, dit Michel, mais elle n'arrivait pas à m'exprimer son amour. » De toute évidence, cette expérience douloureuse s'est répétée avec bon nombre de femmes dans sa vie.

« Dans certaines de mes relations plus prolongées, j'ai vraiment donné, mais à la fin ça ne marchait plus. Quand on arrive à la quarantaine ou à la cinquantaine, on rencontre des femmes qui ont vécu un divorce et toutes sortes d'autres expériences. Elles sont encore blessées et n'ont pas laissé ces expériences derrière elles. Peu importe ce qu'on fait, on ne peut jamais les satisfaire. C'est là que la synchronisation est importante. Il faut les prendre à un bon moment de leur vie.

« Les femmes veulent être plus indépendantes maintenant, mais je ne connais pas beaucoup de femmes heureuses. Il leur manque une certaine joie de vivre. Elles veulent tout sur-le-champ. Elles demandent: "Qu'est-ce que tu peux me donner?", "*Qui* es-tu, *que* fais-tu?" et non "*Pourquoi* vis-tu?" On entend tout de suite: "Où habites-tu? Quelle voiture conduis-tu?" On peut même le sentir au téléphone avant de les rencontrer.»

Après toutes ces expériences, Michel sait percevoir le besoin de sécurité d'une femme et connaît les façons dont il peut le combler sur le plan matériel. Mais cela ne le valorise pas et ne valorise pas la femme à ses yeux.

Lorsque les hommes se considèrent comme des objets qui doivent entrer dans la bonne case, cela détruit pour eux toute possibilité de communiquer ainsi que de partager leurs sentiments et leurs pensées. Les hommes sont toujours conscients que leurs sentiments et leurs valeurs peuvent nuire à leur image et les rendre tout à fait inintéressants pour une femme.

«Il y a un autre genre de femme aussi, raconte Michel. Elles vous rencontrent et vous trouvent sympathique. Et boum, elles veulent se marier illico et faire des enfants. Leur horloge biologique sonne l'alarme. Il y a beaucoup de cela aujourd'hui. Ces femmes-là ne veulent pas nécessairement de l'argent; elles voient plutôt les hommes comme des machines à fabriquer des bébés. Elles sont pressées, mais à mon avis une bonne relation se construit peu à peu.»

Michel ne s'est jamais senti valorisé ni aimé pour *lui-même*. Il ne peut pas s'imaginer qu'on tienne à lui et qu'on se batte pour ne pas le perdre, quelles que soient les circonstances. Il a toujours été forcé de se plier aux besoins et aux exigences de quelqu'un d'autre, tant sur le plan financier que sur les plans biologique et psychologique.

«Il m'arrive plus souvent qu'avant de revoir les femmes une deuxième fois, dit Michel. Si je sens qu'il y a une étincelle et de la communication, je fais un essai. Si les femmes avec lesquelles je suis sorti étaient ici, elles raconteraient sans doute leur version des faits. Je ne sais pas si elles se rendent compte que la communication est essentielle. En dehors du sexe et de l'attirance physique, il faut avoir quelque chose à se dire et apprécier la compagnie l'un de l'autre, sinon ce n'est pas la peine. Il ne reste que l'ennui.

«Quand une relation prenait fin, j'avais l'habitude d'être très critique envers moi-même. Maintenant, je reconnais que la responsabilité est habituellement mutuelle. C'est toujours le même manque de communication généralisé.»

Michel est très critique envers lui-même parce qu'il a fait siennes des valeurs qu'il honnit. Il n'a jamais reconnu ni respecté sa propre identité. Comme enseignant, il n'a pas l'impression d'avoir grand-chose à offrir socialement ou financièrement et il ne s'est jamais arrêté à réfléchir à ses qualités et à les valoriser. Comme Nicolas, il s'identifie à un système de valeurs qui le blesse profondément.

Michel ne s'est pas demandé ce que les femmes qu'il attire cherchaient vraiment. Il ne voit pas au-delà de leurs demandes évidentes et superficielles. Peut-être sa piètre estime de lui-même est-elle la raison pour laquelle il attire ce genre de femme.

Quand je lui ai demandé s'il avait déjà eu une relation différente des autres, une relation qui aurait pu aller plus loin, il a parlé d'une voix douce d'une femme qu'il avait rencontrée il y a près de 20 ans.

«Au début de la trentaine, j'ai rencontré une femme de Montréal. Elle avait une grosse entreprise là-bas, mais elle était prête à la vendre et à venir s'installer à New York. Elle savait que je n'aimais pas beaucoup l'enseignement et j'ai passé pas mal de temps avec elle. Mais, comme dans toutes les relations à distance, il y avait bien des inconnues.

«Je suis allé là-bas et son père ne m'a pas accepté. Elle était la seule personne dans sa vie et il s'accrochait à elle. Il me trouvait irresponsable, parce que je prenais de longs week-ends pour la voir, et elle était très influencée par ses opinions.

«S'il y en a une qui s'en est tirée à peu de frais, c'est bien elle. Elle a fini par se sentir frustrée avec moi. Comme je connaissais mal Montréal, c'était toujours elle qui faisait les projets. Elle a commencé à avoir l'air de la plus forte dans le couple. Finalement, nous avons décidé que ça ne pouvait pas marcher.

«Je pense aussi que je me mets dans des situations impossibles qui ne peuvent pas aboutir parce que je veux me protéger. Je ne veux pas vraiment que ça marche ou je n'y crois pas.»

En ce moment, Michel entre plus profondément en lui-même et réfléchit à la série de déceptions qu'il a vécues. D'aucuns diraient qu'une personne qui n'est pas prête ou vraiment disposée à vivre une relation amoureuse sérieuse s'arrange toujours pour ne vivre que des histoires impossibles pour se convaincre qu'elle est mieux seule.

Michel montre peu d'estime de lui-même, non seulement à cause des femmes qu'il a rencontrées, mais aussi parce qu'il se sent médiocre. Il a le sentiment de n'avoir jamais reçu de sa mère l'affection et la chaleur qu'il désirait tant. C'est comme s'il avait inconsciemment pris la décision de perpétuer ce sentiment de manque en s'attachant à des femmes avides et en se retrouvant dans des situations où il finit tout seul.

« Maintenant, à 50 ans, je sais davantage ce que je veux, dit-il. Mais je commence à avoir mes petites habitudes. J'aimerais rencontrer des femmes d'environ 35 ans qui n'ont pas trop vécu. Les femmes de plus de 40 ans ont une vie derrière elles, elles sont toujours un peu à cran. Après avoir consacré de 15 à 18 ans de leur vie à quelqu'un d'autre, elles sont en colère. Elles en ont vu d'autres et n'en laissent pas passer une. »

Michel ne conçoit pas qu'une relation amoureuse puisse être faite de réciprocité. Pour lui, la femme agit comme juge et consommatrice, le soupesant pour s'assurer de sa valeur et enfin les utiliser, lui et ses ressources. Cette croyance est mauvaise pour son ego et blessante pour son âme.

« J'ai souvent plus de plaisir à sortir avec un copain, a ajouté Michel, ou à faire des choses dont j'ai envie, comme écouter de la musique, aller au gym ou faire du sport, qu'à être assis avec une personne qui va me faire subir un interrogatoire. Garder mon optimisme est ce que je trouve le plus difficile. Ces jours-ci, il m'arrive souvent de ne pas me libérer aussi souvent que je le devrais. Par exemple, hier soir, j'ai téléphoné à David et nous avons rigolé au téléphone pendant un bon moment. C'était bien. J'aime les gens à l'esprit vif et au sens de l'humour acéré. C'est important dans une relation. Après un certain temps, l'attirance diminue. Ce qui reste, c'est la personne avec qui on est. »

Pour le moment, Michel doit s'efforcer de découvrir et de chérir celui qu'il est vraiment. Lorsqu'il y parviendra, il attirera automatiquement une partenaire qui lui convient mieux et qui l'appréciera pour lui-même. Il arrive souvent que nous attirions chez l'autre une facette de notre personnalité que nous n'acceptons pas. Michel doit accepter tout ce qu'il n'aime pas en lui-même et apprendre à l'accepter aussi chez une femme.

LA PRESSION DE SATISFAIRE UNE FEMME

Rémi est un bel homme brun, délicat et sensible, qui arrive à la fin de la quarantaine. Il travaille dans une école comme orienteur. Les raisons qui l'ont rendu incapable de satisfaire les femmes qu'il a aimées et qui l'ont retenu prisonnier dans un mariage sans amour sont complètement différentes de celles de Michel.

« J'ai vu une belle femme de loin et j'ai été immédiatement attiré par elle, dit Rémi. Marie était une jolie femme d'excellente famille ; elle dansait divinement et représentait tout ce que je voulais. Nous avons été très proches pendant environ six mois, mais j'ai toujours senti une certaine ambivalence de sa part. Cela me rendait mal à l'aise, comme si je ne lui en donnais pas assez.

« Au début, je n'étais pas certain de ce qui n'allait pas. Nous faisions souvent l'amour et je la voyais de deux à quatre fois par semaine. Mais parfois, quand je lui téléphonais pour l'inviter, elle disait oui et non. Je ne savais pas ce qui clochait.

« Finalement, nous avons été séparés pendant l'été et sommes restés fidèles l'un à l'autre. Lorsque nous nous sommes retrouvés, nous nous sommes déclaré notre amour. J'ai commencé à penser au mariage parce que j'estime que la plupart des femmes qui aiment un homme veulent l'épouser. En tout cas, c'est une bonne façon de satisfaire une femme.

« Je sais qu'une femme qui ne peut pas épouser l'homme qu'elle aime finit par devenir frustrée et insatisfaite. Un grand nombre d'hommes ont des petites amies insatisfaites parce qu'ils ne les ont jamais demandées en mariage. Une femme veut un engagement ferme et un lien profond, ce qu'elle mérite, et si elle ne les obtient pas, elle ne se sent pas complètement acceptée et appréciée.

« Je me sentais donc prêt à prendre cet engagement et j'en étais très heureux, lorsque Marie m'a déclaré qu'elle souhaitait reprendre sa liberté et sortir avec d'autres hommes tout en continuant à me voir.

« J'ai été choqué et je lui ai dit que cela me briserait le cœur. Je lui ai dit : "Je ne peux pas te voir un vendredi en sachant que tu pourrais être au lit avec un autre le lendemain."

« Elle a fait son choix et a cessé de me voir. Elle n'a pas voulu m'être fidèle. J'ai senti que je ne l'avais jamais satisfaite et que c'était la raison pour laquelle elle avait besoin de quelqu'un d'autre.

« En y repensant, je me suis rappelé que son dernier petit ami l'avait plantée là comme elle le faisait maintenant avec moi. Elle avait peut-être peur d'être blessée ou peut-être cherchait-elle à se venger. Je ne m'en suis rendu compte que beaucoup plus tard. Mais j'ai toujours senti qu'elle ne m'aimait pas vraiment de tout son cœur. Je pensais que c'était ma faute.

« Un mois plus tard, Marie m'a téléphoné et a demandé à me voir. Lorsque je suis arrivé, elle pleurait. Elle m'a dit qu'elle avait commis une erreur et qu'elle voulait que nous revenions ensemble. J'en étais incapable. Je lui ai dit que j'avais été trop blessé et que je n'avais plus confiance en elle. Je ne pouvais pas la reprendre. Elle m'a demandé si cela voulait dire que je mettais fin à notre relation et j'ai dit oui. »

Il arrive un moment dans une relation où l'intimité et l'engagement qui se développent mettent l'un des partenaires mal à l'aise. Le partenaire en question peut s'éloigner pour se protéger par peur d'être blessé ou de se faire piéger. Il s'agit d'un stade normal par lequel passent tous les couples.

Malheureusement, un grand nombre de relations se terminent à ce moment-là parce que ni l'un ni l'autre des partenaires n'est conscient de ce qui se passe. Ils ne savent pas qu'ils doivent être encore plus patients et plus confiants qu'à l'habitude.

« Quand je réfléchis à cette relation, dit Rémi, je me rends compte qu'elle ne me satisfaisait pas profondément. Il y manquait quelque chose. Si j'avais eu l'idée de consulter un conseiller matrimonial avec elle, peut-être aurions-nous pu comprendre ce qui nous arrivait.

« Maintenant que j'y repense, je me rappelle qu'elle m'a demandé si j'avais déjà lu *Le Petit Prince,* particulièrement le passage où il est dit qu'il faut apprivoiser l'animal en l'autre. Je lui ai demandé si elle voulait que je l'apprivoise et elle a dit oui. Mais moi, je ne voulais pas le faire, ce n'était pas mon genre ni ma façon de voir les relations amoureuses. »

Peut-être cette femme cherchait-elle inconsciemment à se faire punir par Rémi. Peut-être est-elle partie comme elle l'a fait pour pouvoir revenir et être punie. Peut-être trouvait-elle du plaisir à se faire punir ou à se faire apprivoiser. Peut-être adoptait-elle la même attitude qu'avec un parent qui la disciplinait, la cajolait ou la remettait à sa place.

Lorsqu'un problème plus profond comme celui-ci refait surface, peu importe la qualité de sa relation, une femme ne peut jamais être comblée. L'homme n'arrivera pas à la satisfaire. Un homme qui ne perçoit pas les relations amoureuses de cette façon sera toujours incapable de satisfaire une femme dont les besoins sont tellement différents des siens.

Rémi a donc quitté Marie et s'est mis à la recherche d'une femme qui lui offrirait l'amour et l'affection dont il avait besoin. Il a bientôt rencontré une autre femme avec laquelle tout s'est bien passé au début.

« Pendant les deux premières années de notre relation, c'était meilleur de jour en jour, dit Rémi. J'étais au septième ciel le jour de notre mariage, mais six semaines après la noce, elle m'a soudainement annoncé qu'elle voulait un enfant. J'étais en état de choc, parce que nous en avions parlé avant de nous marier et avions convenu que nous ne voulions pas d'enfant.

« Je lui ai rappelé que je ne voulais pas d'enfant et qu'elle était d'accord, que ça ne posait pas de problème. Mais elle m'a répondu qu'elle avait changé d'avis.

« Mais moi, je n'avais pas changé d'avis et je le lui ai dit clairement.

« Dès que je lui ai dit que je ne voulais pas d'enfant, son affection et son amour pour moi ont disparu. C'était comme si en refusant de lui faire un enfant je lui avais mis un couteau dans le cœur. Je n'ai jamais réussi à le retirer. Tout a changé pour toujours entre nous.

« Sa froideur et sa colère ont duré trois ans et elle a finalement admis qu'elle croyait que son amour me ferait changer d'avis. Elle pensait qu'une fois que nous serions mariés elle me convaincrait de lui faire un enfant.

« Un grand nombre de femmes entretiennent l'illusion que leur amour fera changer un homme. Elle avait déjà une grande fille d'un autre mariage et elle souffrait du syndrome du nid vide. Mais je voulais tout son amour pour moi.

« Un de nos amis, Maurice, dit que toutes les femmes trahissent leur homme et que tous les hommes sont des handicapés émotionnels. Je ne sais pas si cela est vrai de toutes les femmes et de tous les hommes, mais je sais qu'un grand nombre d'hommes sont handicapés à divers degrés sur le plan émotionnel et qu'un grand nombre de femmes trahissent leur homme. Je me suis personnellement senti complètement trahi. »

Il est clair que cette femme ne voulait pas de Rémi, mais du bébé qu'il pouvait lui donner. Lui seul saurait la combler. Profondément blessée d'être privée de ce don, elle refusait son amour à son mari.

Pourtant, ils sont restés ensemble, prisonniers d'une guerre silencieuse.

« Elle n'a jamais vraiment renoncé à son désir, a poursuivi Rémi. Environ deux ans plus tard, en faisant l'amour un soir, j'ai senti qu'elle n'avait pas mis son diaphragme. Finalement, je lui ai posé la question et j'ai refusé de faire l'amour jusqu'à ce que je sois certain qu'elle l'ait mis. C'est moi qui avais raison. Elle essayait de me piéger. Lorsque je m'en suis aperçu, elle a pleuré et pleuré en me disant qu'elle savait que je voudrais divorcer et ainsi de suite. Je lui ai dit que je l'aimais et que je ne la quitterais pas.

« Peut-être aurais-je dû le faire. Il y a maintenant 11 ans que nous vivons une tension terrible dans notre mariage. C'est difficile de vivre pendant des années avec une femme qui ne vous a jamais pardonné de ne pas lui avoir fait d'enfant. Tous les jours, je me dis que je devrais divorcer. Nous en parlons plus ouvertement depuis six mois. J'ai l'impression que ce n'est plus qu'une question de temps. »

Rémi s'est embourbé dans un cercle vicieux où il essaie de satisfaire sa femme sans lui donner d'enfant. Il cherche à retrouver le bonheur qu'ils partageaient avant que son véritable désir soit mis au jour. Il n'arrive pas à la quitter, parce qu'il a un sentiment d'échec et qu'il a peur que la même chose se reproduise avec quelqu'un d'autre.

« C'est difficile de tout laisser tomber, dit Rémi. Elle est une maîtresse de maison parfaite, une cuisinière hors pair, elle fait toutes les courses, le ménage, la lessive ; elle fait tout, sauf me donner toute sa présence et son attention, sauf m'offrir un foyer chaleureux.

« Je lui ai dit d'oublier la cuisine, le ménage et la lessive, de prendre une femme de ménage et de faire nettoyer les vêtements à sec. Tout ce que je veux, c'est une femme qui m'aime. Je veux que nous passions du temps ensemble. J'aimerais que nous suivions une thérapie de couple, n'importe quoi pour nous retrouver. Elle n'a encore rien fait. Je le lui demande depuis des années. Elle me donne du sexe et des repas chauds. Malheureusement, ce n'est pas suffisant.

« Vous voyez, tout ce que je veux, c'est de l'amour. Je pourrais être un autre homme avec cet amour. Ne pas être aimé me rend fou. Mais quand je regarde ailleurs, je m'interroge. Qui d'autre pourrais-je trouver ? J'ai peur de recommencer.

« J'aimerais rencontrer une femme dont les enfants sont grands, qui serait libre et qui me donnerait l'amour et l'attention dont j'ai vraiment besoin. Croyez-moi, je saurais la rendre heureuse, j'ai tellement à donner en retour. »

Rémi est profondément blessé par sa femme et il en éprouve beaucoup de colère. Il reproduit avec elle sa relation avec sa mère, qui l'a beaucoup aimé et qui lui a retiré son amour d'un seul coup. Plus cette situation avec sa femme se prolonge et lui rappelle sa relation avec sa mère, plus son sentiment d'impuissance et son désir inassouvi s'exacerbent. Il devient de plus en plus déterminé à la rendre heureuse et à se faire aimer d'elle.

Pour se sortir de ce dilemme, Rémi doit prendre conscience que cette situation est une répétition de son enfance. Il cherche encore à retrouver l'amour de sa mère, qui l'a traité tellement injustement. Mais il doit aussi admettre sa part de responsabilité dans ce cercle vicieux. Peu importe ce que lui donne sa femme, il n'est jamais satisfait. Il refuse d'y voir de l'amour. Sa réaction est semblable à celle de sa femme qui n'arrive pas à se sentir aimée parce qu'il n'a pas voulu lui faire d'enfant. Tous deux s'entêtent à se sentir floués et tous deux ont de la difficulté à reconnaître les qualités de l'autre.

Il y a d'autres façons qui permettraient à Rémi de soulager son cœur meurtri et de sortir de l'impasse qu'il vit avec sa femme.

Selon un programme de croissance personnelle appelé le «Cours sur les miracles», un programme très profond sur le pardon et les relations, toute relation passe par une étape cruciale dans laquelle il faut pardonner à l'autre, se libérer soi-même et libérer l'autre. Si nous nous en sentons incapables, il suffit de vouloir pardonner et de demander de l'aide pour y arriver. Demandez à Dieu de vous accorder la faveur d'être le véhicule de son pardon. Soyez disposé à envisager la situation d'un autre point de vue.

Bien que la douleur et la rage soient trop ancrées pour qu'on s'en débarrasse par soi-même, il suffit de dire : « Je suis prêt à pardonner, aidez-moi s'il vous plaît. »

Certaines phrases affirmatives peuvent être utiles dans ce contexte. En pensant à la personne, on peut se dire : « Je te libère de mes attentes et te rends ta liberté. Je choisis d'aimer et de bénir toutes les créatures de Dieu. » En pensant et en affirmant de telles choses, il est impossible de rester coincé dans le cercle vicieux de la colère et de la douleur.

Nous avons tous le choix de nous accrocher à la colère ou de pardonner. Il est utile de nous dire (à haute voix ou en nous-mêmes) : « Je choisis d'être aimant et de pardonner. Je choisis de ne voir que le bon côté des choses. » Puis il faut laisser la présence de Dieu nous imprégner et nous aider.

Pardonner ne signifie pas nécessairement rester dans une situation négative, au contraire. Parfois, c'est la colère qui nous empêche de mettre fin à une relation. La colère crée un lien qui empêche les parties de se quitter parce qu'elles sont attachées par la rage.

Le pardon libère les deux partenaires tout en leur procurant une profonde satisfaction. Peu importe avec qui vous avez une liaison, et même si vous êtes seul, rien ne remplace le pardon et l'amour. Essayez et vous verrez !

CONSEILS À RETENIR
Comment composer avec les homme
qui pensent que les femmes sont impossibles à satisfaire

POUR LES FEMMES
- Ne lui posez pas de questions sur son travail ou sa situation financière. Il vous en parlera quand il en aura envie. Évitez de porter des jugements.
- Soyez consciente et reconnaissante de ce qu'il donne de lui-même et appréciez ses qualités. Faites-le-lui savoir.
- Dans une relation avec ce genre d'homme, conservez toujours votre indépendance financière. Il peut être très généreux, mais il se sentira mieux si vous pouvez subvenir à vos besoins.
- Comprenez la nature de vos désirs et de vos besoins. Ne vous attendez pas à ce qu'un homme les comble tous.
- Si vous arrivez à une entente avec lui au sujet de votre relation, ne vous attendez pas à ce que votre amour le fasse changer. Respectez votre engagement. Croyez ce qu'il dit. (Cela vaut pour lui aussi.)
- Trouvez tous les deux les meilleures façons de donner et de recevoir. La communication est toujours un bon début.
- Réfléchissez à vos propres réticences. Que refusez-vous de donner? Réfléchissez aussi à ce que vous refusez de recevoir. De nombreuses femmes ont de la difficulté à recevoir. Êtes vous de celles là?

POUR LES HOMMES
- Rendez-vous compte que toutes les femmes ne sont pas pareilles. C'est vous qui attirez ce genre de femme en raison de votre perception de vous-même et de vos croyances.
- Ayez de l'estime pour vous-même, tel que vous êtes. Rendez-vous compte que la valeur d'un homme tient à ses qualités intérieures et non aux apparences. (Dressez une liste de 10 choses que vous aimez de vous-même.)
- Lorsque vous avez le sentiment qu'une femme vous fait subir un interrogatoire, ne jouez pas son jeu. Faites-lui savoir ce que vous pensez de ses questions.
- Prenez la responsabilité de vos croyances personnelles sur les femmes et sur votre rôle comme homme dans une relation amoureuse. Si vous vous rendez compte que vous entretenez des croyances et des

attentes négatives, changez-les sans tarder. Trouvez des exemples de relations positives parmi vos amis ou dans votre famille, dans les films ou dans la littérature. Remplissez-vous l'esprit de nouvelles images.

• N'oubliez pas que le monde est grand et qu'il y a toutes sortes de femmes. Arrangez-vous pour rencontrer des femmes de différents milieux, de différentes villes et de différentes origines. Sortez de votre marasme.

Qui chasse le cerf ne voit pas les montagnes
Qui court après l'or ne voit pas les hommes.

KIDO SATTO

CHAPITRE 4

Les problèmes avec les beaux-parents

C'est pourquoi l'homme quitte son père et sa mère pour s'attacher à sa femme ; et ils ne font plus qu'une chair.

Genèse, 2:24

Les beaux-parents peuvent devenir de terribles adversaires. Ils peuvent être la tierce partie qui rompt l'équilibre du mariage, faisant des ravages chez les deux partenaires et provoquant de tels conflits d'appartenance que le mariage lui-même peut s'effondrer.

Qu'ils le fassent verbalement ou non et qu'ils en soient conscients ou non, certains beaux-parents posent sans cesse la question : Qui aimes-tu le plus et vers qui vont maintenant tes sentiments d'appartenance ? Es-tu vraiment en train de m'abandonner pour lui ? Pour elle ?

Que les messages soient explicites ou sous-entendus, ils deviennent une force qu'il ne faut pas négliger. Lorsqu'une personne devient trop sensible aux besoins de ses parents, sa tendre moitié peut se sentir délaissée et remettre sa loyauté en question. « Qui aimes-tu le mieux ? » se mettra-t-elle à demander, exigeant que l'autre se sépare de sa famille pour lui prouver son amour.

En réalité, il s'agit dans un tel cas d'une lutte de pouvoir, c'est-à-dire d'un remaniement des priorités et d'une redéfinition des frontières maintenant qu'il existe une nouvelle entité maritale. Si les choses ne se passent pas de manière harmonieuse et que le conflit se prolonge, les partenaires délaissés sentent souvent leur estime d'eux-mêmes s'éroder. Bon nombre d'entre eux finissent par avoir l'impression de ne pas avoir épousé la personne qu'ils aiment, mais toute sa famille. Bien entendu, cela est vrai. Lorsqu'une personne se marie, elle épouse aussi tout un style de vie.

Tout nouveau mariage constitue une perturbation du système familial original qui bouleverse les parents, malgré la joie qu'ils peuvent éprouver. Les rôles se réorganisent. Dans une situation saine, les beaux-parents cherchent à inclure le nouveau couple dans leur vie sur une base mutuellement acceptable, de manière à rétablir l'équilibre d'une manière qui convienne à tout le monde. Non seulement ils minimisent ainsi leur sentiment de perte, mais ils peuvent aussi apporter amour et soutien au nouveau couple.

Pour que tout marche le mieux possible, il est crucial que le couple soit conscient de ses besoins, de ses valeurs et de ses responsabilités. En effet, bien qu'il s'intègre dans une plus grande unité familiale, il doit aussi établir sa propre autonomie et devenir une entité en soi.

La lutte pour l'autonomie et l'individuation est permanente, et elle commence pratiquement à la naissance. En couple, cette lutte prend une autre forme ; les deux partenaires doivent déterminer par exemple où ils vivront, combien de temps ils passeront avec leurs beaux-parents (en personne et au téléphone), ce qu'ils feront pendant les vacances et s'ils rompront avec les coutumes et les valeurs de la famille originale.

Certaines personnes, hommes ou femmes, ont l'impression en se mariant d'abandonner leur mère ou leur père, qui comptait énormément sur leur appui avant leur mariage. Ces personnes font ensuite des pieds et des mains pour prouver leur dévotion à leurs parents, dont les besoins ont toujours la priorité, et elles ont de la difficulté à faire passer leur partenaire en premier.

Thomas, un jeune homme absolument charmant, est tombé tout aussi amoureux de la famille de sa fiancée que de sa fiancée elle-même. De son côté, il venait d'une petite famille réservée. Voici ce qu'il m'a raconté : « Au début, j'adorais faire partie de cette grande famille italienne. Maria avait un père fort sympathique et les frères les plus merveilleux du monde. J'avais toujours voulu avoir plusieurs frères et j'étais ravi qu'ils m'acceptent parmi eux. Nous faisions toutes sortes de choses et allions voir des matchs ensemble. C'étaient des trucs de gars et j'aimais ça. J'avais remarqué que Maria et sa mère étaient vraiment très proches, mais cela ne semblait pas très important à ce moment-là. Comme elle était fille unique, je me disais qu'il était normal qu'elle soit tout le temps en train de placoter avec sa mère. À cette époque-là, je dois dire que sa mère m'aimait bien. Tout le monde semblait heureux que je me trouve là. »

Dans le cas de Thomas, sa décision d'épouser Maria était presque autant liée à sa famille qu'à elle-même. Il avait l'impression qu'il ferait partie du genre de famille qu'il avait toujours voulu avoir.

« Sa famille n'aimait pas tellement ma famille, m'a expliqué Thomas, mais je ne m'en souciais pas à ce moment-là. Ma famille était très différente, plus formelle et plus réservée. Je n'avais aucune idée de ce qui allait me tomber dessus ! »

Il est important de noter qu'il y a toujours des signes de ce que l'avenir nous réserve, des signes auxquels nous accordons rarement l'attention qu'ils méritent. Dans la plupart des histoires d'amour des hommes, on constate qu'ils passent une grande partie de leurs fréquentations dans une espèce de brouillard. Devant tant d'excitation et de bons sentiments, rien d'autre ne leur semble avoir beaucoup d'importance, et ils se disent naturellement que l'amour peut tout conquérir. Or, cette forme d'amour ne se fonde pas sur une évaluation judicieuse de tous les facteurs, mais sur de bons sentiments.

« Maria ne se sentait pas très à l'aise dans ma famille, a poursuivi Thomas, et ma famille ne l'aimait guère. Je me disais que c'était parce qu'ils étaient très différents d'elle que Maria devenait aussi tranquille lorsque ma famille nous rendait visite. Dès qu'ils partaient, elle me faisait toujours des commentaires à leur sujet. Elle me disait par exemple qu'elle les trouvait horriblement froids ou qu'elle était contente de ne pas avoir une famille comme ça. Avant qu'elle dise des choses de ce genre, je n'avais jamais vu ma famille de cette façon. »

Une femme peut avoir et a souvent une énorme influence sur la façon dont son mari perçoit sa famille. Certaines femmes estiment que l'homme avec qui elles établissent des liens d'amour doit rompre ses autres liens et attaches avec sa famille et les amis dont il était proche auparavant. Pour se sentir en sécurité, ces femmes veulent que leur compagnon se consacre uniquement à elles. Elles ne peuvent supporter de le partager avec qui que ce soit, y compris les membres de sa famille immédiate, qu'elles perçoivent comme des rivaux. C'est là un important signe de danger dont un homme devrait tenir compte sans tarder, car il peut y avoir plus tard de graves répercussions sur la vie de tous ses proches. Dans un tel cas, un couple devrait consulter un professionnel pour que chacun puisse clarifier ses propres besoins et comprendre qu'un mariage fondé sur la perte d'autres relations importantes est voué à des difficultés à long terme.

Comme de nombreux autres hommes, Thomas n'était pas sensible aux subtilités des dynamiques familiales. Il était donc loin de se douter que toute sa relation avec sa famille était menacée.

La famille de Thomas l'avait cependant bien senti. Ils l'avaient tous supplié de ne pas épouser Maria, craignant qu'elle et toute sa famille ne leur enlèvent Thomas. Faisant la sourde oreille à leurs protestations, Thomas n'avait écouté que les chaleureux encouragements des parents et des frères de Maria, qu'il avait épousée lors d'un grand mariage que sa famille s'était empressée d'organiser.

« Il me semble que les problèmes ont commencé dès l'instant où nous sommes rentrés de notre voyage de noces, raconte Thomas. Maria s'est mise à téléphoner à sa mère tous les matins dès qu'elle se levait. Elle la rappelait aussi avant que nous allions nous coucher. Avant que j'aie le temps de lever le petit doigt, je me suis rendu compte qu'elles étaient comme des siamoises. Nous ne pouvions pas faire quoi que ce soit sans que sa mère donne son accord ou fasse quelque commentaire. Certains jours, il me semblait que sa mère téléphonait constamment pour vérifier ce qui se passait. Je me suis mis à la détester. J'avais l'impression qu'elle contrôlait ma vie. Il y avait des jours où je me disais que j'étais en train de devenir fou. »

Maria entretenait son principal lien affectif avec sa mère, qui ne voulait pas la laisser partir. Dès que Maria avait emménagé avec Thomas, sa mère s'était mise à réclamer son attention constante et le contrôle de son ménage. Elle était devenue pour Thomas un rival encore plus féroce que n'importe quel homme aurait pu l'être.

« Les week-ends n'étaient guère plus agréables. Maria ne voulait plus rester au lit comme avant. La première chose qui lui passait par la tête était d'aller chez ses parents pour se retrouver avec sa mère. »

De toute évidence, Maria souffrait d'une grave névrose d'abandon liée à sa mère. Elle avait l'impression de l'abandonner et se disait qu'elle n'avait pas le droit de transférer son amour et sa loyauté à son mari. Une mère équilibrée et aimante aide son enfant à se séparer d'elle et aide le nouveau couple à passer du temps ensemble. Malheureusement, lorsqu'une mère se sert de l'amour de son enfant pour remplacer l'amour de son mari, elle risque de provoquer une crise dans le mariage de son enfant et de se sentir abandonnée et trahie.

Comme sa vie de couple ne changeait pas, Thomas s'est mis à se sentir de trop, comme s'il n'avait pas de femme ni de foyer. Son appartement devenait de plus en plus comme une annexe à la maison de la famille de sa femme.

«Pour empirer les choses, a poursuivi Thomas, tous les membres de sa famille ont décidé qu'ils ne pouvaient plus sentir ma famille. Ils acceptaient mal le temps que je passais avec mes parents et ils ne voulaient pas que Maria se rapproche d'eux. Maria est devenue de plus en plus froide avec mes parents et les querelles virulentes n'ont pas tardé à éclater. Il y avait beaucoup de disputes au sujet du temps que nous passions avec ma famille par rapport au temps que nous passions avec la sienne. Puis Maria et sa mère se sont mises à dénigrer ma famille sans arrêt. Je me sentais divisé entre le désir d'être avec mes parents et la réalité de leurs mauvais côtés. Il m'arrivait même de les détester.

«Bientôt, ma famille a commencé à se conduire de la même façon. Ils me disaient tous quelle horrible femme j'avais choisie. J'étais pris entre défendre Maria et la détester, moi aussi. Il y avait des moments où j'avais l'impression de devoir renoncer à Maria ou à ma famille, car je ne pouvais pas avoir les deux. Les tensions sont devenues tellement fortes que j'ai sérieusement songé à partir. Puis Maria m'a soudainement appris qu'elle était enceinte.»

C'est là un cas extrême où les beaux-parents ont eu un effet négatif non seulement sur le couple, mais aussi sur la famille du mari. À moins que les deux partenaires dans un mariage ne soient capables d'établir des relations mutuelles et saines avec leurs familles, le déséquilibre risque de faire boomerang et d'avoir un effet sur toutes les parties concernées. Alors, il n'y a plus de fin aux dommages qui peuvent être faits.

Voyant qu'il devait renoncer à son désir initial de vivre au sein d'une grande famille chaleureuse, Thomas s'est senti vaincu. Il avait l'impression de ne pas pouvoir avoir une femme bien à lui, ce qui a fini par miner son sentiment de pouvoir et son identité comme homme et comme membre de sa propre famille.

Inutile de dire que Thomas n'a pas pu se sacrifier de la sorte pendant bien longtemps. Se sentant délaissé et calomnié, il s'est mis à diriger son ressentiment vers sa femme. Pour que leur mariage puisse être sauvé, il fallait que Maria se sépare davantage de sa mère et qu'elle permette à Thomas d'exercer une certaine autorité dans leur couple. Finalement, Thomas et Maria ont été forcés de changer dans l'intérêt des enfants qu'ils ont eus ensemble.

«Je parlerais maintenant de coexistence pacifique, m'a dit Thomas. J'emmène les enfants voir ma famille tout seul. Pendant longtemps, Maria ne me permettait même pas de les emmener les voir. Finalement, j'ai mis un terme à cela. »

La situation dans laquelle Thomas se trouvait l'a forcé à être fort et à tenir tête à sa femme et à sa famille. Il a puisé en lui-même des ressources qu'il ne soupçonnait pas et il a développé plus d'estime de lui-même qu'il n'en avait jamais eu.

«Je vois les gens de sa famille moins souvent qu'autrefois. Lorsqu'elle va les visiter, il m'arrive de rester à la maison et de regarder les sports à la télé. Il y a aussi des jours où je l'accompagne, mais je pars quand j'en ai envie. Je crois toujours que ses frères sont très bien, mais sa mère mène tout le monde par le bout du nez et j'ai horreur de ça. J'ai perdu un peu du respect que j'avais pour ses frères et je ne laisserai jamais Maria agir de la sorte avec moi. Je m'oppose à ce qu'elle devienne comme sa mère. C'est souvent une véritable lutte, mais je prends les choses au jour le jour.

«C'est drôle, mais toute cette aventure m'a transformé en un vrai homme. Lorsque Maria sent que je suis fort, les choses vont beaucoup mieux entre nous. Elle et sa mère peuvent s'opposer à mes manières, mais je crois qu'elles veulent toutes les deux un homme vraiment fort qui peut leur dire qu'il en a assez. Le père de Maria est un amour, mais il cède devant sa femme et la laisse tout gouverner. Je crois qu'il est secrètement heureux lorsque je deviens dur. Parfois, je crois que je lui montre comment l'être.

«Ça a pris beaucoup de temps, mais nous aplanissons lentement nos difficultés. Pour vous dire vrai, je reste surtout pour les enfants. Maria est une excellente mère, mais ce sont les enfants qui me touchent — je ne pourrais pas vivre sans eux. Ils sont toute ma vie. »

Malheureusement, Thomas est en train de transposer son besoin d'amour et d'affirmation de soi de sa femme à ses enfants (un peu comme les parents de Maria l'avaient fait). Il doit encore travailler pour préserver sa relation de base avec Maria ; s'il ne le fait pas, son mariage ne durera que tant que les enfants seront là. Lorsqu'ils seront prêts à partir de la maison, Thomas éprouvera un sentiment de vide et une nouvelle crise éclatera. À ce moment-là, il sera de nouveau susceptible de quitter Maria.

L'INGÉRENCE DES BEAUX-PARENTS

D'autres hommes se disputent avec leurs beaux-parents de manière différente. Pour Ronald, un chaleureux entrepreneur arrivé à la fin de la trentaine, la situation n'était pas du tout la même. Au début, tout était merveilleux et il n'avait aucune idée de l'effet que ses beaux-parents allaient avoir sur sa vie.

« Il me semble que lorsque Julie et moi sortions ensemble, nous ne faisions qu'un. Nous fonctionnions comme une équipe et nous étions d'accord sur presque tout. Je me disais qu'on n'avait rien inventé d'aussi merveilleux depuis le paradis terrestre ! Si c'était cela le mariage, j'étais prêt à faire le grand saut. Nous avions tellement d'atomes crochus ! C'était le bonheur !

« Aussitôt que nous avons été mariés, il y a tout de suite eu une espèce de rupture. Lorsque Julie et moi sortions ensemble, c'était comme si nous étions ligués contre le monde entier ; après notre mariage, c'était comme si nous étions ligués l'un contre l'autre. On aurait dit que chacun de nous se tenait dans son coin et je ne comprenais pas pourquoi. Je ne comprenais tout simplement pas.

« En réfléchissant à la situation, je me suis demandé pourquoi nous avions autant d'atomes crochus pendant nos fréquentations. J'imagine que nous mettons la barre haute pendant les fréquentations et que nous la laissons retomber après le mariage. J'avais l'impression de m'être fait avoir. Je n'étais marié que depuis une semaine et j'avais l'impression que quelqu'un avait déjà débranché le courant.

« Pendant la phase euphorique, si quelqu'un m'avait dit que ce serait l'enfer, je ne l'aurais jamais écouté. Les hommes croient que c'est ça l'amour et qu'il durera toujours.

« Lorsque nous nous sommes mariés, ma femme a changé. Je le lui ai dit. J'aurais dû lui demander si j'avais changé, moi aussi. En général, on est très peu conscient de soi.

« Elle s'est mariée en se disant que j'étais un homme merveilleux, tout en espérant que je change à certains égards. Il y a toujours des attentes croisées. Et personne ne parle jamais des beaux-parents. Personne. Pendant les fréquentations, c'est comme s'ils n'existaient pas.

« Tout de suite après notre mariage, il y a eu un ressac, c'est-à-dire un grand changement entre Julie et moi et entre sa mère et moi, ainsi qu'un grand changement dans la façon dont Julie me traitait. »

Pendant la période où il fréquentait Julie, c'est-à-dire pendant sa «phase de béatitude» comme il le disait, Ronald n'avait pas pris garde aux signaux. Il n'avait pas accordé beaucoup d'importance au fait que la famille de sa fiancée ne l'avait jamais beaucoup aimé ou même accepté. Il était passé par-dessus tout cela en se disant que les choses finiraient bien par s'arranger avec le temps. Il était loin de se douter que de graves problèmes l'attendaient ou même qu'une relation demandait du travail.

«Les femmes épousent un homme en se disant qu'il va changer, m'a dit Ronald, et les hommes épousent une femme en se disant qu'elle ne changera jamais. Et les hommes comme les femmes ont raison.

«Au fil des ans, et je parle ici d'environ huit ans, je me suis rendu compte que Julie s'était mise à faire plus d'efforts pour améliorer sa relation avec sa mère après notre mariage. Lorsque nous sortions ensemble, elle n'en faisait pas beaucoup de cas. Quand elle m'a épousé, c'est comme si elle s'était sentie ramenée au nid. Tout d'un coup, elle s'est retrouvée divisée entre son amour et sa loyauté envers moi et son amour et sa loyauté envers sa mère – et elle ne voulait pas faire de choix.»

Lorsqu'on a peur de perdre l'amour d'un parent, c'est généralement parce que la relation qu'on a eue avec celui-ci est loin d'avoir été satisfaisante ou sécurisante. Il se peut aussi qu'elle ait comporté des privations et de la manipulation. L'enfant cherche encore à obtenir l'amour qu'il n'a jamais reçu ou qu'il a toujours dû mériter.

«Fait intéressant, la mère de Julie n'a jamais approuvé notre mariage, a poursuivi Ronald. Elle ne se souciait guère de moi ni même de perdre sa fille. Elle aurait eu les mêmes sentiments envers n'importe quel autre homme. Nous le savons maintenant, et nous sommes mariés depuis 13 ans. Julie ne s'en était pas rendu compte, elle non plus.»

Lorsque j'ai demandé à Ronald si la mère de Julie avait essayé de s'interposer entre eux, il m'a répondu : «À sa façon obscure et dégradante. Ce n'est pas comme si elle disait des choses contre moi, mais elle faisait en sorte que Julie se sente coupable de quitter la maison, comme si elle n'aimait plus sa mère.

«J'ai commencé à me rendre compte de ce qui se passait pour la première fois le jour de notre mariage. Les choses se sont passées très drôlement. Les parents de Julie et ses frères et sœurs ne lui ont apporté aucun soutien. Ils se conduisaient tous comme s'il ne se passait rien de particulier, comme si la journée n'avait absolument rien de spécial.

« Le mariage était fixé à 15 h. Vers midi, ils ont dit à Julie qu'ils devaient commencer à se préparer à partir, comme s'il ne se passait rien d'extraordinaire, comme s'ils s'en allaient simplement au supermarché. Ils n'apportaient pas à Julie le soutien ni le bonheur qu'on aurait pu attendre d'eux. Imaginez un peu la situation ! Une jeune femme de 25 ans est sur le point de se marier et le matin même de son mariage sa mère, son père et ses deux frères et sœurs ne disent pas un mot à ce sujet. Enfin, vers midi, ils finissent par dire qu'ils doivent se préparer. Tout semblait totalement irréel ! »

Tous les membres de cette famille niaient profondément la perte imminente de Julie. Ils essayaient tous d'éviter qu'elle ne les quitte en faisant semblant qu'il ne se passait rien. Inconsciemment, ils la percevaient comme une traîtresse, de sorte qu'ils étaient incapables de fêter pareil événement.

« Julie était la première à se marier dans sa famille. Sachant que sa famille était un peu excentrique, elle acceptait le comportement de ses membres comme s'il était normal. »

Les enfants qui grandissent dans une famille dysfonctionnelle n'ont aucun modèle pour faire des comparaisons. Les gestes loufoques leur semblent normaux et habituels, comme s'ils devaient s'y attendre. Et, tristement, c'est justement ce à quoi ils s'attendent.

« J'étais là, l'heureux marié, a continué Ronald. Je venais d'une famille complètement différente, qui était très excitée. Je m'attendais à la même chose de la famille de Julie. Je ne comprenais rien, ni ce qui se passait pendant le mariage ni pourquoi sa famille se comportait de la sorte. »

En fait, il est assez rare qu'une personne venant d'une famille saine se retrouve dans pareille situation. En général, nous cherchons dans un partenaire une personne qui répète les modèles avec lesquels nous avons grandi dans notre famille.

« Les membres de ma famille sont venus à mon mariage et ils étaient tous ravis, a dit Ronald. Ils ont totalement accepté Julie dès le moment où ils l'ont rencontrée. Toute cette histoire a vraiment bouleversé Julie. Pour dire vrai, elle m'a bouleversé, moi aussi.

« C'est ainsi que nous nous sommes mariés et que les problèmes ont commencé. Je ne m'y attendais pas. Pour un homme qui ne comprenait rien aux relations amoureuses, mais qui croyait avoir tout saisi, se retrouver tout d'un coup à vivre huit ans de conflit et de lutte a été terrible. Vous ne pouvez pas savoir toute la douleur, les doutes et l'insécurité qui peuvent remonter à la surface.

«Dans une telle situation, je crois que les hommes se disent que si c'est ça le mariage, mieux vaut partir! Ils se mettent à penser que toutes les plaisanteries étaient vraies et ils se sentent tournés en ridicule. Lorsqu'un homme se marie pour la première fois, les autres hommes lui disent qu'il se met la corde au cou et qu'il va devoir marcher au pas.

«Pendant les fréquentations, lorsque tout est merveilleux, on se dit que ça n'arrive qu'aux autres. Puis ça se produit automatiquement et on ne sait même pas ce qui se passe. C'est un choc total, suivi de la confusion la plus totale.»

Il arrive parfois qu'on s'attire certaines choses à cause d'une forte croyance ou d'une attente inconsciente. *Inconsciemment,* si Ronald croyait vraiment ce qu'il avait entendu les autres hommes dire, c'est-à-dire qu'une fois marié il aurait la corde au cou ou devrait marcher au pas, cette croyance profonde lui avait peut-être attiré exactement ce qu'il vivait.

D'aucuns vous diraient de vous méfier de ce que vous pensez et croyez. Il suffit de le croire pour que cela arrive! Surveillez vos pensées et vos croyances, plus particulièrement celles qui sont profondément enfouies en vous. Si elles sont négatives, ne les laissez pas couver. Changez-les.

Quand j'ai demandé à Ronald si Julie se sentait confuse après leur mariage, il m'a répondu: «Absolument. Je crois qu'il est facile pour les hommes de pointer du doigt et de blâmer. En fait, je crois qu'il est plus facile pour les hommes de regarder leur femme et de lui dire qu'elle a changé. Julie avait changé. Et je le lui ai dit. Je lui ai aussi demandé de me dire si j'avais changé, mais je ne croyais pas vraiment avoir changé. Au début, je rejetais toujours le blâme sur elle. Je me rends compte aujourd'hui que *j'avais* changé, mais je n'étais pas assez ouvert pour le comprendre à ce moment-là.

Quand je lui ai demandé s'il y avait eu des frictions familiales pendant ses fréquentations, il m'a dit: «Non. Tout le monde semblait correct. J'étais sorti avec une autre femme que j'avais voulu épouser et sa mère lui avait dit qu'elle ne trouverait jamais un autre homme comme moi. J'ai été accueilli à bras ouverts dans d'autres familles, mais ce n'était pas le cas dans la famille de Julie. Cela m'attristait. Je me disais que ce serait merveilleux d'être vraiment accepté par mes beaux-parents, mes beaux-frères et belles-sœurs. Malheureusement, ils étaient neutres en surface et négatifs en leur for intérieur.»

Ronald a vécu les nombreux conflits avec ses beaux-parents et les effets qu'ils ont eus sur sa femme. Lorsque je lui ai demandé si les conflits persistaient toujours, il m'a répondu affirmativement, ajoutant que lui et sa femme ne voyaient plus ses beaux-parents. Pour sauver leur mariage, ils avaient dû rompre toute relation avec eux.

C'est là un exemple rare et douloureux de relations avec les beaux-parents qui s'enveniment complètement. Une rupture complète avec la famille viole le besoin profond du couple de faire la paix avec la famille originale et de pouvoir compter sur son soutien.

«Ce n'est pas parce que nous n'avons pas essayé, m'a confié Ronald, mais au bout de huit ans, j'ai dit à ma femme qu'il fallait absolument que nous essayions de voir ce qui se passait. C'était vraiment un ultimatum. Je n'en pouvais plus. Ils continuaient tous à me détester et à vouloir essayer de l'éloigner de moi.»

En thérapie familiale, il y a un principe fondamental voulant qu'une personne ne soit pas nécessairement «le patient», le «malade» ou le «bouc émissaire», car on estime que c'est le système entier qui est perturbé et qui a besoin d'être réparé. Dans la famille de Julie, il existait une forte collusion visant à maintenir le système familial coupé du monde et destructif. Dans ce système, il n'y avait pas de place pour un nouveau membre, surtout un membre qui modifierait l'équilibre du pouvoir et de la loyauté et qui pourrait même remettre en question le bon sens de leur style de vie. Aux yeux de tous, Ronald devait être détruit.

Grâce à sa force morale, Ronald a empêché que cela ne se produise et il a lutté vaillamment pour défendre sa femme et son rôle. Il devait cette force morale à la façon dont il avait été élevé au sein d'une famille positive qui l'avait toujours soutenu et qui lui avait donné divers modèles de rôles.

«Nous venions des extrémités opposées du spectre. Les membres de ma famille sont très proches les uns des autres, tandis que c'est exactement le contraire dans sa famille. Cela aussi était assez intéressant. Pendant les fréquentations, ma famille s'était toujours montrée chaleureuse et accueillante. Après notre mariage, la façon dont Julie percevait ma famille a changé. Tout d'un coup, même si elle était reconnaissante, je constatais chez elle une espèce de colère, de jalousie. Pourquoi avais-je eu la chance d'atterrir dans une famille comme la mienne et pas elle? Elle l'acceptait très mal, car cela lui faisait voir à quel point elle avait souffert de carences affectives. Elle en éprouvait de la colère et du ressentiment, qu'elle dirigeait contre moi.»

Il arrive souvent que les gens se sentent déloyaux envers leur famille lorsqu'ils se permettent de recevoir plus d'amour et de soutien de leur belle-famille qu'ils n'en ont jamais reçu de la leur. Ils ont l'impression de renier leurs parents, tout en prenant conscience de tout ce dont ils ont été privés. Cela peut être très douloureux, car ils découvrent ce qu'ils réprimaient depuis longtemps.

« Même si c'était très difficile entre nous, Julie ne voulait pas mettre fin à notre mariage et moi non plus. Nous avons consulté et cela nous a beaucoup aidés. Nous avons mieux pris conscience de la dynamique entre nous et les choses se sont améliorées. Deux ans plus tard, cependant, la guerre a encore éclaté lorsque Julie s'est vraiment mise à s'éloigner de sa famille. C'est à ce moment-là que nous avons dû prendre position et nous dissocier complètement de tous les membres de sa famille. C'était très triste et très difficile. »

Ce genre de rupture peut être comme un deuil. Lorsque Julie s'est mise à affirmer son indépendance et à se rapprocher de son mari, la colère latente, la possessivité et la rivalité de sa famille ont éclaté au grand jour avec une force extraordinaire. Le système familial ne pouvait tolérer la séparation ou le défi, car la dépendance des membres de la famille les uns envers les autres était presque totale.

« C'était comme un deuil, m'a dit Ronald, mais nous avons aussi ressenti tous les deux un sentiment de libération. Je ne pense pas que nous serions encore ensemble si nous n'avions pas agi de la sorte. En fait, je *sais* que nous ne le serions plus et il y a un fait intéressant : la sœur aînée de Julie s'est mariée il y a deux ou trois ans et la même chose lui est arrivée. Elle comprend maintenant ce que nous avons dû vivre et elle comprend même le rôle qu'elle a joué dans cette histoire pendant les huit premières années de notre mariage.

« Nous avons consulté un psychologue qui nous a fait une remarque très intéressante. Il nous a dit que l'ennemi de notre ennemi deviendrait notre allié. Et pour la première fois en 40 ans, Julie et sa sœur ont reconnu qu'elles n'avaient jamais été amies et elles essaient maintenant de le devenir afin de développer un type quelconque de relation familiale.

« Nous avons beaucoup travaillé pour préserver notre mariage et nous continuons à le faire. Il était important que je découvre qu'un mariage doit être entretenu en parts égales par les deux parties. Il est inutile de rester là à blâmer l'autre.

« Il arrive encore que des patterns négatifs et des obstacles se dressent entre nous, mais comme nous en sommes conscients, nous y sommes moins vulnérables et nous surfons mieux sur les vagues. Lorsque des patterns refont surface, nous le prenons plus à la légère. Nous avons développé des façons de nous en accommoder, de sorte que les périodes de découragement sont plus courtes. Et elles n'envahissent pas les autres aspects de notre vie. De part et d'autre, nous souhaitons surtout être acceptés et guidés. »

Toutes les fois que son mariage était au bord de l'effondrement, Ronald voulait partir. Il cherchait souvent des raisons de le faire, voulant se persuader que c'était ce qui valait le mieux. Cependant, dès qu'il s'apprêtait à quitter sa femme, il y renonçait, car il se rendait compte à quel point il l'aimait et combien il tenait à son mariage.

Il est rare qu'un homme fasse preuve de ce genre d'endurance et de courage. Ronald en était capable en partie à cause de son désir d'évoluer et de mieux comprendre ce qui lui arrivait. Lorsqu'il a commencé à se rendre compte que toutes les relations demandaient du travail, il a décidé de relever le défi et de voir de manière proactive ce qu'il pouvait faire pour réaliser les changements qu'il souhaitait.

« En général, m'a expliqué Ronald, les hommes partent parce qu'ils n'accordent pas la même valeur à leurs actions que les femmes. Ils estiment qu'après qu'ils ont fait une ou deux choses pour leur femme, celle-ci devrait en être heureuse et satisfaite. Par exemple, un homme offrira un beau bijou à sa femme, espérant profiter de retombées heureuses pendant longtemps. Il croira même qu'il n'a plus besoin de faire quoi que ce soit pendant un bout de temps. Malheureusement, les choses ne se passent pas de cette façon. Il est parfois plus important d'embrasser sa femme tous les jours que de lui offrir un bracelet de deux mille dollars. Il est plus important que mari et femme s'assoient ensemble et voient ce qui leur arrive. Les cadeaux ne libèrent pas du dialogue.

« En ce qui me concerne, j'estime qu'un homme doit s'asseoir et se demander comment il peut améliorer sa relation avec sa femme. Au lieu de rejeter le blâme sur elle, il doit se demander ce qu'il peut faire, *lui,* pour améliorer la situation. En se posant ces deux questions tous les jours — et en passant à l'action —, un homme peut réellement faire bouger les choses. Il y a tellement peu de gens qui finissent vraiment par faire ce qu'il faut pour vivre une relation merveilleuse. On dirait qu'ils préfèrent s'accrocher à leurs peines et à leurs doléances. »

CONSEILS À RETENIR

**Comment composer avec les hommes
qui ont des problèmes avec leurs beaux-parents**

POUR LES FEMMES

- Si vous prévoyez avoir de la difficulté à vous séparer des membres de votre famille, discutez-en avec eux avant votre mariage. Parlez des changements qu'un nouveau mariage apporte. Établissez les règles de base. Aidez chacun à bien les accepter. S'il y a lieu, consultez un spécialiste en thérapie de la famille.
- Prenez conscience qu'une fois mariés, votre époux et vous formerez une nouvelle entité familiale et que vous êtes d'abord là l'un pour l'autre.
- Honorez votre père et votre mère, et honorez aussi son père et sa mère.
- Communiquez, communiquez et communiquez avec toutes les parties intéressées.

POUR LES HOMMES

- Prenez sérieusement en considération la relation de votre femme avec sa famille. Tenez aussi compte de sa relation avec votre famille. Mieux vous éclaircirez les choses avant votre mariage, mieux cela vaudra.
- Avant de vous marier, discutez ensemble de ce que vous pensez du temps que vous passez avec vos parents et vos beaux-parents, ainsi que de la façon dont vous planifierez vos vacances et élèverez vos enfants par rapport à eux. Si vous avez de sérieuses divergences d'opinions, aplanissez-les sur-le-champ.
- Si votre fiancée a de la difficulté à se séparer de sa mère ou de son père ou à vous faire passer en premier (ou si vous avez ce problème), prenez soin de consulter tous les deux pour régler le problème sans attendre.
- Soyez conscient que peu importe tout ce que vous avez réglé avant votre mariage, vous passerez inévitablement par une période de transition et d'adaptation une fois marié. Les changements sont normaux et il faut s'y attendre. La patience est un atout important. Surtout, continuez à dialoguer tendrement. Acceptez la responsabilité de certains changements. Il ne sert jamais à rien de blâmer l'autre.

Qu'une personne en aime une autre, c'est peut-être là la tâche la plus difficile de toutes, l'ultime test et la dernière preuve, c'est-à-dire le travail pour lequel tout autre travail n'est qu'une préparation.

RAINER MARIA RILKE

CHAPITRE 5

Les fantômes du passé

*Ce qui est derrière nous et ce qui nous attend est bien
peu de chose comparé à ce qu'il y a en nous.*

ANONYME

Certains hommes sont hantés par les fantômes d'amours passés. Ils sont incapables de se les sortir de la tête ou du cœur. Même s'ils fréquentent d'autres femmes, le spectre d'une ancienne flamme les empêche de donner leur cœur, de s'engager et de s'ouvrir à quelqu'un d'autre. Consciemment ou non, ils comparent chaque nouvelle conquête avec la femme qu'ils aimaient avant. Ils se souviennent de cette relation en l'idéalisant ou en imaginant qu'elle était parfaite, de sorte qu'aucune autre relation présente ou future ne peut jamais être véritablement à sa mesure.

Pour d'autres hommes, cet amour du passé est un amour de jeunesse, un premier amour vécu au secondaire ou à l'université. Dans toutes leurs relations subséquentes, ils recherchent la magie de ce premier amour. Pour d'autres hommes encore, c'est une ancienne femme ou une ancienne fiancée qui les hante. Ayant été profondément blessés par son départ ou son décès, ils cherchent quelqu'un pour la remplacer.

Il y a aussi des hommes qui sont hantés par une relation qui remonte jusqu'à leur mère. Convaincus qu'elle leur a donné son amour inconditionnel, ils exigent implicitement la même acceptation et le même amour inconditionnel de la personne qu'ils aiment. Rien de moins ne peut les satisfaire. Évidemment, ils sont souvent déçus et blessés, car aucune femme ne peut donner à son mari l'amour inconditionnel qu'une mère peut donner à son jeune enfant.

Enfin, certains hommes sont hantés par un fantôme qui n'a rien de positif. Ils croient que leur mère cherchait à les détruire ou à les diminuer et ce souvenir domine leurs quêtes amoureuses. Ou bien ils recherchent des femmes complètement à l'opposé de leur mère ou bien ils trouvent une femme comme leur mère afin de reconquérir leur pouvoir ou d'essayer de se venger.

Pour Frédéric, un architecte volubile arrivant à la fin de la trentaine, les choses se sont déroulées différemment. Après avoir passé des années à sortir avec de belles femmes pour qui il n'éprouvait pas beaucoup de sentiments, il était finalement tombé amoureux. Cependant, la situation était très tumultueuse.

« J'ai eu une petite amie, France, de qui j'ai été amoureux pendant trois ans, m'a-t-il dit. Je l'ai quittée trois fois et les trois fois elle est revenue et a voulu reprendre avec moi. C'était une femme intéressante, mais très névrosée. Les gens névrosés sont souvent très fascinants parce qu'on ne sait jamais quelle crise ils inventeront. Ils ne se connaissent pas eux-mêmes, de sorte que l'attirance est très forte, particulièrement lorsqu'il s'agit d'une femme fragile et sensible. »

Certains hommes trouvent quelque chose de stimulant, d'excitant ou d'érotique à l'instabilité psychologique d'une femme. Le caractère imprévisible de la femme qu'ils aiment leur donne le sentiment d'être constamment en danger ou menacé de la perdre. Ces hommes doivent toujours se tenir sur leurs gardes pour éviter que les choses ne deviennent ennuyeuses ou ternes. Ils confondent les crises – larmes, supplications, taquineries – et l'amour. Ils confondent aussi l'excitation et la passion. Comme il y a toujours quelque tumulte, ils ont l'impression qu'il se passe *vraiment* quelque chose et qu'ils vivent enfin pour vrai.

« Je suis sorti avec France pendant trois ans et je l'ai quittée trois fois. Mais ce n'était pas seulement à cause d'elle. À ce moment-là, j'étais profondément insatisfait de ma vie à tous les égards et je m'interrogeais sans cesse sur ce que je devais faire, ce que je devais être. »

Il n'est pas inhabituel qu'un homme attire une femme qui exprime ouvertement ce qu'il ressent en son for intérieur. Lorsqu'un homme est aux prises avec quelque tourment, il peut juger réconfortant d'aimer une femme qui connaît et exprime ce genre de conflit. Elle peut extérioriser ce qu'il ressent et ce qu'il ne veut pas ou ne peut pas exprimer. Lorsqu'il la blâme ou se met en colère contre elle, c'est en réalité une partie de lui-même qu'il critique. En effet, les traits que nous n'acceptons pas chez une autre personne sont toujours des choses que nous n'avons pas reconnues, comprises ou intégrées en nous-mêmes.

«Je cherchais ce qui rendrait ma vie parfaite, et je croyais que c'était elle qui changerait tout, a poursuivi Frédéric. Mais j'étais aussi fragile que du cristal à l'époque. Rien dans mon environnement ne me convenait. Je n'avais jamais le sentiment de me réaliser, sinon peut-être à certains moments, mais ça ne durait pas.»

Lorsqu'un homme se sent perdu et malheureux, il choisit souvent une femme instable. Ainsi, si ses sentiments de satisfaction ou d'épanouissement ne durent pas, il peut rejeter le blâme sur elle. (Il considère que c'est *son* instabilité qui cause les problèmes.) Cependant, une relation avec une telle femme peut aussi empirer sa situation au point où il sera forcé de faire un peu d'introspection et d'opérer des changements qui s'imposaient depuis longtemps.

«Bien entendu, a continué Frédéric, j'avais de la difficulté à supporter cette relation, mais j'avais toujours aimé France et je lui en avais fait voir de toutes les couleurs. Je crois qu'elle m'aimait. Même si elle était névrosée et instable, elle me revenait toujours. Puis je l'ai quittée pour la troisième fois.»

Il est clair qu'à ce moment-là, ils étaient tous les deux instables et qu'ils étaient le reflet l'un de l'autre. Tant que Frédéric ne deviendrait pas lui-même plus stable, il ne parviendrait jamais à attirer une femme stable dans sa vie.

«Après France, j'ai eu toute une série de petites amies, mais aucune ne m'a jamais touché très profondément. Je me disais tout le temps que France était peut-être réellement la femme pour moi. Peut-être était-elle la femme qui m'était destinée. Cette idée me faisait peur.

«Finalement, je me suis installé dans un autre coin du pays et j'ai commencé à sortir avec une autre femme. Huit années ont passé, mais j'avais toujours gardé le souvenir de France bien vivant au fond de moi. Lorsque j'étais avec une femme, je pensais à France et à la façon dont elle se comporterait.»

S'accrocher à France de cette façon était pour Frédéric un moyen de s'empêcher de s'engager avec qui que ce soit. Il n'arrivait pas à connaître vraiment la nouvelle personne avec qui il se trouvait, car il n'avait jamais terminé sa relation avec France. Même s'ils s'étaient séparés, il ne lui avait jamais fait ses adieux.

Il y avait à la fois dans leur relation une forte attirance et une forte aversion. Pour Frédéric, l'amour et l'instabilité étaient associés. Même s'il rêvait de passion et d'exaltation, il en craignait les conséquences explosives. Il ne pouvait pas s'engager avec une nouvelle femme tant que ses sentiments pour elle lui inspiraient de l'insécurité.

Le Dr Robert Beck, psychanalyste freudien, suggère que cette inconstance était pour Frédéric extrêmement excitante sur le plan sexuel, même si elle lui était aussi insupportable. Peut-être aussi était-elle trop incestueuse ou trop primale pour lui. Par conséquent, il cherchait à s'en distancer en optant pour des relations plus superficielles. Cependant, son désir primal ou œdipien persistait et il allait devoir y voir tôt ou tard.

« Peu après mon déménagement, France a découvert que j'étais parti, m'a confié Frédéric. Elle a décidé de venir me voir. »

Même s'ils ne se voyaient plus, ils avaient tous les deux gardé leur relation bien vivante. Il n'est pas rare que des amants continuent à beaucoup penser l'un à l'autre même longtemps après leur rupture, et même lorsqu'ils fréquentent quelqu'un d'autre. Malheureusement, cette fixation qu'ils ont l'un pour l'autre est plus dommageable qu'il n'y paraît ; elle crée un lien subtil mais viable qui forme une barrière entre eux et toute autre personne.

De toute évidence, il y avait pour Frédéric comme pour France quelque chose de profondément inachevé que ni l'un ni l'autre ne pouvait négliger plus longtemps. Il y a des gens qui mettent des années à terminer une relation. Bon nombre d'entre eux ne la terminent jamais — ils la gardent simplement bien vivante en eux.

« France est partie à ma recherche et elle m'a trouvé. J'étais au comble du bonheur. Je l'avais encore dans la peau. Je m'imaginais toujours qu'il y avait entre nous quelque chose que nous étions destinés à vivre. Je sortais avec une Française lorsque France a communiqué avec moi. La Française était charmante, mais je n'avais jamais songé à l'épouser. Je la considérais simplement comme ma petite amie. De nos jours, les hommes se marient plus vieux et j'étais entouré de nombreux amis célibataires. Je trouvais réconfortant de sortir avec cette Française, mais les choses n'allaient pas plus loin.

« Lorsque France est revenue, elle m'a complètement séduit. J'étais follement amoureux. Il n'y avait rien pour me retenir. Son propre père m'avait téléphoné pour m'informer qu'elle était devenue encore plus instable qu'à l'époque où nous nous fréquentions. Il m'avait dit qu'on avait diagnostiqué une psychose maniaco-dépressive et qu'il lui prenait de terribles frénésies d'achats. Il était très riche et la faisait vivre. Je lui ai dit que cela ne m'inquiétait pas et que je comprenais sa fille. C'était un homme écrasant et tyrannique qui me conseillait de me tenir loin de sa fille, mais j'étais tellement heureux de l'avoir retrouvée que rien de ce qu'il me disait ne pouvait me toucher.

« J'ai vraiment dû perdre la tête lorsque nous avons repris ensemble. Au bout de deux semaines, j'étais prêt à l'épouser. Même si cela inquiétait mes parents, je leur disais que j'étais entièrement prêt à me marier et que je me fichais éperdument de ce qu'on pouvait en penser. Je délirais, ayant momentanément perdu toute capacité de raisonner. J'ai dit à son père que je ne voulais pas un sou de sa fortune. À ce moment-là, j'ai aussi quitté ma petite amie française en lui disant que j'étais désolé et qu'il était horrible que tout cela soit arrivé, mais que je n'avais aucun contrôle sur la situation. »

Lorsqu'un fantôme revient dans la vie d'une personne, celle-ci est souvent incapable de maîtriser ses émotions. Elle ressent un extraordinaire sentiment d'exaltation, comme si sa destinée allait enfin se réaliser.

Jung appellerait cela une attaque de l'anima ou une espèce d'inflation : l'inconscient collectif et toutes les espérances et les images de l'homme au sujet des femmes jaillissent à la surface pour s'épuiser. Un homme s'embourbe désespérément dans d'ardents désirs. C'est un peu comme s'il était sur le point d'approcher le Saint-Graal.

Freud dirait que l'homme a libéré à la fois son désir inconscient de retrouver sa mère idéalisée et ses désirs œdipiens les plus profonds. Lorsque les désirs libidineux atteignent une telle intensité, la fonction de l'ego et les défenses normales qui séparent le fantasme de la réalité s'altèrent. La réalité n'a plus beaucoup de prise. Il importe peu que la femme soit stable ou non, libre ou non, appropriée ou non. L'homme estime que le grand moment est enfin venu.

On peut aussi envisager cette situation du point de vue oriental du karma. Le karma se fonde sur la cause et l'effet. Les semences du karma – les gestes, les pensées et les sentiments – sont plantées dans la conscience d'une personne et, tôt ou tard, lorsque toutes les conditions sont réunies, les effets de ses pensées, de ses gestes et de ses sentiments s'actualisent. S'ils étaient négatifs, ils créent des situations malheureuses. Si au contraire ils étaient positifs, ils donnent lieu à des situations plus réjouissantes. On récolte ce que l'on sème. Les graines que nous avons plantées portent fruit pendant notre vie. Selon ce point de vue, certaines relations karmiques peuvent nous hanter pendant plusieurs vies.

On peut dire qu'il y avait entre Frédéric et France une forte relation karmique qui a éclaté au grand jour. Les causes et les circonstances ont convergé pour qu'ils puissent vivre leur karma.

« C'est ainsi que j'ai quitté ma petite amie française, a continué Frédéric, et je ne l'ai jamais revue. Je l'ai quittée après avoir été séduit par France, exactement une journée après son retour dans ma vie. Ma petite Française m'a rappelé deux ou trois fois et je me sentais terriblement malheureux pour elle, mais je n'y pouvais rien. Elle a dû penser que j'étais vraiment minable ou que j'étais devenu complètement fou. Ce genre de comportement ne me ressemblait pas. Plus tard, je me suis senti coupable. J'avais l'impression d'avoir fait beaucoup de ravages. »

Les considérations réalistes s'évaporent lorsqu'une telle force est libérée. Certains parleraient de folie temporaire, mais d'autres diraient que c'est ce qui leur a fait vivre leurs plus grands moments de passion et de liberté. D'autres encore diraient qu'une telle expérience les a libérés comme jamais auparavant des contraintes internes et externes dans leur vie. Enfin, des gens en parleraient comme d'une expérience religieuse. Qu'une telle expérience soit utilisée à bon ou à mauvais escient, elle déclenche un énorme potentiel de changement dans la vie d'une personne.

« C'était comme un feu de paille entre nous, m'a dit Frédéric. Notre histoire a duré deux semaines. Il n'y a pas de plus grande passion ou de plus grande intoxication possible. »

Frédéric gardait emprisonnés en lui depuis des années des sentiments qu'il avait inconsciemment rattachés à France. Le moment était finalement venu de les libérer et de les réaliser. Frédéric en était tout transporté.

« Pendant que tout se passait, je me disais que ça marcherait vraiment entre nous ou que tout serait fini pour de bon », a poursuivi Frédéric, qui sentait même à ce moment-là que les choses avaient besoin d'être achevées. Le feu de paille qu'il m'avait décrit était en train de brûler ce qui était encore inachevé entre eux.

« Soudainement, au bout de deux semaines, France m'a quitté. Elle est partie sur la côte Ouest rendre visite à un autre de ses anciens amants. Plus tard, elle m'a avoué qu'elle avait eu l'intention d'aller voir trois de ses ex-amants pour voir ce qui restait entre eux. »

France était aux prises avec les fantômes de nombreuses relations passées — et elle était déterminée à les exorciser. Dans son cas, l'exorcisme consistait à se mettre en relation avec chacun d'eux pour voir ce qui lui semblait réel à ce moment-là.

« Elle est allée en Californie et a revu son ex-amant. Elle a vécu paraît-il une relation tout aussi passionnée avec lui, m'a dit Frédéric. Je ne savais pas à ce moment-là qu'elle partait voir un autre homme, mais je me suis senti horriblement déprimé après son départ. À un certain moment, je me suis rendu compte que les choses ne marcheraient jamais entre nous. Je traversais le pont de Brooklyn à pied et j'ai pleuré comme un enfant pendant deux heures. Un gros nuage – puis ça a été fini. J'ai eu l'impression qu'un fardeau m'avait été enlevé des épaules. C'était bien fini. Une libération ! »

Même si Frédéric ne savait pas consciemment ce qui se passait, il le comprenait inconsciemment. Au moment fatidique où il marchait sur le pont, il s'est rendu compte que tout était bien fini – des années à rêver, à s'interroger, à espérer – des années à l'attendre, le cœur fermé à toute autre possibilité.

Il avait trouvé merveilleusement libératrice l'intense crise de larmes qui avait suivi. Il s'était permis de faire complètement le deuil de sa relation. Lorsqu'une personne peut se laisser aller à autant de peine, elle peut généralement décrocher et recommencer à zéro.

Frédéric voyait sa relation avec une lucidité inhabituelle. « C'était comme si j'avais décidé pendant toutes ces années que cette femme était pour moi. C'était comme si je l'avais toujours attendue sans même le savoir. Je lui avais même dit que si ça ne marchait pas entre nous, je pourrais enfin ne plus l'avoir dans le système. Puis elle est venue et nous avons joué la dernière scène. Tout mon amour était alimenté par l'idée que j'avais eue dans la tête pendant toutes ces années, c'est-à-dire qu'elle était la femme qu'il me fallait. Après la prise de conscience et l'explosion, il y a eu la paix. »

Il est intéressant d'entendre cet homme dire qu'il y a eu la paix et non pas un sentiment de perte ou de deuil. Il a aussi évoqué un grand fardeau qui lui avait été enlevé des épaules. Même si cette femme lui manquait, une partie de lui-même savait que cette relation était malsaine et une autre partie de lui-même souhaitait nouer une relation plus équilibrée et plus enrichissante avec quelqu'un avec qui il pourrait évoluer au fil des ans.

« Ainsi, France est partie sur la côte Ouest et elle a retrouvé son autre ancien amant. Il a fini par l'épouser et ils ont maintenant trois enfants. En ce qui concerne France et moi, j'avais l'impression que quelque chose s'était éteint. »

En psychologie orientale, on parle du karma qui se «consume». Notre karma se consume de diverses façons, par exemple lorsque nous vivons une situation ou une relation jusqu'au bout, de sorte qu'il ne reste rien qui n'ait pas été extirpé, exprimé et examiné. Le moteur ou le désir qui alimentait la situation ou la relation est satisfait.

Les gens nouent des relations karmiques pour de nombreuses raisons – pour payer de vieilles dettes, réparer un tort, rétablir un équilibre ou respecter une promesse faite ou sollicitée. Lorsqu'une relation semble fatidique ou hors de contrôle, il est intéressant d'en examiner l'aspect karmique. En Occident, on parle de destinée.

Inutile de dire qu'il peut être délicat de laisser son karma se consumer en vivant une situation jusqu'au bout. Par exemple, on risque de développer d'autres désirs, d'autres frustrations et d'autres attachements, qu'il faut satisfaire à tout prix. Alors, le karma s'épaissit et on se retrouve toujours d'une manière ou d'une autre dans la même situation ou dans une situation très semblable. Mais on peut aussi vivre totalement une relation et l'accepter telle qu'elle est. Il est alors possible de trouver la paix, de pardonner et d'en finir une fois pour toutes. Il arrive même qu'on puisse le faire sans éprouver de traumatisme.

On peut aussi laisser son karma se consumer en pardonnant et en demandant pardon. Pour cela, cependant, il faut renoncer complètement au désir de contrôler l'autre et de se contrôler soi-même. La méditation, la prière et la contemplation sont souvent utiles pour aider une personne à retrouver son équilibre et sa paix de l'esprit. Certaines personnes confient leur relation à une entité supérieure et demandent d'être guéries pour que leur couple ne soit plus tourmenté et qu'il puisse continuer à exister.

«Quelques mois plus tard, j'ai rencontré ma femme, m'a dit Frédéric. Ce n'était pas pour compenser ma peine d'amour. C'était quelque chose de complètement nouveau.»

Bien entendu, nous ne pouvons pas nous ouvrir à quelque chose de complètement nouveau tant que nous n'en avons pas fini avec le passé et tant que nous n'avons pas renoncé à regretter ce qui aurait pu être.

«Dès le moment où j'ai rencontré ma femme, nous nous sommes mis à passer tout notre temps ensemble. Nous sortions tous les soirs et nous parlions beaucoup. Je sentais que j'étais en train de tomber complètement amoureux. Avec elle, c'était différent d'avec toutes les femmes que j'avais connues. Nous étions vraiment là l'un pour l'autre.»

Bien entendu, Frédéric n'aurait pas pu être «là» auparavant, car de grands pans de son esprit, de son âme et de ses rêves étaient liés à une autre femme, même s'il ne la voyait plus.

«La principale différence est que notre relation était moins folle. Il n'y avait pas de grandes querelles romantiques, ni de grands cris, ni de larmes. Tout était naturel et facile. Au bout de trois mois, ma femme m'a dit qu'elle me donnait exactement un an pour décider de l'avenir de notre couple. Autrement, elle romprait. Elle m'a dit : "Je t'aime beaucoup et j'ai vu des relations durer deux, trois ou même quatre ans sans jamais devenir sérieuses. Ce n'est pas ce que je veux." Elle estimait que je devais savoir ce que je voulais au bout d'un certain temps ou alors elle perdait son temps.

«Lorsqu'elle m'a dit cela, j'ai réfléchi. Ses paroles n'avaient rien de menaçant. Elle avait raison. Je respectais beaucoup sa volonté et sa clarté d'esprit. Avant, jamais je n'aurais accepté de tels propos. Je me sentais toujours un peu mal pour les femmes quand je les quittais, mais pas assez pour changer mon comportement égoïste.»

Il est évident que Frédéric avait fait beaucoup de chemin. Il était capable de se faire une idée globale de la situation et de voir qu'elle était juste pour les deux parties. Son cœur était maintenant ouvert et libre, ce qui lui permettait d'accepter la suggestion de sa femme.

«Il me semble que la différence entre toutes les femmes que j'ai quittées et ma femme, avec qui je resterai toujours, est la profondeur des sentiments et la confiance, m'a expliqué Frédéric. Il faut que je sache que ma femme ne me laissera jamais tomber, même s'il se présente un homme infiniment plus riche et plus beau que moi et même si les choses ne vont pas très bien entre nous. Dans le passé, je trouvais toujours les femmes trop tièdes, comme si elles n'étaient pas assez intègres pour avoir la force de regarder les choses en face. Ma femme est complètement différente. Elle est centrée, forte, et elle a des principes. Je peux lui faire entièrement confiance.»

C'est là un commentaire particulièrement intéressant de la part de Frédéric, car le spectre auquel il s'était accroché pendant si longtemps était celui d'une femme constamment chancelante. Il avait aimé une personne à qui il ne pouvait pas faire confiance, ce qui avait fait naître en lui un terrible dilemme.

«Je ne pouvais pas faire confiance à une personne instable, a poursuivi Frédéric, mais je ne m'en étais jamais rendu compte avant de rencontrer ma femme, qui est une personne en qui je peux avoir confiance. Elle me convient beaucoup mieux. J'ai su dès le premier instant qu'il s'agissait d'une relation complètement différente de toutes mes autres relations. Et tout ce qu'elle me demandait me semblait tellement facile à donner et tellement logique !

« Je ne peux donner de conseils à personne quant à la façon dont cela peut arriver, car je ne comprends pas comment cela m'est arrivé. Cependant, je sais que quand une personne sait nous toucher véritablement, tout change ! »

Les événements qui ont amené Frédéric à rencontrer sa femme semblent hors de son contrôle, comme un tourbillon de vent, ce qui lui fait dire qu'il ne comprend pas comment cela a pu lui arriver. Et peut-être ne le comprend-il pas objectivement.

Inconsciemment, cependant, il avait le désir de se sentir complet, de vivre avec une femme qui le toucherait véritablement, qu'il pourrait respecter et en qui il pourrait avoir confiance. En un sens, il s'était retenu pendant des années, attendant le retour de France pour voir s'ils ne pourraient pas continuer à vivre avec les sentiments qui s'étaient développés entre eux.

Frédéric a fait preuve d'une bravoure inhabituelle en décidant d'aller jusqu'au bout de la situation et de vivre ses sentiments sans les réprimer, même s'il savait qu'il risquait de se faire mal. Il était aussi disposé à faire le deuil total de France. Et c'est ainsi qu'il a finalement pu passer à autre chose.

Pour aimer profondément, un homme doit aussi accepter de souffrir profondément. Il ne doit pas avoir peur de tous les sentiments qui jailliront en lui et il ne doit pas croire qu'ils peuvent le détruire.

La plupart des hommes ont appris dans leur enfance à réprimer leurs émotions et à agir de manière aussi virile que possible sur un plan superficiel, mais il faut qu'un homme ait un esprit de guerrier pour ressentir des émotions profondes, aimer vraiment et aller jusqu'au bout de ses expériences pour se sentir de nouveau entier et prêt à repartir à neuf.

CONSEILS À RETENIR
**Comment composer avec les hommes
qui vivent avec les fantômes de relations passées**

POUR LES FEMMES
- Observez soigneusement son état d'esprit. Posez-lui des questions sur ses relations passées et assurez-vous qu'elles sont toutes bien achevées.

Voyez s'il n'a pas pour une autre femme des sentiments ou des espoirs auxquels il n'a pas renoncé.

- Ne vous attardez pas sur la situation. Établissez des frontières et des attentes et déterminez une période de temps après laquelle vous devrez vous fixer tous les deux sur l'avenir de votre relation.
- Vivez selon vos principes ; ne les modifiez pas pour lui faire plaisir.
- Soyez intègre avec vous-même et avec lui.

POUR LES HOMMES

- Reconnaissez que vous n'avez pas achevé une relation et que vous n'êtes pas encore libre pour amorcer une nouvelle relation.
- Ne comparez pas consciemment ou inconsciemment la femme que vous fréquentez avec celle qui s'est autrefois emparée de votre cœur.
- Efforcez-vous de comprendre pourquoi vous ne pouvez pas oublier cet ancien amour. Vous reste-t-il encore des choses à pardonner ou à vous faire pardonner ? Si c'est le cas, prenez les moyens pour que cela soit fait dans les plus brefs délais.
- Y a-t-il d'autres choses que vous et votre ancien amour ne vous êtes pas dites ? Retrouvez-vous et communiquez. Écoutez attentivement ce qu'elle a à dire et répondez honnêtement à ses questions.
- Si vous attendez que des conditions extérieures changent pour que vous puissiez vous retrouver un jour, fixez-vous un délai après quoi vous cesserez d'attendre. Les conditions externes sont incontrôlables. Les mois peuvent aisément se transformer en années. Avant qu'on ait le temps de s'en rendre compte, on est rendu au bout de sa vie.
- Assurez-vous que vous n'utilisez pas cette relation simplement comme un moyen d'éviter de vous rapprocher d'une femme et de vous engager avec elle. Peut-être ne voulez-vous pas entretenir une relation intime ? Admettez-le et dites-le aussi à votre partenaire. La vérité sert bien tout le monde.

> *Oublie ce que tu as dans la tête*
> *Oublie ce que tu as dans la main*
> *Vois ta destinée et fais-y face.*
>
> ABU SAID IBN ABI-L KHAYR

CHAPITRE 6

La crise de l'âge mûr

> Une personne qui s'imagine que tous les fruits mûrissent en même temps que les fraises ne connaît rien au raisin.
>
> PARACELSE

Comme l'adolescence, la crise de l'âge mûr provoque de grands bouleversements psychologiques, de l'introspection, de l'agitation et de l'insatisfaction. En outre, les fantômes de relations passées peuvent devenir particulièrement problématiques pendant cette période de la vie.

Un peu comme un réveil brutal, la crise de l'âge mûr perturbe l'équilibre psychologique, rappelant à l'individu que le temps passe et que la jeunesse, la vigueur et la vie elle-même ne durent pas toujours. On a l'impression que le moment est venu de réaliser ses rêves oubliés depuis longtemps ou de remettre en question les valeurs qui ont guidé sa vie. Comme l'a dit le grand Hillel : «Sinon maintenant, quand?»

Selon Jung, l'homme est interpellé par l'inconscient collectif. Les archétypes surgissent et il ressent le besoin d'approfondir son expérience de la vie et de se mettre en rapport avec toutes les parties de son être.

D'un point de vue spirituel, l'âme arrive à maturité, de sorte que l'individu peut réévaluer ses buts avant qu'elle reparte d'où elle est venue.

Certains profitent de cette période pour faire de l'introspection. Voulant savoir qui ils sont devenus, ils évaluent la nature de leurs contributions au monde et la qualité de leurs relations. Tous n'ont pas envie de mettre fin à leur relation amoureuse. En fait, l'introspection permet à certains hommes d'approfondir celle-ci, qui devient encore plus précieuse pour eux.

Mais il y a aussi des hommes qui se sentent impuissants ou affolés. Au lieu d'essayer de voir clair en eux-mêmes, ils deviennent victimes d'anciens désirs inassouvis. Les aspects de leur vie qu'ils n'ont jamais menés à terme reviennent les hanter. Comme ils sont moins tolérants qu'auparavant, leur relation de longue date leur semble insatisfaisante. Il arrive même qu'ils régressent littéralement. Au lieu d'avancer, ils reculent pour essayer de faire l'expérience du monde comme lorsqu'ils étaient adolescents.

Bon nombre de ces hommes quittent abruptement leur femme et leur famille de longue date en quête de leur jeunesse perdue et de l'époque où ils n'avaient pas de responsabilités. Ils cherchent souvent des femmes plus jeunes, essayant de s'accrocher à ce qu'ils estiment être leurs pouvoirs pâlissants. Mais d'autres partent pour être intègres avec eux-mêmes et s'épanouir.

«La plupart des hommes se sentent très coupables lorsqu'ils abandonnent leur femme et il leur arrive de renoncer à leur propre quête spirituelle pour pouvoir préserver leur mariage, explique le Dr Gerald Epstein. Mais certains se sentent hostiles et amères, de sorte que malgré les efforts qu'ils font pour préserver leur relation, ils n'y arrivent pas.»

Pendant la crise de l'âge mûr, l'homme se sent moins capable de rester. C'est une période de danger — et aussi d'occasions à saisir. C'est pourquoi bon nombre d'hommes marchent sur la corde raide pendant cette étape de leur vie.

Lorsqu'un homme a fondé son identité principalement sur son pouvoir de toujours l'emporter sur ses adversaires et ses rivaux, la perspective de vieillir peut être terrifiante. Les questions l'assaillent : «Qui serai-je quand je ne serai plus jeune, beau, vigoureux et puissant ? Serai-je encore digne de respect et d'amour ou est-ce qu'on me rejettera ?» Cette perturbation de l'identité est comme une mort psychologique et elle peut sembler à certains plus terrifiante encore que la mort physique.

René, fin de la quarantaine, est un bel homme qui exploite un salon de coiffure florissant. «Je suis passé à travers cette crise — la peur de vieillir, de ne plus être aussi séduisant que lorsque j'étais plus jeune. J'ai maintenant une nouvelle femme qui a 14 ans de moins que moi. Nous sommes mariés depuis à peu près six ans. Nous sommes bien ensemble. Mais je n'ai pas quitté ma famille seulement pour cela. Une personne heureuse ne part pas. Quand je me suis mis à vieillir, j'ai senti que j'allais manquer de temps et je me suis dit que j'étais fatigué des choses difficiles à supporter. Je n'en voulais plus. J'avais payé mes dus. J'étais las.

«Il arrive qu'un des partenaires ne change pas, tandis que l'autre se met à s'éloigner ou à évoluer différemment, ce qui rend la rupture inévitable. On se lasse et on se dit qu'on en a assez. Ça arrive tout le temps, et ça m'est arrivé à moi!

«J'étais jeune quand je me suis marié et nous avions beaucoup de problèmes familiaux. Ces problèmes minaient notre relation et ma femme était toujours malheureuse. Rien ne la rendait heureuse. En plus, quand on est accusé de choses qu'on ne fait pas, on finit par se dire qu'on devrait les faire, puisqu'on en est accusé de toute façon. Ce n'est pas gai de rentrer à la maison et de toujours se retrouver avec une femme qui n'est jamais contente. On en vient à ne plus avoir envie de rentrer.»

La crise de l'âge mûr dépend souvent d'un point de saturation. Certains hommes ont l'impression de ne pas pouvoir composer une seconde de plus avec une situation difficile. Leur vie maintenant bien courte leur semble intolérable lorsqu'ils voient qu'elle continuera à se dérouler de la même façon. Ils n'ont pas d'autre choix que de partir.

«Si une femme a la chance d'aller travailler à l'extérieur, ne serait-ce que pendant quelques heures par jour pour sortir de la maison, c'est le meilleur remède qu'elle puisse trouver à son mariage, m'a dit René. Je me souviens que la période la plus heureuse que j'aie vécue avec mon ex-femme a été les trois années au cours desquelles elle a travaillé avec moi. C'était vraiment agréable. Par la suite, nous sommes simplement retombés dans notre vieille routine.

«Nous nous sommes trop éloignés l'un de l'autre. J'étais exposé à des gens différents, à un milieu différent, ce qui m'a permis d'élargir mes horizons. Une femme qui reste à la maison et qui n'a que les enfants comme sujet de conversation devient vite ennuyeuse. Tôt ou tard, une femme devrait sortir de son foyer et voir ce qui se passe à l'extérieur, rencontrer des gens et avoir ses propres opinions. Ainsi, lorsque son mari rentre à la maison, ils peuvent avoir des conversations intéressantes. Autrement, ça ne marche pas. C'est comme un coca-cola sans bulles. L'attirance sexuelle diminue aussi, que ce soit à cause des kilos en trop ou d'une tenue négligée. Je crois que les femmes devraient prendre soin d'elles-mêmes tout le temps. C'est très important.

«Dans mon travail, je vois que les couples les plus heureux sont ceux dans lesquels la femme soigne son apparence. Lorsqu'un homme rentre chez lui et qu'il trouve sa femme belle, il n'est pas tenté d'aller voir ailleurs. En revanche, si sa femme est obèse et qu'elle a l'air négligé, il n'a guère envie de rentrer à la maison. Nous sommes ce que nous sommes. Mais ça ne coûte pas cher de mettre quelques gouttes de parfum et de se maquiller un peu pour son mari. Un homme peut se rafraîchir, lui aussi. Cela fait une différence. La relation devient plus solide et c'est parce que le mari et la femme s'aiment et se respectent. »

René veut dire ici que, dans un couple, chacun doit cultiver sa beauté et sa sensualité, de même que ses valeurs personnelles et son identité. Si l'un ou l'autre néglige de le faire, la relation finit par s'en ressentir. La crise de l'âge mûr rend souvent un homme plus sensible à son besoin d'exaltation et de fraîcheur, de sorte que l'apparence négligée de sa femme peut coûter très cher à leur couple.

« Je suis marié pour la deuxième fois. C'est un mariage très heureux. Ma femme est d'un tempérament facile. J'ai besoin de me détendre et elle n'exerce jamais de pression sur moi. Au contraire, elle m'en enlève. Si j'ai envie de m'acheter une chose, je l'achète et je sais qu'elle me fera un commentaire gentil au lieu de se mettre à critiquer mes dépenses ou à me dire que je pourrais au moins dépenser pour elle. »

Heureusement pour lui, René a trouvé une personne qui lui permet d'être lui-même. Il ne se sent pas coincé et il ne ressent pas le besoin de regarder ailleurs.

Interrogé sur les raisons pour lesquelles il avait été attiré par une femme plus jeune, René a répondu : « Je crois que c'est simplement une question de beauté. Quand on est jeune, on est beau et on a une fraîcheur extraordinaire ! En outre, je crois que bon nombre de jeunes femmes sont attirées par des hommes plus âgés parce qu'elles n'ont pas envie d'être maltraitées par des hommes jeunes et essentiellement égoïstes. Les hommes sont fondamentalement égoïstes, mais de l'âge de 15 ans jusqu'au milieu de la trentaine, ils le sont encore plus, comme des étalons en liberté. Une femme plus jeune est plus mature que son pendant masculin, de sorte qu'elle préfère un homme plus vieux et bien établi qui prendra soin d'elle. Un homme plus âgé lui achète de jolies choses, l'emmène dans les meilleurs restaurants et lui donne un sentiment de sécurité.

« Elle l'adore parce qu'il est plus vieux et qu'il peut faire toutes ces choses pour elle, et il l'adore parce qu'elle est jeune, jolie, et qu'elle lui donne un merveilleux sentiment de bonheur et de fierté. »

On observe chez un homme plus âgé un besoin implicite d'être adoré ou admiré, c'est-à-dire valorisé, respecté et reconnu non seulement par ses pairs, mais aussi par la femme de sa vie. Un homme trouve extrêmement réconfortant d'avoir une femme qui le respecte et qui respecte ce qu'il a accompli, surtout lorsque son sens de lui-même commence à s'éroder. S'il vit en couple depuis longtemps, sa femme risque de ne plus voir que ses défauts et de les lui rappeler constamment. Alors, son ego est incapable de le supporter !

Lorsque j'ai demandé à René comment c'était d'être marié à une femme plus jeune, il m'a répondu : « J'ai 48 ans. Mes enfants sortent de l'université et, maintenant, j'ai envie de profiter pleinement de la vie. Bien entendu, il y a aussi des problèmes avec une personne plus jeune. Par exemple, il y a différentes étapes dans la vie et je ne veux pas vraiment une nouvelle famille. J'ai vécu un divorce et j'ai perdu beaucoup d'argent ; les enfants coûtent cher. Maintenant, je veux surtout avoir du bon temps avec ma femme — je ne rajeunis pas !

« Elle veut s'amuser, elle aussi, mais un homme arrivé à un certain âge n'a pas nécessairement envie des mêmes choses qu'une personne de 34 ans. Lorsque ma femme veut faire certaines choses qu'elle aime, comme aller danser, je ne l'en empêche pas. J'ai horreur de ces endroits trop enfumés ; même si j'aime danser, la fumée m'incommode et, de toute façon, je n'ai plus l'âge de rester debout jusqu'à quatre heures du matin. Je lui suggère de sortir avec une amie, une cousine ou, enfin, une personne avec qui elle s'entend bien. Il ne faut pas s'accrocher. »

René se trouve dans une rare situation : il a tellement confiance en sa nouvelle femme qu'il peut la laisser vivre et lui permettre de s'épanouir.

« J'ai vu des gens trop possessifs et trop jaloux, ajoute-t-il. C'est mauvais. J'estime que si une personne est très jalouse, c'est parce qu'elle fait elle-même quelque chose de très répréhensible et pense que l'autre est capable de la même duplicité.

« J'ai confiance en ma femme. Elle peut faire tout ce qu'elle veut. Elle peut aller en vacances toute seule. De toute façon, elle me revient plus amoureuse encore, car elle n'a pas l'impression d'étouffer. Il faut laisser de l'espace aux gens qu'on aime. »

Commentant le fait que René laisse sa femme libre d'avoir des amis et des activités en dehors de sa présence, le Dr Gerald Epstein souligne que cette liberté accordée à la femme est vitale pour qu'une relation soit heureuse.

« En fait, une femme met un énorme fardeau sur les épaules de son mari lorsqu'elle compte sur lui pour la combler à tous les égards et l'aider à s'épanouir. Un seul homme ne peut pas y arriver — jamais — et le fardeau devient trop lourd lorsqu'il doit le faire. L'homme et la femme se sentiraient beaucoup mieux si cette dernière cherchait elle-même à s'épanouir dans certains domaines, sans bien sûr outrepasser la frontière sexuelle.

« Il est très important qu'une femme ait de nombreux contacts avec les autres, dit le Dr Epstein, et des amitiés avec des hommes, ce qui peut considérablement alléger le fardeau du mari. Sans de telles relations, une femme en met trop sur les épaules de son mari. Incapable de le supporter, il préfère alors partir ou regarder autour, car la pression est trop forte. »

« Pendant mon premier mariage, je ne pouvais pas partir quelques jours seul ou avec des amis pour aller à la pêche ou m'adonner à quelque autre activité, a poursuivi René. J'avais l'impression d'être en prison. Maintenant, si je dis à ma femme que je vais passer la soirée avec une bande d'amis, elle me demande à mon retour si j'ai passé une bonne soirée. Elle est heureuse pour moi et c'est merveilleux. »

René a trouvé une excellente solution pour combler son besoin de se sentir jeune, heureux et plein d'enthousiasme devant la vie. Il a tiré des leçons de son premier mariage et il s'en est inspiré pour améliorer son deuxième mariage. Il respecte sa femme et lui laisse tout l'espace dont elle a besoin, et celle-ci fait de même. Ce sont là les résultats positifs des changements qu'il a opérés dans sa vie. Malheureusement, il arrive que les résultats ne soient pas aussi heureux.

L'ÂGE MÛR VÉCU COMME UNE PERTE DE LIBERTÉ

Carl, un bel homme et un artiste extrêmement talentueux et sensible, a été profondément ébranlé par une crise de l'âge mûr au début de la quarantaine.

« Quand j'étais enfant, m'a-t-il dit, j'étais introverti au point d'en être pratiquement paralysé. Je n'arrivais pas à laisser ma sexualité prendre le dessus ; je la réprimais et j'étais très maladroit en société. Comme j'étais terriblement timide, je n'ai pas vécu les expériences que les adolescents et les jeunes gens connaissent normalement. Et voilà que je me retrouve à 42 ans et que je décide de retourner à l'université pour obtenir un diplôme de deuxième cycle en art. Je savais que je revenais en arrière, mais il le fallait.

« Je me suis inscrit dans l'une des meilleures écoles du pays et je me suis soudainement retrouvé entouré de toutes sortes de jeunes gens. À cette époque-là, j'avais quitté ma deuxième femme et j'étais célibataire, mais j'avais une petite amie. Pendant ma première année d'étude, nous avons vécu ensemble. Elle était venue vivre avec moi et devait faire le trajet jusqu'à New York tous les jours. Je sais qu'elle a fait de gros sacrifices pour vivre avec moi. C'était une belle femme et une personne merveilleuse ! Nous avons parlé de nous marier, mais je me sentais tellement agité que je suis retourné en thérapie pour essayer de comprendre ce qui m'arrivait. Mon thérapeute m'a expliqué que je songeais au mariage parce que j'étais un chic type – comme c'était mon habitude. J'avais été marié deux fois auparavant. Les deux fois, c'étaient des femmes merveilleuses et j'avais eu l'impression de devoir me marier pour agir en gentleman. »

Pour Carl, le mariage représentait une perte radicale de sa liberté et il signifiait qu'il ne pouvait plus être lui-même. Cette notion est plutôt répandue dans notre société.

« Pour les hommes, la vie au foyer correspond à une perte de liberté, dit le Dr Gerald Epstein. Ils ne comprennent pas que la liberté existe dans le mariage. Fondamentalement, ils ne voient pas le mariage comme une façon de se libérer. Pour eux, la liberté est la possibilité de bourlinguer ; leurs fantasmes romantiques leur donnent envie de partir vers des destinations exotiques et de vivre en toute liberté.

« Les hommes croient que la liberté est liée à l'absence de contraintes physiques et au sentiment que rien ne les limite. Ils ne comprennent pas que le mariage est une voie vers la liberté parce qu'il apporte la stabilité. Ils ne voient pas non plus que la possibilité de se sacrifier et de vivre pour leur famille est véritablement un pas vers une profonde évolution spirituelle. »

Carl voyait des tentations partout – surtout des tentations de rattraper ses années perdues. À ce moment-là, il ne se connaissait pas assez bien et il n'avait ni la stabilité ni la maturité voulues pour s'engager et s'établir avec une femme. Sa crise de l'âge mûr l'attirait exactement à l'opposé de tout cela – il avait envie de vivre sans cesse de nouvelles expériences et de nouvelles aventures. Bref, il voulait profiter de la vie et avoir du plaisir.

« J'ai soudainement vu la possibilité de compenser toutes ces années perdues, a expliqué Carl. Mais ma petite amie me barrait le chemin. »

De nombreux hommes perçoivent leur femme ou leur compagne comme un obstacle dans leur vie. Très souvent, ce sentiment n'est aucunement lié à la qualité de leur relation. Il découle plutôt de leur besoin de se libérer de toute contrainte et de revenir au temps de leur adolescence, lorsqu'ils étaient libres de faire ce qu'ils voulaient. Il leur est alors impossible de s'engager véritablement. Dans un sens, une telle attitude peut paraître égoïste ; mais on peut aussi y voir le besoin d'un homme de se redéfinir et de réorienter sa vie.

« Tout est arrivé même si ma petite amie était la personne la plus merveilleuse du monde, m'a expliqué Carl. Nous avions une bonne influence l'un sur l'autre et il y avait beaucoup de respect entre nous. Elle était merveilleuse, intelligente et tout… mais il fallait que je l'élimine. Elle parlait sans cesse de mariage et me demandait de réfléchir à une date. Au début, j'ai dit que je n'étais pas encore prêt. Elle voulait avoir des enfants et je me suis mis à imaginer ce que j'avais déjà vécu – j'avais été marié et j'avais eu un enfant. Je me revoyais la corde au cou – et je ne pouvais pas m'empêcher de me demander si je pourrais un jour profiter de la vie et avoir du plaisir. L'enfant et l'adolescent en moi voulaient s'amuser. C'était sans issue ! »

Dans certains cas, les hommes ont soif de liberté parce qu'ils n'ont pas eu l'occasion de vivre les expériences propres aux différentes phases de leur développement. Leur besoin de liberté refait impitoyablement surface et réclame d'être comblé. Devant ce puissant désir, la raison n'a plus prise. Le désir l'emporte sur tout.

« Pendant ce temps, je fréquentais l'université où j'étais entouré d'enfants, a poursuivi Carl. Ils avaient la moitié de mon âge et nous vivions dans une atmosphère très libre et très stimulante. Personne ne travaillait, comme si toutes les obligations de la vie étaient suspendues. Je ne prenais pas mes cours très au sérieux, car j'étais surtout là pour m'amuser. Même les choses intellectuelles étaient extraordinairement stimulantes. C'était le moment rêvé pour être aux études, car ce n'était pas une corvée. J'étais à l'université par choix. »

Carl avait trouvé l'atmosphère idéale pour réaliser les désirs que lui inspirait sa crise de l'âge mûr. Il pouvait véritablement revenir en arrière.

« Ma petite amie sentait un malaise entre nous. Puis il est arrivé un incident qui a accéléré les choses tout en les rendant très claires. J'avais le béguin pour une jeune Asiatique. Nous allions boire un verre dans un bar après les cours et nous y restions très tard. Un soir, nous sommes allés chez moi ensuite. Comme ma petite amie n'était pas censée être là, j'ai invité ma copine à monter prendre une tasse de thé. J'avais mis de la musique égyptienne et nous discutions entre autres d'orgasmes. Je me souviens d'avoir dit que la mort était l'orgasme ultime.

« À un moment, elle m'a dit qu'elle désirait partir, mais qu'elle voulait d'abord voir ma chambre. Elle est donc allée dans ma chambre et je l'ai entendue s'exclamer qu'il y avait quelqu'un dans mon lit. Je lui ai répondu qu'il n'y avait personne. En entrant dans ma chambre, cependant, j'ai vu que ma petite amie était là, bien réveillée, et qu'elle n'avait pas perdu un mot de notre conversation.

« Sans perdre mon sang-froid, j'ai dit au revoir à la jeune fille, qui est partie très vite et qui était plutôt bouleversée. Ma petite amie m'a demandé pourquoi je faisais jouer cette musique suggestive en parlant d'orgasmes. Je lui ai dit que ce n'était qu'une conversation banale que j'aurais très bien pu avoir avec un homme. Mais elle avait perdu confiance en moi. Le lien qui nous unissait s'était brisé. »

Même si la jeune Asiatique ne comptait pas autant pour lui que sa petite amie, Carl avait eu l'impression de devoir aller jusqu'au bout. Inconsciemment, il était redevenu un adolescent. À l'adolescence, les obligations et la confiance ne pèsent pas toujours très lourd dans la balance. Le besoin de faire des expériences et de vivre passe bien avant.

« Par conséquent, quelques semaines ou quelques mois plus tard, j'ai dit à mes amis à l'université que j'allais avoir une conversation avec ma petite amie au sujet de notre avenir. Ils se sont tous mis à me féliciter, supposant que j'allais lui dire que nous ne pouvions pas nous marier. Ils me disaient que ce qui comptait le plus était mon travail, ma peinture ! Bien entendu, ils pensaient que le mariage m'éloignerait de mon art. »

Carl s'était fait tout un cercle d'amis beaucoup moins âgés que lui qui soutenaient son désir d'être jeune et sans attache, et qui partageaient ses rêves idéalistes de pouvoir peindre sans que rien n'y fasse obstacle.

« J'ai demandé à ma petite amie de partir. J'ai été dur et impitoyable. J'ai pensé que ce serait pire d'étirer les choses et de lui faire de fausses promesses. Je lui ai dit que je voulais qu'elle parte, point à la ligne. Adieu ! Elle était très bouleversée. Ce n'était pas la première fois. Elle a beaucoup pleuré. Je crois qu'elle était en état de choc. Nous avons fait un week-end de retraite et elle a pleuré tout le temps.

« Je lui avais fait très mal, mais je me disais que si je n'avais pas agi de manière aussi draconienne, j'aurais prolongé une situation qui serait devenue dix fois pire. Plus tard, elle s'est mise à fréquenter un ami commun, qu'elle aime beaucoup. Ils vivent ensemble et ils sont vraiment faits l'un pour l'autre. Ainsi, ma cruauté a peut-être été de la compassion.

« Quoi qu'il en soit, après lui avoir demandé de partir, j'ai eu l'occasion d'explorer mon nouveau monde. Il y avait des semaines où je sortais avec quatre filles différentes. Mais j'ai découvert qu'on peut toujours souffrir et se faire mal tout le temps, même dans un contexte universitaire.

« Il y avait des filles avec qui je sortais et d'autres avec qui je ne faisais que flirter. Je crois que j'envoyais des vibrations sexuelles à toutes les femmes ; toute ma sexualité s'éveillait. J'étais conscient de ce que je faisais. Je savais que je ne me faisais pas de tort sur le plan émotif, mais je me trouvais un peu idiot. Qu'importe ! J'aimais ces jeunes filles et je semblais leur plaire. À l'âge où j'aurais dû faire ce que je faisais alors, j'étais tellement introverti que je n'aurais même pas essayé. J'étais heureux de reprendre le temps perdu. »

Carl revivait les années traumatisantes et solitaires qu'il avait vécues dans le but de les rétablir autrement. Le fait que les femmes le trouvent sexuellement attirant lui donnait un sentiment de puissance et de pouvoir qui l'aidait à lutter contre la dépression et l'anxiété liées à sa peur de vieillir.

« J'en suis venu au point où j'osais aborder toutes les femmes. Comme mon appétit et ma faim dépassaient ce qu'une seule personne peut satisfaire, je compartimentais tout. Pour éviter les conflits et me convaincre que je ne trahissais personne, je mettais chaque fille dans un compartiment de mon esprit, où elle était la seule. De cette façon, j'avais l'impression de ne jamais tromper personne. »

Un homme motivé par un impérieux désir inconscient trouvera d'innombrables façons de se justifier et d'éviter de se sentir coupable ou de voir les choses telles qu'elles sont, même si cela lui demande beaucoup d'énergie et d'énormes efforts.

« Plus tard, mes différentes petites amies ont découvert le pot aux roses et en ont été plutôt bouleversées. L'une d'elles était tombée amoureuse de moi. Je l'aimais bien, mais ce n'était pas le grand amour. Elle a découvert qu'il y avait une autre femme, une célèbre photographe de mon âge. Je les voyais généralement toutes les deux pendant le même week-end. Chacune m'apportait quelque chose de différent.

« Mon amie photographe avait fait des photos de moi qui ont été montrées dans un musée lors d'une grande exposition. Mon autre petite amie a vu l'exposition et elle s'est sentie profondément blessée. »

Inutile de dire que lorsqu'un homme se laisse mener par un tourbillon de désirs, il risque de laisser dans son sillage bien des souffrances et des blessures qu'il ne voulait pas vraiment infliger. Jamais il n'aurait fait ces choses s'il n'avait pas été porté par ses désirs.

« Ma petite amie plus jeune m'a dit qu'elle ne s'en remettrait jamais. Elle avait cru que j'étais l'homme de sa vie, puis elle s'était rendu compte que je la trompais avec une autre femme. Elle se sentait trahie parce que ses sentiments pour moi avaient été purs et intenses, tandis que mes sentiments pour elle n'avaient jamais été sincères. Je sais maintenant que je cherchais à rattraper le temps perdu. Je considérais toutes les femmes comme des instruments au service de mes désirs. Je dois ajouter que j'avais de la considération pour elles et que je les respectais, mais cela ne m'empêchait pas de leur cacher que je les trompais toutes. Certaines d'entre elles sont encore de bonnes amies, mais celle que j'ai blessée très profondément a encore peur de moi. Elle a peur de me parler au téléphone. Elle ne peut que m'écrire. Elle a 22 ou 23 ans et elle se sent terriblement blessée. Cela m'affecte beaucoup. »

Maintenant que Carl est plus ou moins sorti de sa crise de l'âge mûr, il peut repenser à tout cela plus objectivement, en replaçant les choses dans leur juste perspective, et laisser ses sentiments de compassion refaire surface.

« Nous sommes sortis ensemble pendant six mois, a expliqué Carl. Un jour, je n'ai pas du tout aimé l'entendre dire au téléphone que j'étais son amoureux. J'en avais d'abord été surpris, puis je m'étais tout de suite senti coincé dans une situation. Je n'aime pas les mots comme "petit ami" ou "amoureux", et je ne voyais pas du tout notre relation comme cela. Je ne me sentais pas son petit ami. »

En raison de sa régression, Carl avait une perception déformée de la réalité. Un jeune homme ne veut pas qu'on lui colle l'étiquette de « petit ami » et il ne veut pas se sentir piégé. Carl, qui se conduisait comme un enfant, ne se rendait pas compte qu'il était normal qu'une jeune fille s'imagine qu'il était son petit ami au bout de six mois de fréquentations. Il continuait à avoir une perception déformée de la réalité parce que ses fantasmes demeuraient très intenses.

« Elle voulait une véritable relation amoureuse et je ne cherchais qu'à m'amuser. Elle s'était donc mis dans la tête que je m'intéressais uniquement à elle. Nous avions des idées diamétralement opposées de notre relation. Je voulais simplement reprendre le temps perdu. Je sortais tellement qu'il m'arrivait de penser que je n'en pouvais plus, de me sentir gavé. »

Carl se sentait-il satisfait ? « Dans une certaine mesure, a-t-il répondu, mais je ne sais pas si j'arriverai un jour à me sortir tout cela du système. J'ai quand même fait beaucoup de chemin. »

Certains hommes se réveillent de ce rêve au bout d'un an ou deux ; d'autres se réveillent après s'être engagés dans un nouveau mariage et aimeraient retourner à leur première femme et à leurs enfants. Lorsqu'un individu se laisse guider par ses désirs sans comprendre ce qui lui arrive, il en subit les conséquences, souvent nombreuses.

La crise de l'âge mûr a fait l'objet de nombreuses discussions et de nombreuses interprétations. Le Dr Selwyn Mills, thérapeute gestalt et spécialiste en psychologie humaniste, a beaucoup étudié la crise de l'âge mûr et il aime la présenter dans une perspective légèrement différente.

« *L'âge mûr* est une expression compliquée, dit-il, et elle peut inclure de nombreuses expériences, notamment un épuisement professionnel, de l'ennui ou un accablant sentiment de déception. Mais je pense qu'il faut surtout parler d'illusions. En effet, nous nous faisons des illusions pour expliquer notre vie et vivre selon un certain cadre. Cela nous procure un sentiment de sécurité parce que nous nous donnons un système de croyances sans nous en rendre compte. Prenons par exemple un jeune garçon qui veut devenir athlète. Il passe sa vie à s'imaginer en athlète. Lorsqu'il arrive à l'âge de 18 ans et qu'il entre à l'université, il commence à se voir en médecin ou en avocat, ce qu'il se prépare à devenir. Cela devient pour lui un nouveau cadre, une nouvelle illusion. Il veut ensuite se marier et avoir des enfants, ce qui représente une autre illusion ou un autre cadre. Supposons maintenant que cet homme atteigne l'âge de 45 ans, qu'il ait eu une carrière, une femme et des enfants et qu'il se mette soudainement à se sentir vide. La structure qu'il a érigée autour de lui ne suffit pas à contenir son agitation, qui se transforme en dépression, en ennui ou en indifférence.

« Cet homme pourrait se bâtir une carrière, mais cela ne l'intéresse pas, ou peut-être est-ce sa famille qui ne lui suffit plus. Je crois que c'est là que la religion entre en jeu. Je crois qu'une famille est plus riche lorsqu'elle est profondément religieuse et qu'elle joue son rôle au sein de la collectivité. Un tel cadre de référence guide une personne à travers les divers stades de la vie sans jamais lui faire défaut.

« Cependant, du fait que les gens vivent plus longtemps, il est socialement acceptable de vivre plus d'une vie. Il est maintenant relativement facile de divorcer et de recommencer à zéro. Lorsque certaines illusions disparaissent, on est toujours tenté d'en créer de nouvelles.

« La crise de l'âge mûr n'est pas nécessairement pénible. Je crois que si une personne va d'illusion en illusion — ce qui est inévitable — d'une manière calme et éclairée, elle ne traversera pas de crise.

« Je crois que lorsque l'illumination nous frappe, nous nous rendons compte que la vie est une série d'illusions et de cadres dans lesquels nous vivons. Nous nous mettons alors à créer des illusions plus sophistiquées qui correspondent mieux à notre réalité, tout en nous donnant l'occasion d'exercer notre créativité, d'évoluer et *d'aimer*. Je suis dans cet état. Je sais que tout ce que je fais est une illusion. Cela ne détruit pas la valeur de mon illusion, mais cela m'empêche de m'y accrocher. Dès que je comprends les aspects illusoires qui peuvent exister entre une autre personne et moi, mes obsessions et mes fantasmes disparaissent. »

Mais si les illusions ont pour fonction de mettre de la joie dans une romance, qu'arrive-t-il à la romance une fois que les illusions ont disparu ?

« S'il y a de la magie entre vous et une nouvelle personne, explique le Dr Mills, vous pouvez ressentir une sorte d'euphorie qui n'est pas totalement irréaliste. Il est merveilleux en soi d'avoir confiance en une autre personne et d'éprouver de la compassion. »

De toute évidence, lorsqu'on l'aborde avec sagesse, la crise de l'âge mûr peut déboucher sur une meilleure qualité de vie, de nouveaux commencements et de précieux apprentissages. Un homme peut évoluer énormément et découvrir des parties de lui-même dont il n'avait jamais soupçonné l'existence.

En revanche, lorsqu'un individu se met à courir dans tous les sens, à blâmer tout le monde et à détruire toutes les vieilles structures, il risque de causer des blessures irréparables qu'il n'avait nulle intention d'infliger. Il faut beaucoup de patience, de sagesse et de compassion pour passer à travers cette période difficile.

CONSEILS À RETENIR
Comment composer avec les hommes en proie à la crise de l'âge mûr

POUR LES FEMMES

- Reconnaissez qu'il s'agit pour un homme d'une période de turbulences et de changements qui est souvent inévitable.
- Laissez-lui de l'espace pour se découvrir sans éprouver de culpabilité. Les changements qui s'opèrent en lui et ses sentiments d'insatisfaction ne signifient pas nécessairement qu'il ne vous aime pas.
- Ayez beaucoup de respect pour vous-même. Occupez-vous, remplissez votre vie de nombreuses activités et cultivez vos relations avec vos

amis. Votre homme ne sera peut-être pas aussi libre qu'il l'est norma-lement. Ne prenez pas cette attitude comme un rejet.

- Soyez prête à travailler sur des aspects de votre relation qui en ont peut-être besoin depuis longtemps. Plus que jamais, c'est le moment de prendre votre part de responsabilités dans tout conflit ou toute que-relle.

- Si tout échoue et qu'il doit vous quitter, faites tous les efforts possibles pour ne pas croire que c'est votre faute. Il peut se trouver dans un état de régression ou d'illusion qui n'a rien à voir avec son amour et sa considération pour vous. Une fois qu'il aura retrouvé ses esprits, il peut vouloir ou ne pas vouloir vous revenir. Préparez-vous à cette pos-sibilité et réfléchissez à votre vie. Dans quelle mesure pourrez-vous lui pardonner lorsque la tempête sera passée?

POUR LES HOMMES

- Reconnaissez que vous traversez une période normale mais doulou-reuse de votre développement.

- N'oubliez pas que les sentiments tumultueux et douloureux que vous éprouvez vous poussent à mieux vous comprendre et à réévaluer votre vie. L'âge mûr est une période d'introspection.

- Tant que vous vous sentez instable, ne bougez pas. Les choix que l'on fait pendant cette période sont souvent dictés par des besoins qui émergent du passé. Prenez le temps de vous arrêter et de bien com-prendre ce qui vous arrive.

- Ne jetez pas par la fenêtre tout ce que vous avez bâti jusqu'ici. Pendant la crise de l'âge mûr, tout peut vous sembler triste et morne. Si vous savez bien composer avec cette période de votre vie, ces sentiments se résorberont.

- Prenez soin d'aider les personnes qui vous sont chères à comprendre ce qui vous arrive. Ne les tenez pas responsables des changements qui se produisent en vous. Les gens de votre entourage peuvent être bou-leversés et perturbés par ce qui vous arrive. Allez vers eux et aidez-les.

Le changement se produit. Où est le problème?

ESHIN (ÉTUDIANT ZEN)

CHAPITRE 7

La compulsion de répétition

Nous sommes condamnés à répéter toute histoire que nous ne comprenons pas.

GEORGE SANTAYANA

Ce que nous appelons «compulsion de répétition» est la compulsion de répéter des relations, des comportements, des pensées ou des situations qui sont douloureuses. Même si cela fait souffrir une personne, elle n'a pas d'autre possibilité que de refaire les mêmes choses. Cette compulsion est comme un voleur qui lui dérobe son sens commun et qui l'empêche d'évoluer et de trouver la satisfaction.

Certains analystes diraient que la compulsion de répétition mène notre vie tout entière. D'autres soutiennent qu'à mesure que nous évoluons, nous nous libérons graduellement de cette compulsion. L'illumination est possible et des changements se produisent, mais il faut pour cela en être conscients et comprendre le dilemme auquel nous devons faire face.

Une merveilleuse histoire soufie illustre bien cette situation : Mullah Nasruddin avait acheté un panier de piments forts parce qu'il était tellement bon marché qu'il n'avait pas pu résister. Il avait commencé à les manger. Les piments lui brûlaient la langue et des larmes s'étaient mises à couler sur ses joues, mais il continuait à en manger. Lorsqu'un de ses élèves lui avait demandé pourquoi il agissait ainsi, il lui avait répondu : « J'espère tomber sur un piment doux. »

Comme l'infortuné Mullah Nasruddin, un homme dont la compulsion de répétition le pousse vers des femmes amères attend toujours une femme douce pendant que les larmes coulent sur ses joues. Tant qu'il ne se libère pas de cette compulsion, il continue à attirer des femmes amères, les piments forts étant tout ce qu'il peut avoir.

Certains hommes s'arrangent pour revivre la même situation douloureuse afin de maîtriser le traumatisme qu'ils ont subi. Ils veulent pouvoir se sentir puissants et maîtres de la situation, c'est-à-dire ne plus poser en victimes impuissantes. Ils ressentent un désir insatiable de revenir sur les lieux du crime ou de s'engager dans une relation avec le même type de femme, peu importe la douleur qu'ils s'infligent.

L'aspect le plus troublant de la compulsion de répétition est qu'une personne ne peut pas s'empêcher de revivre les mêmes situations ; même si elle finit par obtenir ce qu'elle veut, elle n'en est jamais satisfaite et se dit inévitablement qu'elle doit recommencer une dernière fois.

Certains hommes aux prises avec cette compulsion ont soif de comprendre ce qui leur arrive et d'obtenir le pardon des personnes auxquelles ils ont fait du mal. D'autres se laissent aller à des comportements répétitifs pour camoufler leurs vrais besoins et leurs vrais désirs. D'autres encore répètent les mêmes comportements pour se punir et s'empêcher d'évoluer. Enfin, il y a des hommes qui le font pour se prouver et prouver aux autres qu'ils sont après tout de vrais hommes.

Parmi les hommes qui quittent les femmes à répétition et de manière compulsive, certains sont tellement empêtrés dans leur compulsion qu'ils connaissent à peine la femme en chair et en os avec qui ils sont.

Une fois qu'un homme a reconnu la compulsion de répétition pour ce qu'elle est et qu'il y a fait face, il peut commencer à songer à s'établir et à s'épanouir.

LA SOURCE DE LA COMPULSION

Grand et beau, Pierre est un homme d'affaires prospère dans la trentaine. Irlandais et catholique, il aime explorer la diversité, qu'il apprécie particulièrement. Sa situation et son comportement donnent une combinaison complexe qui comprend bon nombre des aspects de la compulsion de répétition : le traumatisme initial qui l'a déclenchée, sa transformation en une habitude ainsi que l'utilisation du complexe de la madone et de la putain pour la contrôler. Dans le cas de Pierre, la compulsion de répétition influence tous les aspects de sa vie. Il s'explique son comportement avec les femmes en l'attribuant en partie à quelques événements importants.

« Les femmes m'ont toujours impressionné, m'a-t-il confié. On faisait toujours beaucoup d'histoires autour d'elles. Au secondaire, je n'étais pas un ado très séduisant. Par conséquent, mes aptitudes sur le plan social n'étaient guère reluisantes. J'étais le plus vieux de la famille, si bien que j'étais surtout occupé à me façonner une personnalité, et les filles me terrifiaient.

« Pour empirer les choses, à 14 ans, je fréquentais une école catholique et lorsque mon corps a commencé à se transformer, je me suis mis à croire que j'avais l'air bizarre. J'étais tellement gêné que je ne pouvais même pas regarder une fille. J'avais peur d'être vraiment différent, mais les filles manifestaient beaucoup de curiosité à mon égard. Elles étaient très directes, même celles de qui je ne m'y serais pas attendu. Par la suite, on m'a envoyé dans une école pour garçons seulement. »

Pierre avait l'impression qu'il y avait quelque chose qui clochait chez lui. Il avait honte de sa sexualité naissante et les filles lui semblaient bizarres.

« Plus tard, j'ai commencé à sortir pour la première fois avec une fille qui m'attirait. Au bout d'un certain temps, elle s'est rendu compte qu'elle était lesbienne et m'a quitté pour une fille. Cela m'a fait tout un choc ! »

Pierre n'avait pas réussi à obtenir la confirmation de sa masculinité dont il avait besoin de la part de la femme qui l'avait quitté pour une autre femme.

« Ma mère était dure, m'a expliqué Pierre. Elle me maltraitait physiquement et, lorsque je me trouvais seul avec elle, elle ne m'épargnait pas. Les souvenirs restent, vous savez.

« Ma mère a eu beaucoup d'enfants et elle croyait que c'était moi qui devais l'aider. Je ne sais pas ce qu'elle attendait de moi. Mon père ne pouvait pas vraiment empêcher le comportement abusif de ma mère, mais sa présence tempérait les choses. Mes autres frères et sœurs n'en ont pas été aussi affectés que moi. Ma présence les protégeait. Mais je me sentais laid. »

Lorsqu'un jeune garçon est maltraité par sa mère, cela a un effet dévastateur sur son sens de l'identité comme mâle. Il se sent castré, diminué, indigne d'amour et laid. Il est inévitable que ces blessures se manifestent plus tard dans ses relations avec les femmes et qu'elles influencent sa sexualité.

« Lorsque j'ai enfin réussi à quitter des femmes, m'a dit Pierre, j'étais rempli de misogynie. À 16 ans, j'ai rencontré une fille qui avait des tendances hyper féministes qui me déplaisaient. J'ai compris comment certaines femmes pensaient. Ce n'était pas très génial. »

Ayant souffert de la haine que lui portait sa mère, Pierre a commencé à attirer des femmes qui détestaient aussi les hommes.

« Finalement, j'ai eu une poussée de croissance. Toutes les filles me couraient après, mais je n'avais confiance en aucune d'elles. Je voulais bien qu'elles m'embrassent, mais pas qu'elles couchent avec moi. J'avais vraiment peur du sexe. »

Pierre avait peur de sa mère, ce qui l'empêchait de faire confiance à une fille ou d'avoir des rapports sexuels. Projetant sa peur de sa mère sur les filles qu'il rencontrait, il les percevait comme des personnes dangereuses et haineuses.

« Je détestais vraiment la première fille avec qui j'ai couché. Elle m'irritait et avait ses problèmes, elle aussi, mais elle était extrêmement active sexuellement. Je pouvais faire l'amour avec elle et repartir après. C'était ce que je cherchais. »

Ce genre de relations sexuelles excluait tout sentiment d'intimité et de chaleur, ce que Pierre ne ressentait pas pour les femmes et ce qu'il croyait qu'elles ne ressentaient pas pour lui. Il estimait que la seule façon d'éviter tout danger consistait à choisir une femme qui n'était pour lui qu'un objet sexuel et envers qui il n'avait aucune obligation.

« Je me suis donc engagé dans des relations avec des filles assez particulières. Il faut dire qu'à ce moment-là, j'avais beaucoup grandi. J'avais de longs cheveux blonds et je plaisais énormément aux filles. Nous étions à la fin des années 70 et les filles avaient des relations sexuelles à partir de l'âge de 11 ans. J'étais l'agneau de sacrifice. Elles s'amusaient à m'initier et à me refiler à une autre. Même si j'avais une petite amie, je ne lui faisais pas confiance. Je me disais qu'elle finirait pas me quitter. »

Les succès de Pierre auprès des filles, sa beauté et ses bonnes notes ont renforcé son estime de lui-même. Cependant, il n'a pas perdu sa profonde méfiance envers les femmes et envers lui-même.

« Je vivais dans la peur que ces filles me quittent, a poursuivi Pierre. Je ne voulais pas qu'elles partent, mais je n'étais pas étonné lorsqu'elles le faisaient. »

Cette peur était une nette répétition des souffrances que sa mère lui avait infligées. Lorsqu'une mère maltraite son fils, la détresse psychologique qu'il en éprouve est immense et peut être extrêmement difficile à surmonter.

Pierre entretenait peu de sentiments positifs sur lui-même. En son for intérieur, il s'attendait à être abandonné et rejeté comme sa mère l'avait abandonné et rejeté. Sa compulsion de répétition suivait son cours automatiquement, sans qu'il en soit conscient.

« C'est la fille que j'avais choisie entre toutes les autres pour m'engager dans une relation qui a fini par me quitter. Les femmes qui semblaient un peu distantes étaient toujours celles qui m'attiraient le plus. »

Les femmes distantes attiraient Pierre parce qu'il croyait qu'elles ne lui demanderaient pas grand-chose sur le plan émotif. S'il se trouvait avec une femme distante, il pouvait se montrer distant lui aussi. Il n'avait pas besoin de trop se rapprocher.

« La femme que j'avais choisie était exotique et elle avait beaucoup plus de maturité que moi, mais c'est son côté distant qui m'avait attiré. Au début, elle se montrait plus catholique que moi et refusait de faire l'amour. À la fin, elle m'a quitté pour mon meilleur ami, un très beau gars de 24 ans. Elle est tombée complètement amoureuse de lui. J'ai su tout de suite que c'était fini entre nous. Notre relation avait duré deux ans. »

Ces rejets à répétition nourrissaient la compulsion de Pierre de se prouver sa valeur et de la prouver aux autres, bref, de prendre sa revanche.

« C'est à cette époque que j'ai eu ma plus longue relation avec une femme. Elle s'appelait Carole. Intelligente mais peu sûre d'elle, elle avait une présence extraordinaire. Elle avait un vrai problème avec son père et assumait le rôle de parent à la maison. Carole et moi sommes devenus bons amis. J'adorais discuter avec elle. Nous parlions de tout à fond. C'était très important pour moi. »

Pierre avait trouvé une femme qui avait vécu une situation familiale semblable à la sienne. Par conséquent, au lieu de faire l'amour ensemble, ils sont devenus de bons amis. Comme il n'y avait rien de sexuel entre eux, il pouvait entretenir une amitié avec elle tout en préservant son respect pour elle et pour lui-même. En outre, il n'avait pas besoin de projeter sa compulsion sur Carole et d'avoir peur qu'elle ne le blesse et l'abandonne comme l'avait fait sa mère.

« Je me suis mis à sortir avec la meilleure amie de Carole. Carole en était bouleversée et m'avait à l'œil. Nous avons fini par rompre parce que je n'étais pas sûr de vouloir poursuivre cette relation. L'amie de Carole était trop gentille. Je ne voulais pas d'une fille trop gentille. Je voulais m'éclater et avoir une relation complètement sautée. Elle était intelligente, gentille et jolie. Pas pour moi ! »

Lorsqu'un homme donne libre cours à sa compulsion de répétition, il ne peut tolérer d'avoir une femme différente de son fantasme. Sa compulsion l'empêche d'obtenir ce dont il a véritablement besoin ; tout ce qu'il ne peut jamais avoir, encore et encore, est l'occasion de revivre son traumatisme original.

Lorsque j'ai demandé à Pierre s'il divisait les femmes en deux catégories, l'une pour le sexe et l'autre pour l'amitié, il m'a répondu par l'affirmative. « Tout à fait. J'aimerais pouvoir combiner les deux, mais les choses ne semblent jamais marcher de cette façon. Carole et moi sommes restés amis. J'avais besoin de Carole parce que je m'étais rendu compte à ce moment-là que ma mère était déséquilibrée sur le plan émotif. Carole était différente. Elle comptait beaucoup pour moi et je ne voulais pas la perdre.

« Une fois que j'ai compris comment était ma mère, j'ai décidé de me montrer objectif et d'aborder les relations de manière intellectuelle. Je réfléchissais et je m'efforçais de comprendre. Quand j'examinais un problème, je le replaçais dans sa juste perspective. Je découvrais que je pouvais être objectif dans ma propre vie. C'était un soulagement. »

Ce moment marque la première tentative de Pierre de reprendre un certain contrôle sur son comportement. Apprendre à se distancer d'une situation, à l'examiner et à se préserver de toute réaction automatique représente une étape cruciale.

« Même si j'étais objectif, j'ai commencé à explorer ma sexualité. Je voyais beaucoup un groupe de lesbiennes. J'étais le copain sur lequel elles pouvaient toujours compter et j'avais une attitude assez paternelle envers la plupart d'entre elles. Elles étaient curieuses à mon sujet et je m'entendais mieux avec elles qu'avec toutes les autres femmes que j'avais connues.

« Bon nombre des hommes que je connaissais ne comprenaient pas du tout mes amies lesbiennes. Je me sentais à l'aise avec elles parce que je n'avais pas besoin de suivre les règles que je m'imposais normalement avec les femmes. Je me contentais de les écouter, cherchant à les comprendre psychologiquement et sur le plan affectif. Les femmes sont vraiment différentes des hommes. Elles vivent beaucoup plus d'émotions que nous dans une journée !

« Alors, ces filles étaient vraiment très curieuses à mon sujet. Je dois dire que ce sont elles qui ont fait mon éducation sexuelle et je leur en suis reconnaissant. Elles n'étaient pas possessives. Nous étions amis, mais il n'y avait rien de romantique entre nous. Elles réservaient leurs émotions intenses à leurs petites amies. Elles faisaient des expériences avec moi. J'y trouvais un grand soulagement!»

De toute évidence, Pierre ne trouvait pas ces femmes menaçantes parce qu'elles n'exigeaient rien de lui. Elles ne s'attendaient nullement à ce qu'il se conduise comme un homme conventionnel et qu'il comble leurs besoins émotifs. Il pouvait avoir des relations sexuelles avec elles sans aller plus loin.

«Passer du temps avec ces femmes m'a beaucoup aidé. Nous pouvions nous sentir à la fois proches et très libres. Il n'y avait aucun danger. Elles ne tombaient pas amoureuses de moi et ne voulaient pas que je tombe amoureux d'elles.»

Ces femmes ne demandaient pas à Pierre des choses qu'il ne pouvait pas leur donner. Non seulement cela était un soulagement pour lui, mais il ne se sentait pas inapte, comme cela aurait été le cas s'il avait eu une relation avec une femme plus exigeante.

«Ces femmes ne faisaient pas confiance aux hommes. Elles étaient conscientes qu'elles pouvaient avoir des relations sexuelles agréables sans s'engager. Après les avoir connues, j'ai réussi à vivre ma première vraie relation amoureuse, c'est-à-dire une relation qui incluait à la fois des relations sexuelles et des émotions. Nous nous étions même fiancés.

«De toute ma vie, c'est pendant cette relation, qui a duré quelques années, que j'ai été le plus actif sexuellement. Avec Louise, je pouvais combiner sexe et affection. C'était tout nouveau pour moi.

«Au début, tout était merveilleux. Au bout d'un certain temps, cependant, Louise est devenue irrationnelle. Elle devenait abusive parce que je n'étais pas à la hauteur de ses attentes. Même sa famille l'aidait à se sentir déçue de moi. Elle criait, hurlait et m'humiliait. C'était comme ce que j'avais vécu avec ma mère.»

Même si cette relation avait bien commencé, les vieux souvenirs et les vieilles expériences avaient fini par se répéter. Du plus profond de son inconscient, Pierre avait attiré une femme qui s'était mise à se conduire comme sa mère.

Pierre rejetait les femmes qui étaient trop gentilles, celles qui auraient pu lui donner leur amour et leur approbation. Il ne voulait ni amour ni approbation. Il recherchait au contraire des occasions de revivre sa relation avec sa mère, qui était irrationnelle et qui le rejetait et le maltraitait. Il souhaitait revivre cette souffrance pour la maîtriser et pour mettre un terme à la douleur qu'elle lui avait toujours causée.

« Finalement, j'en ai eu assez des excès de Louise. Je lui ai téléphoné après qu'elle a été partie étudier à l'extérieur et je lui ai dit que c'était fini entre nous. Il fallait que je le lui dise au téléphone, car j'en étais arrivé au point où elle me terrifiait. »

Sa peur de Louise était en fait une répétition de sa peur de sa mère. Encore une fois, Pierre voulait avant tout échapper à sa mère irrationnelle et lui dire adieu. Cependant, ce n'était pas facile.

« Louise est revenue le soir même où je l'ai appelée. Je suis descendu au rez-de-chaussée et elle m'a fait une crise terrible. C'était comme une attaque, une séduction et presque un viol. »

Dans une relation compulsive, il est courant qu'il y ait une escalade des abus et de la détresse. Comme si c'était une drogue, la personne en veut de plus en plus. Pour bon nombre d'individus, ce comportement est sti-mulant sexuellement, de sorte qu'il est difficile d'y résister.

« Le lendemain, je lui ai dit que j'étais gai ; j'aurais dit n'importe quoi pour me débarrasser d'elle. Je lui ai dit que tout était ma faute et non la sienne. Mais elle ne voulait rien entendre.

« Je ne l'ai jamais frappée. J'étais trop bien pour la frapper. On peut se faire battre violemment par une femme, mais si on la bouscule un peu, on est coupable.

« Après cette aventure, j'ai décidé qu'il n'y aurait plus de femmes dans ma vie, seulement du sexe. Je voulais être avec des gens sexuellement ac-tifs, point à la ligne. »

À cette époque de sa vie, les relations sexuelles étaient devenues pour Pierre à la fois une drogue et une compulsion. En excluant toute émotion de ses rapports sexuels, il voulait se venger de Louise, de sa mère et de toutes les autres femmes. Et en agissant ainsi, il se protégeait lui aussi.

« Au beau milieu de tout cela, j'ai rencontré Marie, qui était char-mante, responsable et jolie. Je me suis dit que je ne voulais pas d'elle. Je l'ai quittée presque par méchanceté, pour prendre ma revanche. Je savais que je ne l'épouserais pas et je le lui ai dit. Cela lui a fait très mal. Je me suis senti un peu coupable par la suite, mais je savais qu'elle était forte. »

Pour Pierre, le sexe était devenu une arme. Il cherchait le pouvoir et la vengeance. « À cette époque-là, je sortais avec un tas de femmes, l'une après l'autre. Il m'arrivait d'en passer trois par semaine. J'avais une femme pour le lundi, une pour le mercredi et une autre pour le week-end. C'était parfait. »

Malheureusement, le sexe devenait aussi pour Pierre une accoutumance qui l'empêchait de prendre conscience de sa détresse émotionnelle et de faire face à sa profonde solitude.

« Par la suite, j'ai vécu une période où je ne voyais plus de femmes. J'avais peur d'être en train de devenir une espèce de maniaque sexuel. J'ai donc fait une pause pour prendre le temps de tout comprendre, y compris ma mère. »

S'il avait laissé son accoutumance et sa compulsion s'intensifier au lieu de s'arrêter pour réfléchir, Pierre aurait pu s'effondrer complètement. Sa compulsion lui servait de défense contre la rage qui l'étouffait depuis l'enfance. Cependant, comme ses relations sexuelles devenaient de plus en plus impersonnelles, sa rage refaisait surface. Lui-même comme les femmes qu'il fréquentait étaient de moins en moins en sécurité. Et d'une certaine façon, il s'en rendait compte.

Le fait que Pierre ait pu cesser d'avoir des relations sexuelles débridées et qu'il ait pris conscience de son comportement témoigne de sa force et de son désir de trouver la santé et l'équilibre. Au lieu de passer à une autre femme, il s'est attaqué à son comportement compulsif.

« Après m'être arrêté pour réfléchir, je suis devenu plus calme, ce qui m'a permis d'examiner les choses plus en profondeur. À ce moment-là, je désirais vivement pouvoir lier sexualité et sentiments. C'est alors que j'ai rencontré Andrée, la première femme que j'aurais pu envisager d'épouser.

« J'ai fréquenté Andrée pendant cinq ans. Au début, nous ne pouvions pas passer un instant l'un sans l'autre. J'étais fou d'elle. Nous avons vécu ensemble pendant deux ans et demi. Je l'ai bien trompée quelques fois, mais c'était vers la fin de notre relation. Elle se sentait menacée et ne pouvait pas comprendre. Elle a fini par me quitter. »

En adoptant certains comportements, Pierre s'est arrangé pour que ce qu'il craignait se produise. Malgré sa peur de perdre Andrée, la compulsion de Pierre l'amenait à agir d'une manière qu'elle ne pouvait pas tolérer.

Même si Pierre avait pris le temps de réfléchir à sa compulsion, celle-ci n'en était pas moins active. Il n'arrivait pas à vivre sans femme. Sans femme et sans vie sexuelle, il est probable que Pierre se serait senti castré, comme il s'était senti castré par sa mère.

« Andrée ne voulait plus de moi. J'ai bien passé entre six mois et un an à essayer de la reconquérir, mais elle s'est éloignée de moi. »

Dans un couple, lorsqu'un des partenaires est souvent infidèle, le lien fondamental qui les unit s'affaiblit et il arrive souvent qu'il se dissolve totalement.

«Andrée se rendait compte de ce qui se passait, mais c'était déjà devenu une compulsion chez moi. J'entretenais une très forte rivalité avec les femmes, comme si j'avais parié que j'allais les séduire toutes. C'était exactement comme si j'avais voulu mettre un cheval à ma main et faire en sorte qu'il me soit entièrement dévoué. J'avais ce genre de mentalité avec les femmes.»

Les relations de Pierre avec les femmes étaient comme une lutte à la vie à la mort pour prouver sa virilité et actualiser son besoin de contrôle. Naturellement, plus il se concentrait sur cette lutte, moins il avait l'impression d'avoir le contrôle et moins il se sentait épanoui.

«Après Andrée, mes relations sexuelles sont devenues plus superficielles encore. Peu importe avec qui je couchais, je me sentais toujours misérable. Les choses allaient de mal en pis. Mais j'avais l'impression que la technique en amour peut compenser bien des lacunes chez une personne. Je pouvais avoir du meilleur sexe que la plupart des hommes. J'avais eu environ 160 amantes, tellement mon désir d'être aimé et accepté était intense.

«Je ne dirais pas que j'ai quitté la plupart des femmes. Je dirais plutôt que j'ai arrêté de coucher avec elles. Je ne les quittais pas parce que je ne m'engageais jamais avec elles. Il m'était arrivé quelques fois de laisser des femmes par misogynie, pour me sentir mieux. Ces expériences me hantaient, mais elles m'avaient aussi changé. Je m'efforçais d'être encore plus méchant.»

Pierre se sentait-il plus fort en étant méchant? «Oui, dit-il. Pendant presque toute ma vie, j'ai eu de la difficulté à développer des liens émotifs avec les autres. Le sexe a été mon meilleur terrain d'apprentissage, de sorte que mon comportement sur le plan social a été façonné par ces contacts intimes. En fait, j'ai dû apprendre à être méchant. Je l'ai appris par l'intermédiaire du sexe. C'était beaucoup mieux que d'être gentil.

«Les gens penseraient peut-être que j'ai eu beaucoup de relations sexuelles superficielles, mais je vous dirais que je n'ai jamais eu une relation d'un soir. J'ai eu un très grand nombre d'amantes. Et si elles me croisaient dans la rue, elles seraient toutes contentes de me voir, sauf celles que j'ai quittées.

«Enfin, j'ai rencontré ma femme, Rachel, qui était très hostile à tout contact physique et à toute relation sexuelle. C'était pour moi un défi, mais aussi un soulagement. J'avais peur d'avoir développé une accoutumance au sexe et je voulais m'en sortir. Je ne me rendais cependant pas compte jusqu'où allait cette accoutumance.»

Dans son mariage, Pierre a encore une fois séparé ses sentiments d'amour et sa sexualité. Son mariage avait eu pour but de contrôler sa sexualité, mais il a eu l'effet contraire. Il faut travailler à surmonter une compulsion, car rien d'autre ne peut la contrôler ou la modifier. Il faut en démêler soigneusement tous les fils et voir comment ils nous étouffent.

«Il est plus facile de contrôler ses pulsions sexuelles lorsqu'il n'y a pas toujours quelqu'un pour coucher avec vous, m'a dit Pierre. Ma femme n'est pas toujours après moi. J'apprécie cela et je l'aime.»

En tenant de tels propos, Pierre indique qu'il estime que les femmes sont insatiables. Il laisse aussi entendre que s'il leur donne ce qu'il croit qu'elles veulent, une partie de lui-même leur en veut. Sa bravade cache un petit garçon qui a terriblement peur du rejet et de l'abandon et qui ferait n'importe quoi pour plaire à une femme.

Pierre ne se permet absolument pas d'obtenir ce qu'il veut désespérément, c'est-à-dire une vie stable avec une femme qui pourrait combler à la fois ses besoins sexuels et ses besoins émotionnels.

En fait, ce n'est pas encore ce qu'il veut. La conquête de la mère et le traumatisme original sont encore trop excitants. Pour avoir une relation stable, il lui faudrait pardonner et renoncer à essayer de vaincre le passé.

Lorsque je lui ai mentionné qu'il était triste qu'un homme ayant eu une activité sexuelle très intense décide d'exclure le sexe de sa vie avec sa femme, il m'a dit: «Je sais que ma femme est en sécurité, parce que je sais qu'elle n'ira pas vers d'autres hommes. Je sais qu'elle est parfaite pour mon genre de folie. Si j'avais une femme réceptive sur le plan sexuel, je serais condamné à vivre dans la crainte constante qu'elle me quitte pour quelqu'un d'autre, quelqu'un peut-être plus jeune ou mieux que moi.»

Il y a différentes façons de traiter un cas comme celui-ci. Certains se tournent vers la thérapie psychanalytique pour retrouver des souvenirs réprimés et comprendre le traumatisme qu'ils ont subi. À mesure que la thérapie progresse, le besoin de passer à l'acte s'atténue et la personne réussit mieux à intégrer les diverses parties de sa personnalité qui s'étaient fragmentées.

La gestalt-thérapie propose une autre voie pour arriver au même but. Elle va directement à l'expérience émotionnelle fondamentale, au lieu de consacrer beaucoup de temps à l'analyse intellectuelle.

Lorsque j'ai demandé au Dr Selwyn Mills de m'expliquer comment il traiterait un cas de ce genre, il m'a répondu: «Après avoir posé des questions à Pierre sur sa mère et sur ce qui s'est passé entre eux, j'essaie-rais de lui faire retrouver les sentiments que lui inspiraient les mauvais trai-tements de sa mère lorsqu'il était enfant. Comme ces sentiments sont pro-fondément enfouis, Pierre recherche encore des femmes qui le maltraitent. Il y a chez les individus qui ont souffert d'abus un désir de rétablir les cho-ses une fois pour toutes afin d'alléger la douleur qu'ils ne pouvaient par surmonter lorsqu'ils étaient enfants. Ainsi, Pierre se retrouve toujours avec une femme qui ne l'aimera pas comme il voudrait être aimé.

« En ce qui concerne son traitement, Pierre doit comprendre que ce qu'il espère trouver auprès de cette femme ne lui apportera pas le bonheur, car il répète encore une fois sa compulsion.

« Pour lui faire prendre conscience de cela, j'attirerais son attention sur son langage corporel, par exemple sa façon de parler et de s'asseoir. J'in-sisterais sur sa gorge, le ton de sa voix ou sa façon de bouger. Je lui deman-derais ce qui se passe en lui. J'attirerais constamment son attention sur son physique jusqu'à ce que je le force à aller en lui-même et à sentir au moins la douleur physique qui le tenaille.

« Une fois qu'il aurait suffisamment pris conscience de son corps et de sa douleur physique, peut-être une douleur dans la poitrine ou dans la gorge, je lui demanderais de donner une voix à cette partie de son corps. Cette voix l'amènerait invariablement à un point où aucun discours intel-lectuel ne pourrait jamais le mener.

« Je travaillerais ensuite à faire remonter à la surface la douleur origi-nale que sa mère lui a causée afin de lui montrer comment elle est reliée à ce qui se passe dans sa vie maintenant. Naturellement, un tel travail doit se faire très lentement et très soigneusement, petit à petit.

« Mais je ne le laisserais pas trop verbaliser combien merveilleuses sont toutes ces femmes. La verbalisation ne mène nulle part. Elle ne sert qu'à cacher la douleur. »

Lorsque je lui ai demandé si la douleur originale et la rage de Pierre disparaîtraient une fois qu'il en aurait pris conscience, le Dr Mills m'a répondu : « Non, pas nécessairement. Une fois que Pierre aurait pris cons-cience de ses sentiments originaux, je l'aiderais à refaire un lien parental. Après l'expérience émotionnelle, nous procéderions à diverses interpréta-tions. Je pourrais lui dire, par exemple : "J'imagine que vous vous rendez compte que même si vous avez eu une enfance difficile, votre mère ne vous donnera jamais les choses que vous voulez si ardemment." Son esprit rationnel en conviendrait. Je lui dirais ensuite de retrouver ce qu'il a vécu avec sa mère et d'examiner les choses avec ses yeux d'adulte – c'est-à-dire tel qu'il est maintenant et tel qu'il comprend les choses. Je lui demanderais d'accompagner le petit garçon en lui pour le guider. Il visualiserait son passé avec sa mère et, cette fois, il travaillerait activement à rétablir son lien parental. Après ce travail, je le laisserais s'y faire pendant un bout de temps.

« Au bout d'environ une semaine, je lui ferais revivre toutes les émotions entourant les scènes avec sa mère et je l'encouragerais à prendre la responsabilité de ses sentiments. En tant qu'adulte, il pourrait prendre soin de lui-même, contrairement au petit garçon qui ne le pouvait pas. Actuellement, Pierre n'agit pas en adulte, mais laisse le petit garçon en lui prendre le contrôle. En tant qu'adulte, il peut et doit agir au mieux de ses intérêts. Mais il doit pour cela revitaliser les parties fragmentées de son être pour se donner de nouvelles motivations.

« La gestalt-thérapie consiste à renouer avec de vieilles parties de nous-mêmes et à les redécouvrir en tant qu'adultes. Les patients entrent dans leur corps et donnent une voix à ce qu'ils y trouvent. Il arrive parfois qu'ils jouent des rôles ou qu'ils interagissent avec le personnage absent responsable de leur traumatisme en l'imaginant dans un fauteuil vide. Ils prennent conscience de vieux scénarios qui les amènent à agir de manière contraire au mieux de leurs intérêts.

« Avant d'arriver à cette étape, il faut établir que la personne en thérapie a une compréhension mature de sa vie présente ; pour faire revivre à quelqu'un des souvenirs douloureux, il faut que cette personne soit forte et qu'elle comprenne au moins partiellement ce qui se passe. Elle doit se rendre compte qu'elle se conduit comme un enfant et qu'elle doit revivre son traumatisme comme un adulte pour arriver à mieux le comprendre. Lorsqu'un patient est disposé à suivre une telle thérapie, les résultats sont souvent merveilleux. »

Il existe d'autres moyens encore de traiter la compulsion de répétition. Il y a par exemple les groupes d'entraide, du genre Alcooliques anonymes, pour gens souffrant d'accoutumances. Ces groupes fonctionnent selon leur propre système et ils peuvent aussi faire des merveilles.

Quelle que soit la voie que choisit une personne, il faut une intervention musclée sur une longue période. Une personne qui souffre de compulsion de répétition a besoin d'aide, car il est presque impossible de surmonter seul ces patterns. Il faut aussi beaucoup de vigilance. Mais les efforts en valent la peine. Non seulement une nouvelle vie devient possible, mais la voie vers celle-ci peut être fascinante.

CONSEILS À RETENIR
Comment composer avec les hommes souffrant de compulsion de répétition

POUR LES FEMMES
- Le plus important est de vous rendre compte qu'il est en proie à une maladie et que vous ne pouvez pas le guérir.
- Aidez-le à aller chercher une aide professionnelle.
- Si vous voulez rester avec lui, obtenez de l'aide professionnelle, vous aussi. Les choses ne seront pas faciles.
- Rendez-vous compte que vous pouvez l'aimer sans vous empêtrer dans ses patterns. Aimer signifie accepter et comprendre. Cela ne veut pas dire entrer dans le jeu de l'autre.
- Tenez-vous occupée. Ayez une vie bien remplie. Permettez-vous d'élargir vos horizons. Cherchez à comprendre pourquoi vous vous êtes engagée avec lui.

POUR LES HOMMES
- *Si vous répétez constamment la même situation ou le même comportement et que vous obtenez toujours les mêmes résultats douloureux, reconnaissez que vous êtes aux prises avec une compulsion de répétition.*
- Même si vous avez l'impression que les choses seront différentes la fois suivante, dites-vous que ce ne sera pas le cas.
- Lorsque le comportement est motivé par la compulsion de répétition, il est difficile d'en tirer des leçons ou d'agir autrement.
- Obtenez de l'aide professionnelle. Discuter de votre compulsion avec des amis ou votre famille ne donnera que des résultats limités. Vos réactions sont motivées par des facteurs encore plus profonds qu'on pourrait le croire.
- Rendez-vous compte que vous n'êtes pas seul. La compulsion de répétition est une réaction courante aux traumatismes et autres expériences douloureuses du passé qui n'ont jamais été réglés. Si vous êtes disposé à prendre la responsabilité de votre comportement et à y travailler, vous avez de bonnes chances de vous en sortir.

L'histoire est une répétition de la mauvaise façon de vivre.

LAWRENCE DURRELL

CHAPITRE 8

L'appel de l'aventure

*L'immense besoin devant tes yeux t'empêche de continuer
à respecter les règles.*

UMMON

Dans son merveilleux ouvrage intitulé *Iron John,* Robert Bly parle des
aventuriers, ces hommes qui ont besoin de nouveauté, de variété et
d'aventure dans leur vie. Ce besoin inné peut s'avérer plus prononcé
chez certains hommes que chez d'autres, mais il se manifeste à divers
degrés chez tous les hommes.

Selon Joseph Campbell, l'un des thèmes qui reviennent dans la
mythologie de toutes les époques est la quête du héros, l'appel de l'aventure, du défi, du dépassement de soi et de la plénitude. Pour certains
hommes, cet appel est lié au travail, pour d'autres, à l'activité physique,
aux sports et à la témérité. D'autres encore voient dans les relations avec
les femmes leur plus grand défi ou une porte ouverte sur les mystères de
la vie.

Prenons l'exemple de Hervé, un homme d'une cinquantaine d'années,
intelligent, drôle et chaleureux. Il a du succès en affaires et travaille comme
psychologue, en plus d'animer des séminaires très courus. Or, Hervé est
prisonnier d'une spirale de croissance continuelle où chaque étape est cata-
lysée par une femme différente. Venant d'un milieu perturbé dans lequel il
se sentait une victime entre une mère passive et un père abusif, il s'est
tourné très jeune vers les femmes.

«J'avais 19 ans quand j'ai eu ma première relation importante. Elle avait 16 ans et était très vulnérable. Non seulement j'avais un certain pouvoir dans cette relation, mais j'avais enfin la chance de me venger de mes parents. Malheureusement, c'était sur le dos de cette jeune fille. J'étais abusif avec elle comme mes parents l'avaient été avec moi. Nous avons eu un bébé et, un beau jour, j'ai regardé ce bébé que j'aimais et je me suis dit que je ne pouvais pas continuer à faire subir mes colères à cette créature innocente. Alors, je suis parti.»

Hervé est parti par compassion pour son enfant et par crainte de lui faire du mal. Il n'avait pas le sentiment de pouvoir être le père dont ce garçon avait besoin. Avec les années, il s'est torturé à ce sujet; il s'est senti coupable et il a eu des regrets. Finalement, après 30 ans, il a réussi à entrer en communication avec lui.

«Quand je lui ai parlé, cela a été merveilleux, dit Hervé. J'ai découvert qu'il allait bien, que sa mère s'était remariée et qu'elle était heureuse.

«À l'époque, j'ai dû digérer beaucoup de ressentiment envers mes parents et cela m'arrive encore. Mais c'est différent aujourd'hui. En vieillissant, on se rend compte qu'on laisse tomber sa colère ou qu'on la canalise différemment. On ne la projette plus sur l'autre. Maintenant, j'ai l'impression que cela est intégré en moi. Je me dis: "Tiens, voilà un vieux ressentiment." Je sais maintenant que je suis suffisamment adulte pour comprendre et pardonner. Personne ne s'est mal conduit intentionnellement. Tout le monde essaie de faire son possible.»

Certaines personnes mettent beaucoup de temps à prendre suffisamment conscience de leurs motivations pour changer leur comportement avec les autres et pouvoir cesser d'extérioriser leur colère. Heureusement pour Hervé, l'appel de l'aventure était intérieur et le poussait à regarder en lui-même, à apprendre à mieux se connaître, à grandir, à se développer et à devenir le meilleur homme possible. Il a suivi cet appel et, en fin de compte, il a trouvé ce qu'il cherchait depuis toujours.

«La relation à long terme que je recherchais m'a été donnée par mon deuxième mariage, celui avec Jeanne, m'a dit Hervé. Cette relation a donné une structure à ma vie. Nous nous connaissions depuis six semaines. À cette époque, j'étais de mœurs plutôt légères, j'avais mis deux filles enceintes et j'avais besoin de structure et de contrôle. Ce mariage m'a discipliné.

«Quand j'ai épousé Jeanne, j'étais un décrocheur qui n'avait pas terminé son secondaire et elle avait déjà des diplômes de premier et de deuxième cycle d'une excellente université. Pendant notre mariage, elle m'a aidé à passer à travers six années d'études dans une université prestigieuse.

« Celui-là a été mon mariage éducatif. Nous sommes restés ensemble pendant sept ans. Nous avions une merveilleuse compatibilité intellectuelle. Elle était très brillante. Nous avions des conversations profondes et j'adorais discuter avec elle. C'est toujours le cas quand je lui reparle.

« Mais, malgré tout, mon désir de la quitter était plus fort que je ne le pensais. Elle était très négative et dépressive. Elle avait une piètre estime d'elle-même. Elle venait d'une famille très rigide et son esprit négatif me mettait souvent les nerfs en boule parce que cela me rappelait trop ma famille. J'en avais assez de mon propre pessimisme, si bien que le sien m'était insupportable. »

Voilà un autre exemple d'un homme qui recrée sa situation familiale dans ses relations amoureuses. Tout ce qu'il ne pouvait supporter dans sa famille d'origine revient sous une autre forme dans sa vie adulte. On se marie souvent pour échapper à son milieu, parce qu'on recherche son contraire. Or, la vraie croissance n'est pas une fuite, mais la résolution d'une situation conflictuelle.

« Un beau jour, ma femme et moi nous sommes séparés, a poursuivi Hervé. Elle a eu une aventure avec un de mes amis et nous nous sommes séparés pour deux mois. Puis, nous avons vécu ensemble encore deux ans tout en continuant nos études. À cette époque, je ne pouvais accepter le divorce parce que je voulais vraiment que ce mariage réussisse. Mais nous nous querellions sans cesse et nous nous sommes rendu compte qu'il serait préférable de nous séparer. Je pouvais me débrouiller seul, mais cela me faisait peur. Notre relation a pris fin alors que nous avions tous les deux nos diplômes de premier et de deuxième cycle. Heureusement, nous n'avions pas d'enfant.

« Lorsque nous avons rompu, j'étais en thérapie et j'ai eu la chance de vivre cette séparation comme je n'en avais vécu aucune autre. J'étudiais avec un psychologue rankien qui travaillait sur le traumatisme de la naissance et les questions de séparation. Nous avons fait tout un travail sur la séparation, ce qui m'a beaucoup aidé. J'ai réfléchi à toutes les autres séparations que j'avais vécues. Je suis passé par la peur de l'avenir, la colère de la séparation, la jalousie au sujet de la liaison de Jeanne et la tristesse.

« Mais je n'ai jamais regretté mon départ une seule minute. Pas une seule. Je n'oublierai jamais la première fois que je me suis réveillé seul dans mon appartement. Je me suis dit que je ne referais plus les mêmes erreurs.

Ma prochaine relation ne serait peut-être pas meilleure, mais elle serait différente. J'étais prêt pour quelque chose de nouveau. »

Hervé se servait de ses relations amoureuses pour progresser dans sa vie intérieure et croître sur le plan affectif. Il considérait la douleur et la souffrance comme un enseignement et une occasion de devenir complet à certains égards. Sa défection ne s'accompagnait pas de culpabilité, mais de la volonté renouvelée de relever le prochain défi.

Cependant, même s'il avait changé et s'était amélioré, Hervé a continué à répéter le même pattern qu'avec sa famille. Il attirait des femmes névrosées pour apprendre à composer avec elles différemment, pour explorer toutes les facettes de ce genre de relation et découvrir le moyen d'entretenir une relation réussie.

« Ginette a suivi. Avec elle, on faisait l'amour comme des dieux, mais ce n'était pas assez. C'était une femme vraiment perturbée, la plus stressée et la plus inquiète que j'aie jamais connue. Mais elle avait un cœur d'or. Je lui ai fait connaître la spiritualité. Quand Ginette avait les deux pieds sur terre, elle était merveilleuse, mais il lui arrivait de me faire enrager. C'était le genre de personne qui fait sans raison exactement le contraire de ce qu'on lui demande. Si j'essayais de me relaxer, elle me posait des questions compliquées. Si je lui demandais d'arrêter, elle continuait et en rajoutait. Elle se mettait en colère quand je lui imposais des limites. Elle était complètement imprégnée du négativisme de son enfance. C'était malheureux. Nous nous rendions fous l'un l'autre. »

De toute évidence, Hervé avait besoin de femmes perturbées et dérangeantes, on peut même dire qu'il les préférait. Elles l'excitaient et le stimulaient, malgré les difficultés qui finissaient toujours pas surgir. De plus, il pouvait se servir de leur névrose comme d'une excuse pour les quitter le moment venu. Quand on se bat contre un démon, on peut s'en servir pour éviter de prendre ses responsabilités et de regarder en soi-même.

Pour certains couples, la colère et les querelles incontrôlées agissent comme un stimulant sexuel, comme un genre de préliminaires, et elles sont souvent le prélude à l'amour. Cela crée peut-être une forme d'intimité et de l'exaltation, mais à quel prix ?

Quand je lui ai demandé en quoi Ginette et toutes ces autres femmes ressemblaient à sa famille, Hervé m'a répondu : « Ma mère était très déprimée. De plus, elle était très critique, mais silencieusement. Je souhaitais que ma mère quitte mon père et me protège de ses cris, mais elle est restée et a vécu sa vie en codépendance. Ginette était moins perturbée que mes deux parents, mais elle leur ressemblait par son état dépressif, sa co-dépendance, sa rage. Et comme ma mère, elle s'accrochait.

« C'était une autre de mes tentatives de changer une personne pour qu'elle comble mes besoins, mais aussi une répétition de ma situation familiale. Certaines des femmes que j'ai fréquentées ressemblaient à mon père. Ce n'était pas simple. »

En quittant différentes femmes, Hervé faisait ce qu'il avait toujours encouragé sa mère à faire ; mettre fin à une relation abusive. Lorsque les femmes qu'il fréquentait devenaient abusives, il voyait son père en elles et se mettait à jouer successivement le rôle de son père et celui de sa mère. Lorsqu'il se sentait négatif ou qu'il critiquait ses partenaires, il jouait sa mère. Quand il se mettait en colère en retour, c'était son père. Il a bien tenté de résoudre son dilemme dans la fuite, mais il finissait toujours par se retrouver dans une situation semblable.

N'ayant pas de modèles positifs, Hervé continuait à faire l'essai de différentes femmes qui, espérait-il, lui procureraient une façon de se sentir bien.

« J'ai eu de la difficulté à oublier Ginette. Je l'aimais beaucoup parce qu'elle était gentille et drôle. Nous nous amusions beaucoup quand elle ne tombait pas dans le négativisme et l'indiscrétion. Nous partagions la même spiritualité. La quitter a été très difficile, mais je savais qu'il le fallait parce qu'elle faisait ressortir la violence qu'il y avait en moi. Nous sommes restés ensemble neuf mois. »

Il fallait qu'Hervé compose avec son propre négativisme et sa crainte de passer à l'acte avant d'être prêt à vivre une relation sérieuse.

« Je ne savais pas comment composer avec toutes les émotions que je ressentais dans mes relations, m'a confié Hervé. Alors, j'ai suivi toutes sortes de thérapies par moi-même.

« Et puis, j'ai rencontré Sonia. Je suis tombé follement amoureux de cette femme, car elle me touchait au cœur comme personne avant elle. Elle était plus âgée que moi et j'adorais ses enfants. Ils étaient merveilleux !

« J'avais de l'instruction, j'étais en affaires avec un de mes amis et je suivais une thérapie. J'étais une personne différente. Sonia aussi avait appris de ses expériences. Elle travaillait dans le domaine de la publicité.

« Un lien s'est tout de suite établi entre nous. Dans chaque relation qui a compté pour moi, l'attirance a été immédiate. Nous étions attirés l'un vers l'autre comme des aimants et nous avons fait l'amour moins d'une semaine après notre rencontre.

«Sonia et moi avons alors vécu une relation torride pendant trois ans. Nous avons cohabité pendant neuf mois. Aussitôt que j'ai emménagé avec elle, elle est devenue folle. Tout a changé. Elle ne pouvait supporter l'intimité et a commencé à faire des crises. J'ai réagi en en faisant autant. »

Ce point de rupture après neuf mois est plutôt intéressant et significatif. Leonard Orr, fondateur du «rebirthing», soutient que tous les problèmes dans les relations amoureuses découlent du traumatisme de la naissance, le traumatisme original de la séparation d'avec la mère, avec son cortège de douleur et de manque. Pour les personnes blessées par le traumatisme de la naissance, l'amour est rempli de douleur, de rage et de manque. Elles cherchent toujours à retourner à leur mère, mais elles sont inévitablement coupées de son contact, comme le cordon ombilical est coupé à la naissance.

La thérapie du «rebirthing» ramène un individu au moment de sa naissance et change les associations qu'il fait au sujet de ce qui s'est passé entre lui et sa mère. Il arrive aussi que les relations avec le père soient figées ou imprégnées de douleur, selon qu'il était présent ou absent. Bon nombre de gens décident à la naissance que l'amour est fait de douleur et de manque. La thérapie du «rebirthing» peut aider ces individus à prendre de nouvelles décisions et à faire de nouveaux choix concernant l'amour, les relations sentimentales et leur valeur personnelle. Le «rebirthing» renverse des patterns profondément ancrés, tout en aidant les gens à apprendre qu'ils méritent d'être aimés et qu'ils peuvent sans danger vivre une relation durable.

Selon Leonard Orr, si ce pattern est aussi répandu, c'est que le traumatisme de la naissance se réveille à mesure qu'une relation devient plus intime. Certains hommes se sentent piégés et ont l'impression de suffoquer, comme s'ils n'allaient jamais s'en sortir. Ils se rappellent viscéralement ce qu'ils ont ressenti à leur naissance, c'est-à-dire le sentiment de suffoquer et d'être coincés, comme s'ils étaient incapables de sortir du ventre de leur mère.

«Dès que nous avons commencé à vivre ensemble, c'est devenu infernal, m'a confié Hervé. Nous nous sommes probablement quittés cent fois et, finalement, la relation s'est mal terminée. Et c'est à cause de cet échec que j'ai entrepris un travail psychologique complètement différent — l'enfant en soi —, ce qui m'a aidé à me détacher du modèle psychanalytique intellectuel et à devenir plus expérimental. »

Déterminé à poursuivre sa croissance malgré tous les écueils, Hervé trouve des points positifs à toutes ses relations et se sert de chaque séparation comme d'un pas en avant.

« J'ai vécu une très grande codépendance avec les femmes. À certains égards, elles ont toujours été des mères pour moi. Finalement, Sonia et moi avons consulté un thérapeute ensemble. D'emblée, Sonia lui a déclaré qu'elle n'avait aucune intention de changer. J'étais abasourdi, mais elle m'a dit que c'était sérieux.

« Le thérapeute m'a demandé ce que j'en pensais et si j'étais capable de vivre avec elle telle qu'elle était. Je ne savais pas. J'avais moins de respect pour elle parce qu'elle refusait la croissance intérieure. »

Un grand nombre d'hommes (et de femmes) sont profondément convaincus que leur partenaire changera ou devra changer pour eux. Ils ne peuvent pas accepter cette personne telle qu'elle est et ils restent avec elle uniquement dans l'espoir silencieux qu'elle voie un jour la lumière. Bon nombre d'entre eux finissent par ne plus avoir de respect pour leur conjoint parce qu'il résiste au changement.

Cette attitude cache un malentendu profond sur la nature du respect de l'autre. Le sentiment qui se fonde sur les changements qu'on espère voir se produire chez une personne n'est pas du respect. Il s'agit plutôt de vouloir imposer ses valeurs à l'autre.

Pour respecter une personne, il faut la connaître et l'accepter telle qu'elle est. Si vous êtes incapable de ce genre de respect, il ne vous reste plus qu'à partir.

« Il y a une chose qui déterminait mon degré de respect pour toutes les femmes que j'ai fréquentées, m'a dit Hervé. Je ne les respectais pas si elles n'étaient pas disposées à travailler sur elles-mêmes ou si je n'étais pas d'accord avec leur démarche. Le genre de croissance personnelle de Sonia me semblait étrange. Elle était tellement en colère contre moi que j'ai compris que je n'étais pas vraiment en cause. Elle ne voulait pas en parler et prendre ses responsabilités. Or, c'était une chose que je ne respectais pas.

« Avec les autres femmes, je n'avais pas de respect pour leur comportement dans d'autres aspects de leur vie. Certaines renonçaient à des choses pour me faire plaisir et non pour elles-mêmes. Elles pratiquaient la spiritualité quand j'étais là, mais laissaient tout tomber aussitôt qu'elles étaient seules. La croissance et la spiritualité ont toujours occupé une grande place dans la vie de la femme avec laquelle je suis maintenant. Je la respecte beaucoup pour cela. Mais j'ai d'abord dû apprendre à m'aimer et à me respecter.

« Sonia et moi avions un autre problème, car ni l'un ni l'autre ne savait comment désamorcer sa rage et composer avec ses sentiments assassins ! Nous n'étions pas doués sur ce plan-là ! »

À la façon dont Hervé parle de la rage, on a l'impression qu'il s'agit d'une force pure comme le pouvoir, la vie et la beauté. D'une certaine façon, il recherche la rage et s'amuse à la regarder comme quelqu'un qui apprécie la puissance incontrôlable des éruptions volcaniques ou d'autres forces de la nature en pleine action.

« Sonia essayait de me contrôler ; elle était très autoritaire. D'une certaine façon, elle était comme mon père en ce qu'elle ne me laissait jamais tranquille. Je lui disais : "Tu sais que j'ai mauvais caractère et que je viens d'une famille violente. Veux-tu déclencher une bagarre ? Quand je suis en colère, pourquoi ne me laisses-tu pas tranquille ? Pourquoi me tombes-tu dessus et cherches-tu toujours à avoir raison ? Pourquoi me provoques-tu de la sorte ? Laisse-moi tranquille jusqu'à ce que je me sois calmé." Elle en était incapable.

« Finalement, je me suis rendu compte que cette rage entre nous devait cesser. J'ai pris mon manteau et j'ai passé la porte. »

Pour retrouver le silence et la paix et mettre fin à cette explosion continuelle, Hervé a dû mettre un terme à cette relation. Mais lui comme Sonia demeuraient prisonniers de leur fascination pour la colère et de leur désir de succomber à sa puissance. Se réfugier dans la colère peut être plus rassurant que de s'abandonner à l'amour, car on devient alors vulnérable et on prend le risque d'être intime avec quelqu'un et de lui faire confiance. La colère est une supercherie. Elle procure un faux sens d'intimité et d'attachement, mais ne laisse que douleur et solitude dans son sillage.

« J'ai été très malheureux après ma rupture avec Sonia, mais j'ai poursuivi ma route. Je me suis tourné de plus en plus vers Dieu et je l'ai supplié de me libérer de cette rage. J'ai eu un maître spirituel et j'ai prié Dieu de me donner ce dont j'avais besoin, un autre genre de femme. À ce moment-là, j'ai commencé à croire que je pouvais créer ce que je désirais.

« Après Sonia, j'ai commencé à réfléchir profondément à ce qui m'arrivait avec toutes ces femmes. De quoi avais-je réellement besoin dans une relation ? À cette époque, j'avais l'impression qu'il ne restait de place que pour une seule autre femme dans ma vie et dans mon cœur. Je n'avais pas l'impression que je pourrais recommencer sans fin. J'avais le cœur en charpie. Je voulais rencontrer une femme merveilleuse avec laquelle je pourrais avoir une relation durable. J'ai prié Dieu de m'accorder mon souhait. Et j'ai rencontré Alice. Croyez-moi! Quand on le demande du fond du cœur, Dieu donne ce qu'on lui a demandé. Mais il faut faire attention à ce qu'on demande. Il faut être très clair avec Dieu et avec soi-même.

« Maintenant, je suis avec Alice et c'est merveilleux. Mais je ne suis pas devenu un ange pour autant. Nous avons nos différends. Ce n'est pas qu'elle ne se fâche jamais contre moi, mais c'est rare, seulement quand elle se lève du mauvais pied.

« Je ne m'enrage plus comme avant. J'ai grandi à plusieurs égards. Alice n'est ni névrosée ni très anxieuse. Elle est parfois distraite, mais elle est aussi plutôt facile à vivre. Cela me facilite les choses parce que, moi, je ne suis pas très facile. Il faut une personne facile, parce qu'avec deux personnes dans mon genre, ça n'irait pas du tout. Elle cède plus souvent que moi. Maintenant, je comprends que je peux être différent. Avant, je me disais : je suis comme je suis. Maintenant, je m'interroge sur ce que je fais dans mes rapports avec l'autre et je me demande si c'est mon cœur qui me dicte mon comportement. »

Quand j'ai suggéré à Hervé que ce genre de relation était plus sécurisant, il a répondu qu'en effet c'était une atmosphère beaucoup plus sûre. De plus, Alice lui laisse de l'espace et il essaie de son mieux d'en faire autant.

« Quand Alice et moi avons commencé à vivre ensemble, elle m'a avoué qu'elle était incapable de s'y faire. Selon mon expérience avec les femmes, on vit avec une femme ou on ne vit pas avec elle. Mais je ne me suis jamais senti très proche de celles avec lesquelles je ne vivais pas. Alors, quand Alice m'a demandé d'aller vivre ailleurs, j'ai cru que c'était fini entre nous. Puis, j'ai compris qu'elle me demandait seulement de ne plus vivre avec elle. Elle n'a pas dit qu'elle ne m'aimait plus et je l'aimais beaucoup. Je ne voulais pas la perdre pour ça.

« Quand j'ai repris un appartement, je me suis rendu compte que ça me plaisait. C'était intéressant. Je comprenais enfin qu'on peut avoir une relation vraiment intime avec une femme sans vivre avec elle. Pas mal! »

Hervé commençait à se fixer des limites et à abandonner son désir de fusionner avec une femme. Il se permettait d'être aimé et d'être authentiquement lui-même. C'était un pas énorme, un processus d'individuation par lequel il a gagné plus qu'il n'a perdu. Il peut être à la fois seul et avec quelqu'un.

Dans son célèbre ouvrage intitulé *L'art d'aimer,* Erich Fromm a écrit :

Si je suis attaché à quelqu'un parce que je suis incapable d'être seul, cette personne est une bouée de sauvetage, et la relation entre nous n'est pas de l'amour. Paradoxalement, être capable d'être seul est une condition préalable à la capacité d'aimer.

À toutes les époques et dans toutes les cultures, l'homme a été mis en présence d'une seule et unique question: comment peut-on résoudre l'altérité, vivre une union parfaite, transcender son individualité et trouver l'union totale? La question demeure toujours la même, car elle est inhérente à la condition humaine. La réponse à cette question dépend à plusieurs égards du degré d'individuation de chacun. C'est dans la mesure où un enfant développe son sens de l'altérité et de l'individualité qu'il devient capable d'aimer.

Hervé cherchait une façon d'être à la fois autre et uni. «Au début, dit-il, nous passions deux nuits par semaine ensemble. Ça me plaisait. Puis, nous avons acheté une grande maison avec plein d'espace pour chacun.

«J'avais habituellement beaucoup de problèmes quand j'emménageais avec une femme, mais pas cette fois-ci. Si l'un ou l'autre veut dormir seul, nous n'en faisons pas un plat. Pas besoin d'être en colère, il suffit d'avoir envie d'être seul. Ça me plaît.

«En grandissant, je n'ai jamais eu d'espace. Je n'ai jamais eu ma propre chambre à coucher. Maintenant, j'ai les deux, Alice et ma propre chambre quand j'en ai envie.»

Quand je lui ai demandé ce qui le rendait heureux et le gardait engagé dans une relation, Hervé m'a dit: «La première chose qui me vient à l'esprit, c'est le *respect*. Pour Alice, je ne suis pas un gourou. C'est un soulagement. J'ai probablement suivi plus de thérapies, mais j'ai eu beaucoup plus de problèmes. Je respecte le travail d'Alice. Elle adore s'occuper des enfants et elle le fait merveilleusement bien.

«Les choses les plus importantes pour moi sont le respect, l'amour et la capacité de se laisser de l'espace pour s'honorer l'un l'autre.»

LE BESOIN D'EXPÉRIMENTER

Les aventures avec les femmes et le cheminement ont été très différents pour Bertrand, un homme d'affaires exubérant, chaleureux et aimant. Marié pour la cinquième fois, c'est un homme pour qui l'appel de l'aventure s'est présenté sous la forme d'un puissant besoin d'intimité, de plaisir et d'expérimentation avec des femmes différentes.

« J'ai une histoire en dents de scie, dit Bertrand. Marié, célibataire, marié, célibataire. J'aimais ça comme ça. J'avais besoin d'aventure ; je ne pouvais pas m'en passer très longtemps. »

Le besoin qu'avait Bertrand des femmes variait selon qu'il était marié ou célibataire. « Quand je suis célibataire, je drague, dit-il. C'est amusant et vivifiant. Quand je suis marié, je veux une réelle présence, quelqu'un qui est vraiment là.

« Je n'ai jamais eu peur des expériences. Je suis heureux de n'avoir aucun regret. Chacune des femmes que j'ai fréquentées a fait de moi l'homme que je suis aujourd'hui. »

Quand je lui ai demandé les raisons pour lesquelles il quittait les femmes, Bertrand m'a répondu : « Ce n'est pas toujours l'homme qui décide de partir ; il arrive parfois qu'il parte parce qu'il se sent rejeté et qu'il est incapable de tolérer une telle situation. Le machisme empêche les hommes d'admettre qu'ils ont été rejetés. C'est difficile parfois de déterminer qui part le premier dans une relation.

« Dans notre société, c'est beaucoup plus facile pour un homme de partir, tant sur le plan financier que culturel. De plus, ils demeurent désirables pendant plus longtemps que les femmes. Ce serait bien si notre culture était suffisamment évoluée pour que la femme soit vraiment égale. Une femme devrait être contente qu'un homme la quitte s'il n'a plus envie d'être avec elle.

« À mon avis, tout a été dit sur le sujet dans l'ouvrage de Ernest Becker, *The Denial of Death*. Il parle du besoin de se sentir valorisé. Le besoin d'approbation est tellement grand. Les hommes veulent désespérément l'approbation des femmes ; ça remonte à la Mère, c'est inné chez l'homme.

« Quand je me suis marié pour la première fois, j'étais très jeune. Elle était très douce et effrayée. Elle aurait fait n'importe quoi pour me plaire et me rendre heureux. Cela m'affectait bizarrement. Je ne suis pas certain que cela me plaisait. J'en parlais à mes copains, mais je ne pense pas qu'ils comprenaient. Elle faisait deux choses qui me dérangeaient beaucoup : d'abord, elle finissait toutes mes phrases et puis même si je téléphonais à 17 h 30 pour lui dire que je venais manger avec six collègues, elle réussissait toujours à mettre une belle table et à tout préparer avant notre arrivée. Ça aussi, ça m'énervait. Mes copains n'en revenaient pas. "C'est pour ça que tu veux la quitter ?" »

Les femmes qui cherchent à retenir un homme en comblant tous ses besoins et ses désirs sont souvent perçues comme irréelles et ennuyeuses. L'homme peut aussi sentir qu'elles demandent implicitement qu'il leur rende la pareille. Ce genre de femme ne laisse pas d'espace à un homme. Au lieu de leur être reconnaissant, il a envie de prendre ses jambes à son cou.

« Mes amis ne comprenaient pas, a poursuivi Bertrand, mais ma femme m'écrasait. Je n'avais personne à affronter, personne qui me remettait à ma place. Je voulais une relation d'égal à égal, avec une vraie personne. Les hommes veulent une partenaire. J'en ai une maintenant en ma femme. Nous nous querellons continuellement, mais je sais sans l'ombre d'un doute qu'elle est la femme pour moi. »

Les hommes ont besoin de limites et ne respectent pas une femme qui satisfait des demandes abusives. Ils veulent respecter la femme qu'ils fréquentent et être soutenus par elle.

« J'ai finalement été obligé de quitter ma première femme. Je me suis senti soulagé quand je suis parti. Le problème que j'ai éprouvé avec ma deuxième femme, Madeleine, que j'aimais beaucoup, et aussi avec ma troisième femme, c'est qu'elles étaient toujours ailleurs. Elles n'étaient jamais vraiment là pour moi.

« Madeleine a eu une ou deux aventures en Suisse pendant notre mariage. Je n'étais pas au courant, mais je le sentais. Je me rendais bien compte qu'elle n'était pas entièrement avec moi. Je me sentais abandonné dans mon mariage parce qu'elle n'avait pas vraiment envie d'être là. Je me souviens d'un jour où nous étions allés au marché. J'avais suggéré d'acheter des pommes et Madeleine avait répondu que nous en avions "à la maison". Quelle joie j'avais ressentie parce qu'elle reconnaissait pour une fois l'existence de notre foyer. C'est dire que cela ne se produisait pas souvent. Pour une autre, ce serait une chose normale, mais pas pour elle.

« Diane, une autre de mes femmes, s'investissait dans toutes sortes de choses, la spiritualité Nouvel Âge et ainsi de suite. Cela l'éloignait beaucoup de moi, même si elle essayait d'être gentille.

« Peu importe ce que Madeleine ou Diane disait, je n'ai jamais senti que ni l'une ni l'autre était réellement engagée envers moi. Cela fait partie du besoin d'approbation. Quand on s'engage envers un autre être humain, on le valorise et on lui dit qu'on veut passer le reste de ses jours avec lui. C'est ce que disent les vœux de mariage et c'est pourquoi on est tellement heureux au début. »

Qu'est-ce qui a poussé Bertrand à chercher ailleurs encore une fois? «J'avais l'esprit d'aventure et l'herbe est toujours plus verte de l'autre côté de la clôture. Mais je ne suis jamais parti pour une autre femme. Parfois, mes amis me disent qu'ils comprendraient s'il y avait quelqu'un d'autre, mais partir pour se retrouver tout seul! Ils s'imaginent qu'il y a une pénurie, mais il ne manque jamais de femmes pour les hommes. »

Bien entendu, la profonde certitude de Bertrand qu'il y a des tas de femmes à sa disposition en attire certaines. Il retourne sur le marché avec bonne humeur et confiance. Les femmes le sentent immédiatement et gravitent autour de lui.

«J'avais le sentiment que je serais moins sûr de ma décision si je partais pour une autre femme. Cela ne m'est jamais arrivé et je n'ai jamais eu d'aventure pendant mes mariages. Mais quand j'étais célibataire, je ne me privais pas. Il est bien possible que l'homme possède une espèce d'instinct animal qui le pousse à passer d'une femme à une autre, tandis que les femmes gardent le nid.

«Ne vous y méprenez pas. Lorsque j'étais célibataire, j'*adorais* l'être. J'en avais assez d'être marié et de l'ennui qui s'ensuit. Un vrai Don Juan: chaque conquête m'apportait quelque chose. Encore aujourd'hui, cela me manque parfois. Quand ma femme est sur mon dos, j'ai envie de retrouver ma liberté, mais c'est de courte durée. Maintenant, je suis vraiment heureux. »

J'ai demandé à Bertrand de me parler un peu de sa vie de célibataire. «Lorsque je répondais à une annonce et rencontrais une nouvelle femme, j'étais dans un état d'excitation intense. Je sentais que je pouvais à nouveau exprimer ma créativité. C'était très important pour moi. Maintenant, je le fais en affaires parce que chaque nouveau client est pour moi une chance de faire connaissance avec quelqu'un. Je considère qu'il est créateur d'être avec une personne et d'apprendre à la connaître. »

Quand Bertrand sentait qu'il pouvait être ouvert et libre, ses ressources créatrices se déchaînaient. S'il avait l'impression de suffoquer quand une relation se prolongeait, chaque nouvelle femme était pour lui une source d'inspiration.

«Sortir avec toutes ces femmes m'excitait. Chacune suscitait probablement quelque chose de nouveau en moi. Quand on rencontre une nouvelle personne, on plonge dans une tout autre atmosphère, un autre monde. Parfois, on rencontre quelqu'un et on sait tout de suite que l'atmosphère ne nous intéresse pas, parfois c'est le contraire.

« C'est vrai qu'on entre dans un autre monde quand on rencontre une personne nouvelle. Pour moi, c'est un besoin très puissant. Lorsqu'on est marié, il y a des limites à l'expérimentation sexuelle qu'on peut se permettre. On ne veut pas offenser son épouse. Je trouve qu'il est cruel de tromper sa femme et je préfère quitter la mienne que de la tromper. Mon frère, qui couche avec n'importe qui et qui a même déjà dragué une de mes femmes, se moque de moi quand je dis que je suis amoureux. "Encore une", dit-il. Ça me met en rogne qu'il méprise ma façon de vivre, alors qu'il trompe sa femme allègrement. »

Quelle était la différence entre les femmes avec qui il sortait quand il était célibataire et celles qu'il a épousées ? « Pour moi, ce qui compte, c'est qu'une femme soit vraiment présente.

« Lors de mon premier mariage, j'étais jeune et inconscient ; la deuxième fois, j'étais follement amoureux ; la troisième fois, j'en avais assez d'être célibataire. Elle était très jolie et je refusais d'écouter les voix qui me disaient que je commettais une erreur. Puis, avec Diane, encore une fois, je ne me suis pas rendu compte de ce qui se passait. Ça prouve que les hommes ne sont pas toujours conscients, surtout s'ils sont fatigués, s'ils n'ont plus envie d'être seuls ou s'ils sont dans un marasme quelconque.

« J'entends souvent parler de gens qui se marient six semaines après s'être rencontrés et ça me semble complètement fou. Il faut tellement de temps pour connaître vraiment une personne une fois passée la période initiale de perfection. Les hommes le font pour diverses raisons. Puis, les choses commencent à aller mal, la femme du voisin devient plus attirante et ils s'en vont. Et les hommes plus vieux cherchent des femmes plus jeunes.

« À chaque mariage, je choisissais une femme de plus en plus jeune. D'une certaine façon, je vivais un démon du midi continuel et je recherchais seulement ce qui m'attirait. Ma présente épouse a environ 20 ans de moins que moi. Bien sûr, il y a aussi un aspect sexuel. J'ai été attiré physiquement par toutes les femmes que j'ai épousées. Le problème est de trouver une vraie partenaire en celle qui partage notre vie. Après un certain temps, l'attirance sexuelle n'est plus aussi puissante. Elle devient même secondaire et cède la place au confort et à l'amitié.

« Quand on drague et qu'on rencontre quelqu'un de nouveau, il y a beaucoup de passion. Ce n'est pas la même chose quand on est marié. La passion est une expérience merveilleuse, on se sent plein de vitalité et d'énergie. Tous les hommes adorent ça.

«Il y a des espèces qui s'accouplent pour la vie. Les pingouins choisissent leur partenaire parmi des milliers de sosies. Chez les humains, la monogamie est plutôt une convention pour stabiliser la société et elle n'a rien à voir avec l'individu qui doit sublimer ses pulsions pour vivre en société. Lorsque l'homme se laisse guider par ses instincts, il est comme un matou dans une ruelle.

«Renoncer à cela est un véritable sacrifice et j'en ai souvent souffert. À l'exception de mon mariage avec Madeleine, qui a été très douloureux, mes divorces ne m'ont jamais causé beaucoup de chagrin. J'étais plutôt soulagé que ce soit fini, complètement soulagé. Je n'offre jamais mes sympathies quand j'apprends que quelqu'un a divorcé, je demande plutôt à la personne comment elle se sent. Vous seriez étonnés du nombre de gens qui s'ouvrent les yeux et avouent se sentir libérés, mais je ne le dis pas.

«Idéalement, les femmes devraient réagir de la même façon. Habituellement, elles craignent trop pour leur sécurité et recherchent la stabilité d'un foyer. Mais maintenant, il y a beaucoup de femmes qui réussissent bien et qui chérissent leur liberté. Si elles n'avaient pas peur des maladies, elles adoreraient aussi être libres sur le plan sexuel.»

Pour Bertrand, la vie de célibataire et la liberté sexuelle étaient vivifiantes et saines et il en était fier. Il n'avait pas l'impression de quitter toutes ces femmes, mais d'en jouir pleinement avant de passer à autre chose. Jamais il n'a imaginé s'engager avec elles, prenant la relation comme elle venait.

Qu'est-ce qui amène Bertrand à s'engager dans une relation et à s'y sentir bien? «Une femme doit être vraiment indépendante et ne pas avoir besoin de s'accrocher à une relation. Je ne supporte pas ça. Je ne tire aucun plaisir de la dépendance d'une femme. Par ailleurs, je pense que j'aurais de la difficulté à épouser une femme vraiment riche et à accepter des choses d'elles. Je ne suis vraiment pas comme ça.

«Je sens que ma présente épouse m'aime et m'admire véritablement. Après une querelle avec mon fils, elle m'a dit: "Quel dommage qu'il ne reconnaisse pas la valeur de son père." Cette phrase m'a beaucoup ému, car elle signifie que ma femme me respecte à tous points de vue.

«Pouvoir toujours compter sur sa présence n'est pas une chose que je prends à la légère. Je ne la tiens pas pour acquise et je ne veux pas l'utiliser de mauvaise façon. Avec les autres femmes, je vivais l'absence, maintenant j'ai une présence.

« La vie nous apporte son lot de problèmes, mais je trouve rassurant de savoir que ma femme est loyale et est une vraie partenaire pour moi. Elle est travailleuse et trouve du plaisir à organiser le côté pratique de notre vie. Nous travaillons fort ensemble et elle aime ce qu'elle fait. »

Aurait-il pu s'assagir de la sorte n'eût été de ces bouffées de liberté et de créativité ? « Parfois, je pense à ce que ce serait d'être libre à nouveau, mais cela me semble une corvée maintenant. J'y tenais beaucoup autrefois et je pense que beaucoup d'hommes réagissent comme moi. Rien ne sert de nier ou de réprimer ses fantasmes. Même si on ne passe pas à l'acte, il est préférable de reconnaître leur existence. C'est peut-être la raison pour laquelle l'adultère permet à certains mariages de durer, parce que ce désir est en partie satisfait. »

Quand je lui ai demandé ce qui le retenait, Bertrand m'a répondu : « Les hommes font tout pour qu'on prenne soin d'eux dans la vie. De plus, l'identité masculine est tellement fragile que les hommes doivent se tourner vers les femmes pour la trouver. Pas étonnant qu'ils se sentent vulnérables par rapport aux femmes. Notre culture valorise des choses tellement stupides.

« Il ne faut pas traiter à la légère les fantasmes de castration et d'humiliation. Je crois profondément que les gens ne veulent pas qu'on abuse d'eux, mais ils restent parce qu'ils sont terrifiés de se retrouver seuls. Ils préfèrent qu'on abuse d'eux, plutôt que d'être rejetés.

« Les femmes ont fait beaucoup de progrès. Parfois, je dis quelque chose et ma femme me tape sur la tête pour me rappeler qu'on arrive à la fin du XXe siècle. C'est bon qu'elle puisse le faire. Parfois ça me plaît, parfois ça m'emmerde.

« Le respect est tellement important pour les hommes, la reconnaissance aussi, de même que l'engagement et la présence. Maintenant, je suis heureux d'être en vie. J'adore faire la cuisine, manger, faire l'amour, parler. J'adore ma vie. »

CONSEILS À RETENIR

Comment composer avec les hommes qui suivent l'appel de l'aventure

POUR LES FEMMES
- Soyez vous-même. Ne changez pas pour lui faire plaisir. Cela ne marche jamais.

- Sachez qu'un homme qui ne tient pas en place s'ennuie et a besoin d'espace pour s'exprimer ; il est mû par ses besoins créatifs et non par le désir de vous rejeter.
- Écoutez bien ce genre d'homme quand il vous dit de lui laisser un peu d'espace. Il est sérieux. S'il a besoin qu'on le laisse tranquille, il ne peut pas supporter qu'on ne le fasse pas.
- Si vous avez des problèmes personnels, ne vous attendez pas à ce qu'il les règle pour vous. Prenez vos affaires en main. Restez intéressante et stimulante. Vous avez besoin de croissance personnelle et d'aventure, vous aussi !
- S'il ne tient vraiment pas en place et qu'il est temps pour lui de reprendre sa liberté, ne vous accrochez pas, c'est inutile de toute façon.

POUR LES HOMMES

- Rendez-vous compte que vous êtes stimulé par l'expérimentation et l'aventure et que vous en avez besoin pour être heureux.
- Choisissez une femme qui respecte votre besoin d'aventure et pour qui la sécurité n'est pas primordiale.
- Trouvez des femmes qui vous amènent à relever des défis positifs. Une femme qui évolue continuellement peut devenir une source constante de stimulation.
- Sachez que les hommes qui ont besoin d'aventure aiment le changement. Il y a beaucoup de choses qu'on peut changer et renouveler dans sa vie, pas seulement sa partenaire. Troquer une femme pour une autre peut constituer un camouflage au lieu d'un vrai changement.
- La plus grande aventure consiste à se connaître soi-même et à vivre en fonction de ses valeurs profondes. L'exaltation qu'apporte cette découverte ne s'émousse jamais.

> *Donnez, donnez sans réfléchir. Vous n'êtes qu'un élément d'un processus sans fin où il n'y a rien à gagner ni à perdre, seulement à vivre.*
>
> HENRY MILLER

CHAPITRE 9

L'autre femme

Une mélodie, puis une autre; personne ne comprend

Après l'averse de la nuit

L'eau claire de l'automne dans les étangs

Est d'une noirceur et d'une profondeur intenses

THE BLUE CLIFF RECORD

On pense souvent que les hommes partent pour «une autre femme». Coincés dans une relation usée, ils rencontrent une femme plus jeune, plus belle, plus sexy ou simplement plus compréhensive qui débarque dans leur vie et la change du tout au tout. Les gens pensent que la plupart des hommes regardent toujours les femmes, s'attendant à tout moment à en rencontrer une meilleure.

Bien que les hommes aiment regarder ailleurs, ce n'est pas suffisant pour les faire partir. Leur défection ne dépend pas uniquement du magnétisme de l'autre femme, mais de facteurs psychiques qui les ont préparés à la rencontrer depuis un bon moment déjà. Bien qu'il y ait des raisons précises pour lesquelles certains hommes quittent leur femme pour une autre, la plupart du temps ils en avaient envie depuis longtemps. Cette nouvelle femme n'est qu'un catalyseur, une bouée de sauvetage lancée à un naufragé.

Comme le dit le Dr Harriet Field, psychologue et psychanalyste d'expérience: «Je ne peux pas imaginer que cela se produise si une relation est vraiment satisfaisante, chaleureuse et aimante, et si le couple se désire toujours. Je crois que quelque chose doit mourir pour qu'un homme s'en aille. Un homme est vulnérable à la séduction d'une femme parce qu'il lui manque quelque chose. Cela n'arrive pas sans raison. La nouvelle femme lui donne plus que ce qu'il obtenait dans sa relation, qu'il s'agisse d'un fantasme ou de la réalité.»

Cela était vrai pour Max, un homme mince dans la trentaine, à la voix douce et aux cheveux longs. Élevé dans le Sud, Max avait épousé à 22 ans sa première petite amie, Pauline.

«Nous nous sommes bien entendus parce qu'elle était plus extravertie, m'a dit Max. Elle était différente des femmes que je connaissais dans le Sud. Nous faisions partie d'un groupe de hippies dans un collège conservateur. Nous avons fini par décrocher, Pauline et moi, et nous sommes partis vivre à Jackson, au Mississippi. Un an plus tard, nous étions mariés et nous avons déménagé dans une autre ville où l'université nous plaisait davantage. C'était plus près de la Nouvelle-Orléans.

«Au début, tout allait bien. Nous fréquentions l'université et Pauline a obtenu son diplôme en éducation. J'étudiais en service social et en musique, choses que je fais depuis des années. Après avoir obtenu son diplôme, Pauline a trouvé du travail et nous avons encore déménagé. Nous n'avions pas encore trouvé d'appartement. Nous avons mis toutes nos possessions dans le camion et nous sommes partis. La vie était facile. C'étaient nos plus belles années.

«Quand Pauline a commencé à travailler, les choses ont changé. C'était son premier emploi d'enseignante, dans un quartier urbain défavorisé, et ce n'était pas facile. Étudiants, nous formions une équipe, mais quand elle a commencé à travailler, elle gagnait plus d'argent et faisait sa petite affaire de l'autre côté de la ville. Je partais travailler de mon côté et nous passions moins de temps ensemble.

«Puis des tas de femmes ont commencé à me draguer, à flirter avec moi. J'en étais étonné, choqué même. Pauline était la seule femme avec laquelle j'étais jamais sorti. Toute cette attention ne me déplaisait pas, mais il ne s'est rien passé jusqu'à ce que les choses se détériorent à la maison.»

Max a vu son estime de lui-même s'éroder quand sa femme a trouvé un emploi mieux rémunéré que le sien et qu'elle a commencé à passer moins de temps avec lui. Non seulement il appréciait l'attention inattendue des autres femmes, mais il a commencé à en avoir besoin.

«Ma femme et moi nous éloignions de plus en plus l'un de l'autre. Au début, nous nous intéressions tous les deux à la musique. Elle avait une très jolie voix et je jouais de la guitare. À l'époque, j'étudiais en musique, cor et trompette. Pour moi, la musique a toujours été ma vraie voie. Mon emploi n'était qu'un gagne-pain pour me permettre de faire de la musique. Mais je ne suis jamais allé très loin ; j'imagine que je traversais une période où je n'avais pas envie de m'engager. »

Max voulait conserver le style de vie simple et libre que lui et Pauline avaient toujours connu ensemble. Il se sentait mieux dans sa peau et en accord avec lui-même.

« Avec le temps, il est devenu évident que Pauline adoptait un style de vie plus bourgeois et matérialiste. Elle gagnait de l'argent, cela lui plaisait et elle en voulait davantage. C'était un choc pour moi. »

Pauline et Max s'éloignaient l'un de l'autre. En se mariant, ils avaient conclu l'entente d'être libres et insouciants, mais cette entente battait de l'aile. Max avait l'impression de ne plus reconnaître sa femme qui avait dorénavant envers lui des exigences qu'il ne pouvait plus satisfaire.

« Tout est arrivé quand elle a commencé à travailler. Peut-être son travail était-il vraiment dur, mais nous n'avons jamais réussi à en parler. Puis, soudainement, elle a voulu déménager et aller vivre en banlieue. J'y étais complètement opposé. »

Malheureusement, et cela est assez étonnant, ils parlaient peu de ce qui se passait entre eux.

« Nous parlions d'autres choses, mais pas de ce qui se passait entre nous. Quand cela nous arrivait, nous n'allions jamais très en profondeur. Nous parlions de nos petits désaccords, mais pas des problèmes fondamentaux. Une fois, nous avons consulté un conseiller matrimonial. Le jeune conseiller m'a demandé ce que je voulais et je lui ai répondu que je voulais que ma femme arrête de me taper dessus chaque fois que je faisais quelque chose qui ne lui plaisait pas. »

Le choix du mot *taper* est révélateur. Max sentait que Pauline abusait de lui et qu'elle le dominait, mais il n'a pas su exprimer ses sentiments à mesure que la situation avec sa femme se détériorait.

« Dans ma famille, si on n'avait rien de gentil à dire, on se taisait. Tout allait toujours bien. »

On peut constater encore une fois que les habitudes familiales refont surface, comme si elles avaient une vie propre. Bien que sa vie familiale ne l'ait jamais satisfait et que sa propre vie ait été une rébellion, Max reproduisait les patterns de sa famille.

« Ma femme aimait l'affrontement. Nous avions pris l'habitude des débats. Nous débattions intellectuellement de sujets qui masquaient nos véritables problèmes. À un certain moment, c'est devenu méchant, amer. Ma femme m'a fait des remarques très acerbes. C'est ce que j'appelle me faire taper dessus.

«Il n'y avait plus d'harmonie entre nous et j'ai commencé à me dire que ça ne durerait peut-être pas toute la vie. Nous étions ensemble depuis six ans et elle voulait un enfant. Elle voulait aussi déménager en banlieue, acheter une Volvo, et tout ça. Je ne dis pas que c'est mauvais en soi, mais ce n'était pas ce que je voulais.

«J'estimais que ce n'était pas le moment d'avoir un enfant. Les choses allaient vraiment trop mal entre nous. D'une part, je me sentais coupable et je me disais que je devrais peut-être faire comme elle voulait. D'autre part, une voix intérieure me prévenait de ne pas faire de choses que je regretterais. Je me sentais égoïste et j'ai encore l'impression de l'avoir été.»

Incapable de parler avec Pauline de leurs différends ou de les résoudre, Max a commencé à se blâmer. De son point de vue, l'un ou l'autre devait être coupable. Il ne comprenait pas que chacun avait le droit d'évoluer et d'aller dans une direction différente.

«Pauline a entrepris une maîtrise; elle était beaucoup plus ambitieuse que moi. C'est alors que j'ai rencontré Brigitte, une collègue de travail. Le midi, nous avons commencé à manger ensemble, à parler de tout et de rien. Elle était très jeune, mariée et mère d'un bébé. Nous avons parlé de nos problèmes amoureux.»

Comme il s'éloignait de plus en plus de sa femme, Max avait besoin du partage et des expériences que cette nouvelle femme lui apportait. Il se sentait moins seul lorsqu'il était avec Brigitte. Il avait l'impression d'être ardemment désiré et accepté, ce dont il avait grand besoin.

«Brigitte était agressive, mais superbe. Elle a fait les premiers pas et notre relation est devenue plus intime, une vraie liaison. Je pensais beaucoup à elle, mais je ne lui ai jamais fait entièrement confiance. Je savais qu'elle m'exploitait et me manipulait et je ne pensais pas que je l'épouserais. J'étais envoûté par le sexe; elle était agressive et prenait l'initiative. J'adorais cela. Je n'en avais jamais assez. Je me sentais gonflé à bloc.

«Après un certain temps, elle a voulu que nous emménagions ensemble. J'étais déchiré et je me demandais quoi faire. J'ai pensé déménager tout seul pour voir comment je me débrouillerais; j'étais très ambivalent.

«Je savais que j'aimais encore ma femme par toutes sortes de petites choses. Par exemple, un jour que la route était glacée, elle a embouti un autre véhicule et s'est coupé la lèvre. J'étais affolé. Mais j'étais déjà complètement entiché de Brigitte. »

Les hommes ont de la difficulté à entretenir longtemps deux relations amoureuses intenses. Leur déchirement augmente, les forçant à choisir.

« Après quelques mois, je ne pouvais plus supporter de mentir, alors j'ai tout avoué à ma femme. C'était étrange, parce qu'elle semblait ne s'être doutée de rien. Elle ne m'avait jamais posé une seule question. Quand je lui en ai parlé, j'ai dit que je mettrais fin à ma liaison. J'étais très indécis et Pauline s'est montrée très compréhensive. Elle devait avoir des doutes. Elle m'a simplement demandé de lui dire que je ne reverrais plus Brigitte. J'ai promis de le faire.

« Mais je travaillais tous les jours avec Brigitte. J'aurais dû changer d'emploi, mais je ne l'ai pas fait. J'avais peur de laisser mon emploi. J'ai essayé de ne plus la voir, mais mes sentiments étaient trop forts pour que je puisse respecter ma promesse à Pauline.

« Le pire, c'était mon indécision. Cela me rendait fou. Pendant deux mois, je n'ai plus revu Brigitte, mais je n'ai pas pu tenir le coup plus longtemps. J'ai fini par recommencer à la voir et j'en suis arrivé au point où j'ai senti que je devais partir parce que je faisais tout cela dans le dos de ma femme. »

Habituellement, le plus difficile dans une situation comme celle-là, c'est le mensonge. Il mine notre estime de nous-mêmes et celui de la personne à qui nous mentons.

« J'ai parlé à Brigitte de la possibilité de louer un appartement ensemble. Nous en avons trouvé un immédiatement et, quelques jours plus tard, nous allions signer le bail. En route, je me suis demandé ce que je faisais et j'ai dit à Brigitte que c'était impossible.

« Elle s'est mise à me caresser et je me suis senti désemparé. Puis, j'ai accepté de faire comme elle voulait. Nous étions sur l'autoroute. »

Bien que Brigitte ait contrôlé Marc grâce au sexe, il était aussi sous l'emprise de sa rage contre sa femme, car il avait l'impression qu'elle le castrait. Brigitte lui rendait sa virilité, le sentiment d'être désirable et puissant.

« J'ai dit à ma femme que j'avais besoin de temps pour réfléchir. C'était bizarre, nous savions tous les deux qu'il se passait de drôles de choses. Par exemple, une fois que je jouais de la guitare, elle est arrivée avec un sécateur et a coupé toutes les cordes.

Bien que Pauline ait réussi superficiellement à composer avec la situation, cet acte de violence était une castration à peine voilée. Par ce geste, elle brisait aussi les cordes du cœur de Max, détruisant la musique qu'il aimait tant. De toute évidence, ce mariage engendrait beaucoup de rage destructrice et la colère jamais désamorcée ou évacuée devait inévitablement refaire surface tôt ou tard.

Son mariage a-t-il sombré dans la violence ? « Il est arrivé une fois à ma femme de me pousser et je l'ai poussée en retour, mais sinon il n'y a pas eu de violence. J'ai toujours été doux et timide. Au début, elle était plus instruite, plus chic, plus sophistiquée. Mais je me suis beaucoup cultivé, j'ai beaucoup lu et, à la fin, j'en savais plus qu'elle. Nous étions en compétition. Au début, elle avait eu le dessus, mais j'avais beaucoup lu et je l'avais rejointe.

« Je me disais qu'un jour je ne supporterais plus la situation et que je finirais par la battre. Elle faisait des commentaires très durs et savait frapper où ça fait le plus mal. J'ai commencé à répliquer de la même façon. Il n'y avait pas de cris, mais nous nous faisions de petits commentaires venimeux sur un ton tout à fait civilisé. Je dois dire que cela ne nous rendait pas très heureux. »

De toute évidence, Max a laissé libre cours à la rage qu'il ressentait envers sa femme en se tournant vers une autre, lui enlevant ainsi tout pouvoir, comme elle l'avait fait pour lui. Quand je lui ai demandé si ce conflit entre lui et sa femme l'avait poussé dans les bras de Brigitte, il m'a répondu : « Ouais, mais je m'y suis laissé glisser. Je me dis toujours que j'ai menti et triché et que j'aurais dû dire la vérité tout de suite. Mais j'avais trop peur et j'étais trop faible pour faire ce qu'il fallait. Je n'avais jamais vécu seul et je n'avais pas le courage de le faire.

« Finalement, j'ai loué un appartement. Je n'y ai rien déménagé. Brigitte y a apporté quelques objets. Nous vivions là depuis une semaine lorsque j'ai attrapé une mauvaise grippe. Alors, j'ai eu comme une révélation et je me suis demandé ce que je faisais dans cet horrible trou. J'ai dit à Brigitte que je sortais chercher un médicament et j'ai appelé ma femme. Je lui ai dit où j'étais. Elle s'est fâchée, mais elle est venue me chercher et m'a sorti de là. »

Parfois, un homme agit comme si les deux femmes qu'il fréquentait représentaient une bonne et une mauvaise mère. L'une lui donne ce qu'il veut et l'autre le punit. Max a attribué ces rôles respectifs aux deux femmes dans sa vie jusqu'à ce qu'il revienne sur terre, c'est-à-dire jusqu'à ce que Brigitte et lui emménagent ensemble. C'est là que la situation a changé. Il a appelé sa femme à son secours. Soudainement, Pauline est devenue la bonne maman, celle sur qui il pouvait compter.

«Bien entendu, Brigitte a été complètement assommée et très blessée. J'ai été très malade. J'ai fait de la fièvre, j'ai déliré et je ne suis pas rentré au travail avant quelques semaines. Quand j'ai recommencé à travailler, Brigitte était furieuse, mais elle m'a séduit de nouveau.

«J'avais encore l'appartement et les clés, mais j'étais fermement décidé à mettre un terme à cette histoire. Nous étions en décembre. J'ai décidé que je passerais le Nouvel An avec Brigitte et que ce serait fini. Je vivais avec ma femme, mais elle refusait d'avoir la moindre relation avec moi, même sur le plan personnel. En fait, quelques jours après mon retour, elle m'avait demandé de retourner dans mon appartement en me précisant qu'elle avait envie d'être seule pendant un bout de temps. C'est ce qui m'a poussé dans les bras de Brigitte.»

Non seulement sa femme était au courant de sa relation avec Brigitte, mais elle le poussait dans les bras de celle-ci. Elle était manifestement ambivalente au sujet de son mariage, même si c'était Max qui passait à l'acte.

Les aventures extraconjugales qui se prolongent sont souvent nourries par une complicité entre le mari et la femme. En général, l'un se sent coupable et accepte d'être puni et blâmé, sans reconnaître pleinement que la situation découle de patterns de comportement bien établis entre eux.

«Ma femme et moi n'avons pas passé Noël ensemble ni rien, mais je devais revenir après le Nouvel An. Tout était planifié. Brigitte est donc venue à mon appartement vide passer la veille du jour de l'An. Nous avons bu du champagne et nous avons fait l'amour. C'était une vieille maison transformée en appartements. Il n'y avait pas de rideaux, seulement des volets qui fermaient de l'extérieur et n'importe quel passant pouvait les ouvrir. Nous étions assis tranquillement le 1er janvier lorsque les volets se sont ouverts brusquement. C'était horrible. Ma femme nous regardait. Mais elle n'est pas restée longtemps sans bouger, car il faisait très froid. Comme elle était bien emmitouflée, elle a cassé la vitre avec ses mains et elle est entrée dans la maison pour nous pourchasser et nous battre. Brigitte était plus effrayée que moi. Quelle façon de commencer la décennie!

«Je me suis coupé au pied sur du verre et ma femme m'a frappé au visage. Je l'ai retenue, puis je l'ai poussée vers la porte. Elle a encore essayé de me donner un coup de poing, mais j'ai réussi à l'éviter. Après cela, je n'ai plus été capable de retourner auprès d'elle.»

La rage de Pauline avait finalement explosé et elle s'était sentie justifiée de passer à l'acte. Ni Pauline ni Max ne se rendait compte qu'elle aussi avait participé à élaborer cette mise en scène, peut-être pour pouvoir exprimer ses sentiments et faire de son mari le vilain.

« J'ai toujours considéré que j'étais le coupable dans cette histoire, m'a expliqué Max. J'ai menti et j'ai triché, mais je me demande parfois où elle s'imaginait que j'allais passer Noël et le jour de l'An.

« C'était étrange. Peut-être avait-elle besoin d'un affrontement. Plus tard, elle m'a fait la remarque que je n'étais même pas revenu à la maison après le jour de l'An, comme si elle s'attendait à ce que je rentre malgré tout. »

Souvent, la femme blessée espère que son partenaire rentre et fasse amende honorable, qu'il demande pardon, qu'il reconnaisse ses erreurs et qu'il avoue avoir besoin d'elle. Elle a prouvé qu'il est mauvais, ce qui lui donne un nouveau pouvoir et de nouvelles raisons de le punir, de le contrôler et de le garder dans le droit chemin. Quand l'un est inférieur à l'autre et le redoute, tous les éléments d'une relation sadomasochiste sont réunis.

« Je n'ai jamais pensé à rentrer après cela, dit Max. J'avais peur d'elle. Je me disais : "Si j'y vais, elle va jeter toutes mes affaires à la rue et elle va appeler la police." Pourtant, il semble qu'elle aurait souhaité que je rentre.

« Après cet incident, nous nous sommes rencontrés uniquement pour régler les procédures de divorce. Je n'ai jamais récupéré toutes mes affaires. En conciliation, j'ai dit qu'elle pouvait tout garder, tous les meubles neufs, tout. »

Dans ce cas, l'aventure extraconjugale était clairement l'expression de la solitude et d'un sentiment de castration. Avec Brigitte, Max se sentait désiré et gagnant. À la maison, il luttait pour sa survie.

Après son divorce, sa relation avec Brigitte a pris une autre tournure. Maintenant qu'elle était devenue la principale femme dans sa vie, celle qui devait combler tous ses besoins, il s'est mis à la voir de manière plus réaliste.

« Bien que nous ayons eu une réelle affection l'un pour l'autre, nous étions trop différents pour que cela dure. Nous n'étions pas du même monde. Elle était très intelligente, mais j'étais plus instruit. Elle avait l'esprit vif et la répartie facile, mais nous n'avions pas grand-chose à nous dire. Il y avait de la tendresse entre nous et je l'aimais beaucoup.

« Nous sommes restés ensemble pendant trois ans et elle avait l'air de s'imaginer que nous étions sur le point de nous marier. Cela ne pouvait pas continuer. Cette fois, j'ai été honnête avec elle. Je lui ai dit que je pensais passer ma vie avec elle, mais que je n'avais jamais vécu seul et que j'avais envie d'en faire l'expérience.

«Je voulais déménager dans un appartement du quartier. Il n'y avait pas d'autre femme et je n'essayais pas de me sortir de notre relation. Je savais seulement que si je pouvais passer à travers cette période de six mois ou un an et me prouver que j'étais capable de vivre seul et de ne pas dépendre d'elle, tout irait mieux.»

Max demandait du temps pour développer sa propre identité et comprendre le fiasco de son premier mariage. En fait, aucun nouveau mariage n'aurait pu durer très longtemps s'il s'était marié par faiblesse et par besoin, plutôt que par choix.

«Brigitte était triste et silencieuse, mais elle s'est résignée. Elle avait l'air d'accepter mon déménagement. Quelques jours ou une semaine plus tard, il y a eu une tempête de neige et je suis passé devant chez elle. En regardant par une fente dans le volet, j'ai vu qu'elle était avec un autre homme.

«J'en ai éprouvé un choc terrible et je me suis senti très blessé. Elle était probablement furieuse contre moi.» Quand j'ai demandé à Max s'il se doutait de quelque chose, il m'a répondu: «Non, j'ai regardé uniquement parce que la lumière était allumée et qu'elle ne répondait pas à la porte. Elle était allée en banlieue voir sa mère et j'étais un peu inquiet à cause de la neige. J'avais hâte qu'elle rentre pour pouvoir lui rendre visite. Comme la lumière était allumée et qu'elle ne répondait pas à la porte, j'ai regardé par la fenêtre et j'ai vu un gars le torse nu.

«Plus tard, je lui ai demandé pourquoi elle ne m'avait pas avoué ses véritables sentiments. Elle ne savait pas quoi répondre. Nous sommes restés en contact après cela, mais pour moi c'était fini.»

Max a vécu un manque de communication flagrant avec les deux femmes de sa vie. Au lieu de discuter les choses à fond, il s'est vengé de sa femme, puis sa nouvelle partenaire lui a rendu la pareille.

Si on veut parler de karma, de cause à effet, on peut dire qu'on récolte ce qu'on sème. La blessure que Max avait infligée à une autre lui a été immédiatement rendue.

Il faut briser ces patterns répétitifs inconscients. On doit toujours parler ouvertement d'une situation et essayer de comprendre et de pardonner au lieu de réagir de manière automatique et de passer compulsivement à l'acte.

Mais Max n'avait pas été élevé de cette façon. Dans sa famille, on prenait tout au sérieux. «Vous pouvez être la meilleure personne du monde, mais si vous ne pensez pas comme votre famille, vous en êtes exclu. Les membres de ma famille me jugent probablement durement aujourd'hui. Dans ma famille, on ne parlait tout simplement pas de sentiments ou de problèmes. On n'exprimait jamais ses craintes ou sa tristesse de peur de passer pour un déséquilibré. Même aujourd'hui, avec tout ce que j'ai vécu, j'ai toujours l'impression qu'ils me jugent comme un vilain adultère. Une personne peut se sentir vraiment abandonnée et seule, vous savez.»

Max projette sur sa famille les sentiments négatifs qu'il entretient sur lui-même, présumant que les membres de sa famille le jugent de la même façon. Malgré lui, il a intériorisé les valeurs de sa famille.

«Au fond, je ne sais pas ce qu'ils pensent vraiment, a ajouté Max, car il n'est absolument pas question que nous en parlions. Nous ne parlons jamais de rien.»

Max avait besoin de communiquer ouvertement et honnêtement, de faire comprendre ses besoins et son comportement, au lieu d'être constamment jugé. Au début, il avait trouvé refuge auprès de Brigitte, mais lorsqu'ils ont commencé à avoir des relations sexuelles, il en a été consumé, d'une part parce que celles-ci lui permettaient de s'affirmer et de s'évader et, d'autre part, parce qu'il ne savait plus vers qui se tourner. Il n'avait personne à qui révéler sa vraie personnalité.

Après toutes ces histoires, Max est déménagé dans une autre ville où il vit seul. Il a trouvé un bon emploi dans les services sociaux. C'est un jeune homme doux, sensible et chaleureux qui dit se sentir maintenant prêt à établir une relation amoureuse durable.

QUAND UNE SEULE FEMME NE SUFFIT JAMAIS

Samuel a toujours été très attiré par les femmes. Jeune, dynamique et vigoureux pour ses 41 ans, il a travaillé comme policier, instructeur de karaté, conférencier, éducateur et auteur. Il vient d'être ordonné rabbin orthodoxe.

Avant de parler des différentes femmes qu'il a connues, Samuel voulait que nous sachions qu'il s'agissait d'un sujet délicat pour lui. Il n'en parlait jamais beaucoup, car il ne voulait faire de peine à personne.

«Premièrement, m'a-t-il dit, je n'ai jamais quitté une femme comme ça. J'ai toujours apprécié l'attention que les femmes m'ont prodiguée et je n'ai jamais voulu blesser personne. Même dans une liaison que je savais vouée à l'échec, j'étais prudent. L'honnêteté peut être brutale. Donc, j'ai fait ce que font bien d'autres hommes, je me suis arrangé pour que les femmes me quittent quand je sentais que ça ne menait nulle part.

« La femme était parfois consciente de ce qui se passait, mais cela lui conférait un certain pouvoir et lui donnait l'occasion de sauver la face. Ainsi, quand je voulais mettre fin à une liaison, je disais simplement à la femme avec qui j'étais que je ne pouvais pas satisfaire tel ou tel besoin que je savais être important pour elle. Elle comprenait. Souvent, une rupture est dévalorisante pour l'autre, mais ce n'est pas nécessairement sa faute. Il arrive que deux êtres ne s'entendent pas ou que ce ne soit pas le bon moment.

« Je n'ai pas les mêmes besoins aujourd'hui qu'il y a 20 ans. Quand je sors avec une femme, je me rends compte que je peux facilement la blesser, même s'il s'agit d'une femme riche et puissante. La moindre remarque peut toucher une femme et la mettre sur la défensive. Alors, quand on la quitte, c'est l'horreur. L'estime de soi des gens est très fragile. En fait, dans le judaïsme, blesser les sentiments des autres est un thème qui revient constamment. Blesser quelqu'un est considéré comme un assaut. Selon la loi hébraïque, si on embarrasse quelqu'un en public, cela équivaut à un assaut physique et on peut être poursuivi. Alors, on peut s'astreindre à tous les rituels possibles, si on ne vit pas de cette façon, c'est mal. »

Sensible aux sentiments et à l'estime de soi des autres, Samuel avait l'impression de donner et de recevoir beaucoup dans toutes ses relations.

« J'ai d'abord vécu pendant de nombreuses années avec une femme sexy, adorable et spirituelle qui avait tout ce qu'un homme peut désirer. Mais je n'étais pas prêt, j'étais trop jeune. Je n'étais pas certain, je voulais aller voir ailleurs. Alors, quand je suis devenu policier, j'étais dans une forme extraordinaire, grand, 84 kilos, cheveux longs, le goût de l'aventure, lâché en pleine nature. Toutes les filles ont commencé à graviter autour de moi, comme si j'étais un aimant. Les femmes aiment les uniformes, surtout quand on est moyennement intelligent, bon causeur et qu'on met les gens à l'aise. Le métier de policier est très social, nous sommes totalement visibles. Les femmes sont attirées par les hommes qui ont de l'autorité et qui peuvent prendre soin d'elles.

« J'ai fréquenté toutes sortes de femmes, de toutes les classes sociales, des mannequins, des actrices, des médecins et des avocates, mais elles veulent toutes la même chose. Beaucoup de femmes m'ont dit que tout ce qu'elles voulaient était un homme pour prendre soin d'elles, les défendre et les tenir dans ses bras. »

Quand je lui ai demandé comment il se sent comme homme, Samuel m'a dit : «Parfois ça me plaît, parfois j'aime bien m'occuper d'une femme, surtout si elle est belle et gentille, mais parfois ça m'épuise. J'ai toujours pensé que l'homme était un croisement entre un animal et un ange. À plusieurs égards, nous sommes de vrais animaux, nous avons des désirs et des appétits, en même temps que des comportements angéliques. Nous pouvons presque nous passer de manger et de tout, et nous aspirons à atteindre ces sommets. »

Son besoin de voir d'autres femmes a-t-il influencé la relation qu'il a entretenue pendant des années ? «J'ai dit à cette femme que je ne voulais pas être comme mes copains. Ils m'encourageaient à me marier. "Marie-toi, vieux. Nous avons tous une femme et des enfants." Mais je leur disais toujours qu'il y avait trop de belles filles pour se contenter d'une seule. J'avais envie de sortir avec elles, de faire des expériences et de vivre pleinement. Je ne voulais pas me priver. Si je m'étais marié, j'aurais peut-être pu combattre mon penchant, mais j'aurais été constamment en conflit avec moi-même.

«Mes copains ne me comprenaient pas. Ils étaient mariés, ils avaient des enfants et continuaient à sortir avec leurs maîtresses. Moi, je ne venais pas du même milieu. Quand je donnais ma parole, je m'y tenais. Mais je n'avais pas besoin de me marier et c'est pourquoi je ne l'ai pas fait.

«Même si j'ai fait du mal à mes amies en me séparant d'elles, au moins je n'étais pas marié. L'attirance qu'exerçait l'autre femme sur moi n'était pas uniquement sexuelle, même si c'était un élément très important. J'aime l'énergie. Je m'entraîne constamment, j'aime faire de l'exercice et j'aime l'énergie et l'exaltation que cela me procure. J'adore le jeu de séduction quand je rencontre quelqu'un. C'est excitant de se sentir attiré, de tomber amoureux ; c'est une forme d'ivresse. »

Avait-il l'impression de ne pas pouvoir se passer des femmes ou comblaient-elles un vide dans sa vie ?

«Bien sûr, si je n'avais pas été policier, je serais peut-être marié aujourd'hui. Je n'en ai jamais eu l'occasion. J'étais dans une position où on me sollicitait constamment et je n'avais jamais à affronter le rejet. Pour m'aborder, une femme pouvait inventer n'importe quel prétexte sans craindre d'être rejetée. Si elle voyait que j'étais ouvert, ça allait. Moi aussi, je pouvais aborder les gens sans crainte de me faire rejeter. »

Et sa petite amie, comment prenait-elle tout cela ? «La femme avec laquelle j'étais depuis de nombreuses années, Suzanne, était ma meilleure amie et j'avais confiance en elle. Elle s'occupait de tout pour moi, mes finances, tout. Je ne voyais pas d'autres femmes au début. Plus tard, quand je suis sorti avec d'autres femmes, je me suis rendu compte qu'on ne pouvait pas remplacer quelqu'un avec qui on a grandi et en qui on a une confiance inébranlable. Même si les autres femmes étaient gentilles. Nous ne partagions pas les engagements et les buts que j'avais partagés avec Suzanne.

«Suzanne m'a donné plusieurs ultimatums. J'ai cessé de voir les autres et nous sommes restés plus ou moins ensemble pendant à peu près 12 ans. Finalement, je lui ai dit que je n'étais toujours pas prêt à me marier. Elle s'est sentie offensée et s'est demandé pourquoi nous ne pouvions pas nous caser. Je lui ai dit que j'avais toujours les mêmes désirs. J'ai été honnête avec elle parce que je ne voulais pas la blesser.

«Les choses allaient bien pour moi. Je travaillais, j'avais plusieurs activités et de multiples intérêts, notamment les arts martiaux, la justice criminelle, le travail social. Je donnais des entrevues et on avait écrit des articles sur moi. J'ai reçu beaucoup d'attention, des tas de filles m'ont téléphoné. Chaque article était comme une petite annonce, on me demandait si j'étais marié et quand je répondais non je recevais des lettres de filles, de mères et de grands-mères. Elles voulaient toutes me présenter quelqu'un.

«Finalement, Suzanne m'a quitté pour aller vivre en Floride. Au début, j'étais vraiment soulagé; je l'ai même conduite à l'aéroport. J'étais triste de la voir pleurer, mais je me suis dit qu'elle s'en remettrait, et j'ai commencé à sortir avec d'autres femmes. Mais je ne m'étais pas rendu compte que j'avais perdu ma meilleure amie, que je n'avais plus personne à qui me confier. On ne se rend pas compte à quel point l'air est merveilleux jusqu'à ce qu'on ne puisse plus respirer.

«Je ne pouvais pas ressentir la même loyauté et la même intimité avec les femmes que je fréquentais. Il faut du temps pour cela et il faut aussi trouver la bonne personne. Se sentir proche de quelqu'un prend du temps. Certains disent savoir tout de suite qu'ils sont faits l'un pour l'autre, mais je n'en crois rien. Cela ne peut pas se produire aussi vite.

«Six semaines plus tard, j'ai téléphoné à Suzanne. Elle m'a dit de ne pas la rappeler à moins d'avoir changé d'idée au sujet du mariage. Elle m'a demandé pourquoi je l'appelais, puis elle m'a déclaré qu'elle sortait avec quelqu'un qu'elle avait rencontré trois semaines après son arrivée en Floride. Ils étaient faits l'un pour l'autre, m'affirmait-elle, et ainsi de suite. Je n'en croyais pas mes oreilles. Je lui parlais encore à 16 h 30 et j'ai pris l'avion pour la Floride à 19 h 30. Je voulais voir ce qui se passait de mes propres yeux.

« Le lendemain de mon arrivée là-bas, je l'ai demandée en mariage, mais elle a refusé. Non seulement elle avait eu assez de problèmes avec moi, mais elle avait maintenant rencontré quelqu'un d'autre, disait-elle. J'ai toujours pensé que la personne qui nous donne ce dont on a besoin au bon moment est celle avec laquelle on reste. Son nouvel amour la valorisait et la désirait passionnément. Elle voyait notre relation comme une expérience douloureuse.

« J'ai essayé de la reconquérir pendant les mois qui ont suivi. J'ai parlé à des amis, j'ai essayé de lui parler et je l'aurais épousée si elle avait voulu. Je souffrais tellement que j'aurais fait n'importe quoi pour ne plus avoir mal. Pareille expérience nous marque pour un certain temps. »

Samuel en a-t-il été marqué? Sans aucun doute. Il a remarqué que lorsqu'on cesse d'être intime avec une personne, les choses ne sont pas faciles, même si la relation semblait avoir peu d'importance. En fait, les hommes ne se rendent pas compte de ce qu'ils ont jusqu'à ce qu'ils se retrouvent seuls. La relation est comme une accoutumance et ils ne comprennent pas ce qu'elle implique jusqu'à ce qu'on la leur enlève.

« De nombreuses femmes m'ont manqué après que je les avais quittées. Le lien est plus profond qu'on ne le pense quand on se rapproche de quelqu'un. J'ai fréquenté des femmes très belles qui n'avaient aucune estime d'elles-mêmes. Je me sentais mal quand je les quittais, car on sent les énergies des autres, qu'elles soient faibles ou fortes. Si vous êtes de ceux qui sont habitués à sentir les énergies, négatives ou positives, vous continuez à en avoir besoin, peu importe ce qu'elles vous transmettent. Même quand on pense que ce n'est pas sérieux, on développe un besoin. Quoi qu'on mange, même de la nourriture, le corps commence à le désirer. »

Et les autres relations dans sa vie? « Si la plupart de mes amies sont des femmes, c'est parce qu'elles sont sensibles et ouvertes aux sentiments. Je ne peux pas partager mes sentiments avec d'autres hommes parce qu'ils vous prennent pour une mauviette. J'ai aussi un côté très sensible et religieux. C'est difficile d'en parler avec d'autres hommes. Les femmes ne sont pas seulement importantes sur le plan romantique – j'ai besoin d'amitié et d'intimité et il est préférable de s'appuyer sur plusieurs personnes. Comme ça, on est moins profondément blessé si l'une d'elles vient à partir. Dans un kibboutz, en Israël, plusieurs personnes élèvent un enfant. Ainsi, si quelque chose arrive à ses parents, l'enfant n'en sera pas détruit.

«Évidemment, dans cette situation, on développe des attachements diffus. Au lieu d'établir un lien fort avec quelqu'un, on l'étend à plusieurs personnes et on se sent lié à un groupe. Certains hommes ont un tel besoin d'intimité qu'ils ne peuvent tout obtenir d'une seule personne, de peur que celle-ci ne les abandonne et qu'ils se retrouvent le bec à l'eau.»

Étrangement, cette stratégie produit exactement le résultat contraire. Quand un homme continue à s'éparpiller dans de nombreuses relations, il ne trouve jamais l'intimité qu'il recherche et se sent désespérément seul.

J'ai demandé à Samuel comment il arrivait à concilier ses sentiments spirituels et ses relations. «Je crois que les hommes sont polygames. Je ne pense pas qu'il est naturel pour un homme de rester avec une seule femme. De nombreux hommes sont capables d'entretenir des relations aimantes avec plusieurs femmes et ils en ont même besoin. Il n'y a pas une seule personne qui nous convient, car nous changeons constamment. La personne qui nous convenait à 18 ans ne nous convient plus nécessairement à 32 ans. Un homme est attiré par différentes femmes pour différentes raisons. Pourquoi l'une enlèverait-elle quelque chose à l'autre?»

Ne serait-il pas jaloux si la femme qu'il fréquentait sortait avec d'autres hommes? «Oui, très jaloux, sans aucun doute. Selon moi, heureusement ou malheureusement, la religion juive permet aux hommes d'avoir plusieurs relations, mais pas aux femmes. Il s'agit d'une vérité biblique et non rabbinique, sauf pour quelques groupuscules. Il y a des raisons spirituelles et pratiques à la polygamie. De nombreuses femmes refusent d'en entendre parler, mais d'autres l'acceptent volontiers. Certaines sont même soulagées qu'une autre femme contribue à garder leur homme satisfait.

«Ce que je veux dire est ceci: lorsqu'on a des relations avec plusieurs femmes, d'une certaine manière, on ne peut pas être aussi intimes, mais d'une autre, on l'est davantage. Cela peut parfois être bon pour le mariage. Pour certains maris, cela fonctionne. Mais à notre époque, je ne peux pas le recommander d'un point de vue religieux.

«Quand deux personnes sont ensemble, peu importe l'amour qu'elles ressentent l'une pour l'autre, elles finissent par se tomber sur les nerfs. On ne peut pas être gentil tout le temps. Pourquoi les gens mariés se querellent-ils si souvent? Parce qu'il est difficile d'être toujours gentil envers la même personne au jour le jour. C'est un véritable travail. Quand un homme peut avoir plus qu'une femme dans sa vie, il ne se fâche pas autant envers l'une ou l'autre. Il est capable de laisser passer de petites choses parce qu'il ne dépend pas de cette seule personne. S'il n'obtient pas tout ce qu'il désire d'elle, il sait qu'il peut le trouver ailleurs.

« Même avec des femmes qu'ils aiment profondément, les hommes dévient du droit chemin. Pourquoi ? Je pense que les hommes ont besoin de variété sexuelle et émotionnelle. De plus, quand on vit avec quelqu'un et qu'on partage le train-train quotidien, comme se brosser les dents, la femme aimée devient légèrement asexuée, car tout le mystère qui l'entourait a disparu. Quand on vit avec une très belle femme pendant un certain temps, elle perd inévitablement de son éclat. Je pense que les hommes aiment la poursuite, le mystère, la nouveauté. Je sais que je n'ai pas envie de vivre dans le mensonge. »

Non seulement Samuel est croyant, mais il est pratiquant. Je lui ai demandé comment il arrivait à concilier sa pratique religieuse et ses opinions sur les relations amoureuses. « Il y a un conflit, bien sûr, m'a-t-il dit, mais voici comment je le résous : dans la loi hébraïque, il y a la loi biblique, l'esprit de la loi, et la loi rabbinique. Certains observent aussi toutes les traditions rabbiniques qui existent depuis des siècles. Or, il y en a qui sont en opposition l'une avec l'autre.

« Par exemple, les relations sexuelles préconjugales sont mal vues, mais d'après la loi juive, le problème de la sexualité se rapporte surtout à la *niddah,* les menstruations. La Torah dit qu'une femme ne doit pas avoir de relations sexuelles pendant ses règles et qu'ensuite elle doit se purifier. Après, elle peut aller avec un homme. Bien sûr, la communauté ne veut pas qu'elle ait des relations sexuelles avant de se marier. Ce n'est pas une idée populaire. Mais dans les faits, un grand nombre de femmes et d'hommes le font.

« En fait, la Torah ne dit nulle part qu'on ne doit pas avoir de relations sexuelles avant le mariage. Ce sont les rabbins qui édictent des décrets. À mon avis, cela avait du sens lorsqu'on se mariait à 17, 18 ou 19 ans, mais ça ne tient plus aujourd'hui. Certaines personnes ne se marient pas avant la quarantaine. Et il y a toutes sortes de questions culturelles maintenant. La société est en perpétuel changement. Il y a des gens qui se sont mariés jeunes et qui ont divorcé. J'ai rencontré une fille dans la vingtaine qui avait déjà divorcé deux fois. Le judaïsme n'est pas une religion puritaine. Elle recommande de jouir de l'amour et de la sexualité dans le mariage et non pas de les rejeter. En fait, un homme marié a l'obligation religieuse de satisfaire sa femme sexuellement avant de prendre son propre plaisir. »

J'ai fait remarquer à Samuel que certains rabbins estiment qu'en sortant avec de nombreuses femmes, il ne fait que céder à la tentation et que c'est l'œuvre du malin qui l'empêche de résister.

«Nous avons des pulsions, dit Samuel, le mauvais penchant d'exister.»

Mais le judaïsme recommande de canaliser ses pulsions vers la famille, l'amour, les commandements et les comportements qui accomplissent la volonté de Dieu. Peut-être qu'en ayant beaucoup de femmes, un homme se laisse dominer par ses pulsions au lieu de lutter pour les transformer en un style de vie productif.

Mais Samuel n'était pas d'accord. «Je vois les choses différemment parce que la polygamie est permise dans la Bible. Beaucoup d'hommes avaient plusieurs femmes. C'était très courant. Soyons honnêtes, à toutes les époques, les hommes ont trompé leur femme même s'ils l'aimaient. Beaucoup d'hommes sont polygames. La Bible le tenait pour acquis et le reconnaissait. C'était sous-entendu. Les hommes ne partaient par pour une autre femme, ils faisaient simplement ce qui leur venait naturellement. Soit dit en passant, quand un homme avait plusieurs femmes, il en prenait généralement bien soin.»

Les femmes sont-elles polygames, elles aussi? Pensez à la jalousie qu'elles éprouvent! «Pour un grand nombre de femmes, la chose qui compte est qu'on prenne soin d'elles. Beaucoup de femmes ne sont pas jalouses; elles sont heureuses qu'on s'occupe d'elles. Certains hommes ont besoin de relations sexuelles plus fréquentes qu'elles ne peuvent en supporter.»

En ce qui concerne les différences dans la libido, le Dr Gerald Epstein estime qu'il arrive souvent que les rythmes sexuels ne soient pas synchronisés. L'homme ne trouve pas la plénitude avec la femme et vice versa. Certaines femmes n'ont pas besoin de beaucoup d'activité sexuelle; elles ont plutôt besoin d'espace, et certains hommes veulent faire l'amour tous les jours et même plusieurs fois par jour. Ces besoins deviennent excessifs pour la femme; se sentant insatisfait, l'homme regarde ailleurs. Habituellement, le mariage en souffre beaucoup.

Mais il faut aussi avouer que la vie a changé. Autrefois, l'homme vivait en moyenne 21 ans et la femme 25. Les gens n'étaient pas habitués à des mariages de 40, 50 ou même 60 ans. Pour certains, vivre aussi longtemps avec un seul partenaire est trop difficile; ils ont besoin de chercher ailleurs.

«En se mariant, dit Samuel, les hommes perdent la liberté d'avoir différentes expériences sexuelles. Il s'agit là d'un gros sacrifice. Ils obtiennent probablement plus d'intimité, mais ils perdent du sexe. Quand vous vivez ensemble, vous êtes fatigué, elle est fatiguée, vous vous querellez et vous n'avez pas envie de faire l'amour.

« De nombreux hommes voient le sexe comme un besoin essentiel au même titre que la nourriture. Ils en veulent régulièrement. Quand ils sont avec une seule femme, ils n'en ont pas assez souvent. Les femmes travaillent, les hommes travaillent, chacun est fatigué, on se tombe sur les nerfs, on est déçu. Les disputes se multiplient, les enfants arrivent et tout cela mine le désir et la satisfaction sexuelle.

« De tous les hommes que je connais, la plupart trompent leur femme. Si vous saviez combien d'hommes mariés m'avouent qu'ils m'envient. C'est qu'une grande partie d'eux-mêmes n'est pas comblée. Ils ne cherchent pas uniquement du sexe. Si c'était le cas, ils iraient voir une prostituée. Non, ils veulent une relation. »

Samuel est célibataire. « C'est difficile pour moi, mais j'y travaille, dit-il. Après tout, j'aimerais avoir une famille et des enfants. »

Un homme comme Samuel recherche l'aventure et l'imprévu dans la vie, mais il a aussi envie de stabilité et d'une famille. Bien que cela puisse paraître diamétralement opposé, le Dr Harriet Field croit que ce dilemme peut être résolu.

« Je pense que les hommes comme les femmes veulent qu'on prenne soin d'eux sur le plan affectif, dit-elle. Le sexe est très important, mais ils veulent aussi être en harmonie, sentir qu'on se soucie d'eux, qu'on les apprécie. Si cela disparaît, un homme cherche facilement ailleurs.

« Mais il est vrai aussi que la passion change. En évoluant, on doit être assez mature pour reconnaître les avantages du mariage. À mesure qu'on vieillit, le sexe change aussi ; beaucoup de choses changent pour les deux partenaires. Il faut travailler à un mariage au stade où il est rendu.

« Il y a aussi une certaine titillation et de l'excitation dans une relation qui n'est pas légitimée par le mariage, comme une liaison. »

Selon le Dr Field, « pour garder leur amour vivant, deux personnes doivent apprécier qu'une relation à long terme leur procure quelque chose qu'une nouvelle relation ne peut pas leur apporter. Ce n'est peut-être pas aussi excitant, mais c'est autre chose. Les gens doivent apprendre à y travailler, à être plus romantiques, à trouver du temps. Les gens sont trop pressés aujourd'hui et ne trouvent pas le temps d'être ensemble. Comment peut-on s'attendre à ce qu'un amour dure, quand on n'a pas de temps à lui consacrer ? »

Lorsqu'un homme a comme Samuel une vie intérieure riche et complexe et de nombreux besoins et désirs, il doit travailler fort pour créer une étoffe dans laquelle tous les fils sont noués ensemble. Il doit trouver une femme capable de le comprendre, de l'accepter et de composer avec toutes les facettes de sa personnalité. Même s'il n'a pas nécessairement besoin de prendre une maîtresse, il doit se sentir libre et assez confiant pour communiquer ses pensées, ses désirs et ses sentiments. Il est incapable de rester dans une situation où il se sent jugé, écrasé ou réprimé.

CONSEILS À RETENIR
Comment composer avec les hommes qui ont besoin d'autres femmes

POUR LES FEMMES

- Permettez-lui d'exprimer toutes les facettes de sa personnalité avec vous. Ne le rangez pas dans une catégorie et ne vous attendez pas à ce qu'il réagisse toujours de la même façon.
- Cet homme a besoin de fantaisie, de vie et de romantisme. Si cela convient à votre tempérament, trouvez toutes sortes de moyens de les lui procurer. Jouez toutes sortes de rôles avec lui. Étonnez-le par toutes les facettes de votre personnalité. Planifiez des sorties et des activités originales, mais assurez-vous que vous ne faites pas cela uniquement pour lui plaire et que vous appréciez aussi la variété.
- Ne soyez pas toujours libre. Il a besoin de défis. Ne laissez jamais un homme de ce genre vous tenir pour acquise.
- Sachez entretenir le mystère. Rien ne tue une relation comme la routine.
- Demandez-vous si vous êtes prête pour ce genre d'homme. Rendez-vous compte qu'il pourrait vous être infidèle. Sauriez-vous l'accepter? Soyez honnête avec vous-même.

POUR LES HOMMES

- Comprenez que le désir continuel de sortir avec différentes femmes peut devenir une habitude et une fuite devant l'intimité.
- Réfléchissez à vos opinions sur les femmes et les relations amoureuses. Beaucoup d'hommes croient qu'ils ne peuvent pas avoir tout ce dont ils ont besoin avec une seule femme. Vérifiez si cela est vrai. Si vous en sentez le besoin, apportez des changements à votre système de valeurs.

- Le besoin d'avoir plusieurs femmes peut aussi être une défense contre le rejet et le manque. Il peut être une façon de s'accrocher à l'adolescence et de refuser de vieillir. Prenez conscience du mécanisme qui déclenche ce besoin chez vous.

- Si vous vous sentez coincé avec une seule femme et devez sortir avec plusieurs femmes en même temps, parlez-en honnêtement avec les femmes dans votre vie. La malhonnêteté et la duplicité gâchent les relations, tant avec les autres qu'avec vous-même.

- Pouvoir être honnêtes avec une femme et se sentir acceptés tels qu'ils sont permettent à certains hommes de se sentir plus proches d'elle. Ils peuvent même se sentir suffisamment en sécurité pour laisser tomber les autres et lui faire confiance.

- Pour être pleinement accepté par une femme, commencez par vous accepter vous-même. Cessez de vous juger et de condamner votre comportement. Consacrez plutôt votre temps à essayer de le comprendre.

Tant de belles femmes et si peu de temps.

JOHN BARRYMORE

CHAPITRE 10

Attendre la partenaire idéale

Le petit rubis que tous convoitent
Est tombé sur le chemin.
Certains pensent qu'il est à l'est,
D'autres à l'ouest.

KABIR

Tous les hommes entretiennent des fantasmes de perfection, de la partenaire parfaite qui ira au-devant de leurs désirs et qui correspondra à leur image intérieure de la femme idéale, complément parfait, capable de faire ressortir le meilleur en eux, de les libérer de leurs inhibitions ; une femme dont ils seront heureux d'être l'autre moitié et qu'ils seront fiers d'exhiber en société.

Certains disent que c'est la quête du Saint-Graal sous la forme d'une femme. D'autres suggèrent que l'attachement à cette image de perfection féminine est un mécanisme de défense qui empêche un homme de se laisser conquérir par une vraie femme en chair et en os.

Ce désir se manifeste différemment et il a toutes sortes de conséquences dans la vie des hommes. Certains sont conscients de ce qu'ils font, tandis que d'autres en sont complètement inconscients.

Gabriel est un architecte à la fin de la trentaine, grand, brun et très bel homme. Il a grandi en Australie. « Je recherchais la perfection, m'a dit Gabriel. Je ne pouvais sortir qu'avec des femmes extraordinairement belles, mannequins et autres. Je suivais un pattern bien établi : coup de foudre, suivi d'une période de bonheur, de deux à huit mois dans mon cas. Puis, elle commençait à me tomber sur les nerfs et je la quittais.

« Au début, tout allait bien. Puis, je devenais de plus en plus irritable. Je remarquais à des détails insignifiants qu'elle n'était pas parfaite : sa peau, sa façon de parler de choses superficielles et banales. Dès lors, j'étais déjà en train de la quitter.

« Tout cela découlait de mes attentes. Quand on voit une femme aussi magnifique, on attend beaucoup plus d'elle. Mais on finit par s'habituer à la beauté physique et ne plus la voir. La plupart des femmes avec qui je sortais n'avaient pas de valeurs intéressantes. Elles ne faisaient que suivre la mode et finissaient par m'ennuyer. Puis, j'étais déçu. »

Une partie du puissant attrait qu'exerce le fantasme de la maîtresse idéale est son immuabilité. Il ne change jamais. Comme il s'agit d'une image sans réalité, il ne subit jamais les outrages du temps. Mais quand on cherche une image, au lieu de la réalité, on court inévitablement au désastre.

« Un homme quitte une femme parce qu'il ne se sent pas en harmonie avec elle et qu'il se rend compte qu'elle ne restera toujours qu'une jolie fille avec qui il couche, répond Gabriel. Un homme veut davantage. Ce genre de fille n'est qu'un divertissement. Quand on s'en rend compte, on se sent déprimé, toujours embourbé dans le même marasme. »

Chaque homme a sa propre image de la maîtresse parfaite. Pour certains, elle est belle, sexy, aimante et généreuse et elle comble tous leurs désirs. Elle ne réplique pas et ne fait pas de chichis. Il aime promener ce magnifique trophée à son bras, car toutes les têtes se tournent sur leur passage. Elle a surtout pour rôle de le valoriser, de démontrer sa virilité et sa puissance sexuelle. Sa personnalité est tout à fait secondaire. Non seulement elle n'importe pas, mais dans de nombreux cas sa personnalité, ses ambitions et son individualité gâchent sérieusement la relation.

Pour d'autres, la maîtresse idéale est une dure. Elle met l'homme au défi, le nargue, le stimule et abuse même de lui. Elle est là pour le garder dans le droit chemin, lui rappelant peut-être ses expériences avec une mère sévère.

Comme me l'a dit Gabriel : « Un jour, elle était superbe, tout ce que je pouvais désirer. Le lendemain, je commençais à voir ses défauts. Aussitôt, je la quittais et je me mettais à la recherche de quelqu'un d'autre. »

Pendant qu'ils désirent et attendent cette maîtresse parfaite, les hommes ne voient pas la femme devant eux, celle avec qui ils mangent au restaurant et passent leurs nuits. Elle est là pour tuer le temps jusqu'à l'apparition de l'amante idéale. Lorsqu'ils sont en public avec une femme, ces hommes ont constamment la tête tournée pour voir qui vient d'arriver.

Lorsque les hommes mettent fin à ce genre de relation, ils n'ont pas l'impression de partir vraiment, parce qu'ils n'ont jamais été totalement présents.

Comme l'a souligné Gabriel avec sagesse : « C'était presque inévitable que je quitte ces femmes l'une après l'autre. À un certain moment, j'étais incapable de me dire que même une femme imparfaite était précieuse à sa façon. C'est moi qui les quittais, plutôt que le contraire. Probablement que je choisissais des femmes qui ne m'auraient pas quitté de toute façon. »

Les femmes de ce genre servent à flatter l'ego masculin et elles sont souvent considérées comme des créatures superficielles à tous les égards : peu intelligentes, dépendantes et inoffensives. Se faire quitter par une femme est un rude coup pour l'ego masculin et les hommes qui recherchent la perfection se protègent consciencieusement d'une telle éventualité en incluant dans leur définition de la maîtresse idéale des qualités qui l'empêchent de prendre l'initiative de les quitter.

« Le plus étrange, m'a confié Gabriel, c'est que je me suis toujours considéré comme un solitaire, même si j'avais toujours une petite amie. Aussitôt qu'une femme disparaissait de ma vie, je la remplaçais. Je me définissais en fonction du genre de femme que je fréquentais. Les jeunes hommes ne savent pas se définir autrement. Une femme est importante dans l'identité d'un homme. »

Lorsqu'une femme est considérée comme une extension de l'homme, comme une partie de son identité, la recherche de la femme parfaite devient la recherche de sa propre perfection.

L'identité masculine peut être fragile. Lorsque l'estime de soi d'un homme repose sur la performance, les réalisations et l'approbation des pairs, il doit sans cesse se mettre en scène. Qu'il s'agisse d'exhiber ses voitures, ses maisons, son rang dans la hiérarchie, la femme à son bras ou les diamants qu'il lui achète, tous ces objets ne sont que des accessoires pour soutenir son ego chancelant et établir sa position dans le monde.

Un homme dont l'identité repose sur ce genre de fondement est toujours sur la corde raide. Seule une identité forte basée sur des valeurs profondes et le respect de soi est capable de traverser les tempêtes du changement et de permettre à un homme d'établir une relation solide.

Selon la psychologie jungienne, nous possédons tous des côtés masculins et féminins. Chez l'homme, l'anima est l'image archétypale de sa nature féminine, tandis que l'animus est l'image archétypale de sa nature masculine. Lorsqu'on recherche la maîtresse idéale, ces images intérieures sont activées. Un homme cherchera une femme qui exprime son anima intérieure, c'est-à-dire le côté féminin de sa nature dont il a l'impression d'avoir été amputé. S'unir avec cette partenaire parfaite lui rendra son intégrité.

Un homme prisonnier de la recherche d'une maîtresse idéale est aux prises avec son anima, l'un des archétypes les plus puissants de l'inconscient collectif, et avec les images qu'elle contient. Au lieu de chercher une personne en chair et en os pour partager les hauts et les bas de la vie, il est à la recherche du Saint-Graal. Comme le Saint-Graal est impossible à trouver de cette façon, l'homme se sent souvent déçu, déprimé et impuissant.

« Finalement, j'en ai eu marre de toutes ces histoires. Je ne sais pas si c'est l'âge ou si je devenais plus conscient, mais je suis devenu fragile. Je n'avais jamais de sentiment de plénitude, sinon très évanescent, peu importe le nombre de femmes avec lesquelles je sortais. Je courais après des choses que je pensais parfaites, mais je perdais tout intérêt au bout d'un certain temps. Bien entendu, j'avais de la difficulté à entretenir une relation durable, parce que j'étais constamment distrait par la recherche d'une idée de la perfection.

« J'ai fait souffrir une pauvre femme pendant cette crise. Finalement, je l'ai quittée pour la troisième fois parce que j'avais l'impression qu'il fallait absolument que je change de vie, ce qui signifiait changer de petite amie.

« Maintenant, je me rends compte qu'un grand nombre de mes jugements étaient enfantins. Évidemment, un être humain est bien plus que son apparence et son comportement extérieurs. Je m'en suis rendu compte lorsque j'ai rencontré ma femme plusieurs années plus tard. Peut-être en suis-je devenu conscient parce que j'avais rencontré quelqu'un qui me convenait mieux. C'était complètement différent de ce que j'avais vécu dans mes autres relations. J'ai eu beaucoup de chance de rencontrer ma femme, mais je pense qu'il fallait d'abord que je change pour pouvoir rencontrer une personne comme elle. »

Gabriel a dû traverser une période de solitude et de dépression épouvantables pour pouvoir se rendre compte de la superficialité et de l'irréalité de sa quête. Pendant qu'il rêvait d'une image, il se coupait de la réalité de tous les jours et des riches expériences qu'elle lui offrait. Une image ne procure qu'un plaisir passager. Elle ne peut jamais apporter la satisfaction, du moins pas le genre de plénitude que Gabriel recherchait.

À mesure que Gabriel a pris conscience du piège dans lequel il était tombé, il a commencé à comprendre ce qu'il cherchait chez une vraie personne. Il était en train d'intégrer son anima – laquelle s'exprimait à travers des images et des désirs inconscients –, à la réalité extérieure et aux exigences de la vie de tous les jours. Cela lui est apparu lorsqu'il a commencé à accorder plus d'attention aux gens autour de lui.

« Je me suis soudainement rendu compte que certaines femmes changeaient de personnalité pour me plaire, m'a dit Gabriel. Elles sentaient probablement mon désir de perfection, mais cela m'irritait encore davantage et je perdais tout respect pour elles. Je ne me sentais jamais en sécurité avec ces filles qui essayaient de me plaire. J'ai commencé à me demander qui elles étaient vraiment. Je voulais connaître la vraie personne derrière la belle façade et je me rendais compte que je n'y arrivais pas, car aucune ne me touchait profondément. »

Que lui ont apporté ses réflexions ? « J'ai commencé à vouloir m'améliorer, j'ai fait de la méditation, j'ai fait de longues promenades en réfléchissant à ce qui était vraiment important dans ma vie. »

Ce faisant, au lieu de se dissocier de la perfection en la projetant sur une femme, Gabriel a compris qu'il était responsable de son propre bonheur et que c'était à lui de trouver qui il était.

« Je me suis rendu compte que j'étais un enfant gâté. Je pouvais me permettre le luxe de m'amuser sans me laisser toucher par personne. Dès qu'une personne nous touche, tout change. Alors, j'ai fait des efforts pour me laisser toucher peu à peu par les gens.

« En même temps, j'ai commencé à être moins formel dans ma vie sociale. Je n'étais plus aussi organisé. J'aimais parler et être avec des amis qui n'avaient pas d'attentes sur ma façon de me comporter avec eux. Quand on sort avec une femme, c'est artificiel et guindé.

« Là où j'habitais, il y avait beaucoup de stéréotypes culturels. Cela m'embêtait, car j'étais à la fois conservateur et attaché à la contre-culture. J'ai donc commencé à rechercher de vraies personnes qui avaient des valeurs bien à elles. »

Gabriel avait atteint une étape importante de son développement psychologique, le processus d'individuation, la différenciation de la personnalité.

Il ne voyait plus les gens comme des objets sans caractère, mais cherchait maintenant à connaître la personne unique qui se cachait sous les apparences. Auparavant, les innombrables demandes de perfection que Gabriel imposait aux femmes reflétaient son propre désir de perfection. En devenant moins exigeant avec lui-même et en trouvant ses propres valeurs, il s'était mis à chercher la même chose chez une femme.

Lorsque nous transformons quelqu'un en une image, la même chose nous arrive. Nos exigences envers les autres se retournent inévitablement contre nous.

SAUVEGARDER LES APPARENCES

La recherche de la partenaire idéale peut prendre bien d'autres formes. Elle peut s'insinuer dans l'esprit d'un homme après des années de mariage ou devenir la quête d'une vie. Certains hommes, comme Gabriel, évoluent grâce à cette quête, se retrouvent et atteignent la plénitude. D'autres, comme David, refusent de renoncer à ce qu'ils considèrent comme l'essence même de leur vie.

«Il est fou, ce mec, dit Marc en parlant de David. Il est constamment à la recherche de la femme idéale. À mon avis, il refuse de vieillir.»

David, un bel homme sensuel au début de la cinquantaine, vit seul dans une maison de Long Island protégée par deux féroces chiens de garde. Vêtu d'un pantalon de cuir noir et d'un polo vert, les cheveux longs, flairant l'eau de Cologne, David a l'air d'un petit garçon vulnérable et charmant. Son ami Marc et lui sont inséparables depuis leur rencontre à une soirée pour célibataires il y a des années. Ils ont voulu être ensemble pour me parler des femmes.

Au son des aboiements furieux des chiens, Marc, calme et bien mis, m'a dit gentiment: «N'ayez pas peur des chiens, ils sont inoffensifs, comme nous.»

David a été marié et il est le père d'une fillette. Sa femme, qui était mannequin, les a quittés tous les deux lorsque sa fille avait 10 ans. David l'a élevée tout seul.

«Mon ex-femme était une sans-cœur, dit David. Elle n'a presque jamais revu sa fille après son départ. Elle lui envoie de l'argent, mais c'est tout. C'était une femme froide, très froide, mais d'une grande beauté. Belle à l'extérieur, mais un cœur dur à l'intérieur. Je n'en pouvais plus.

Nous faisions l'amour divinement, mais il n'y avait rien d'autre entre nous, aucune affection, aucune chaleur. Mais j'aime encore les belles femmes.»

David affirme qu'il n'est pas un célibataire heureux, mais quand il entend les doléances de ses amis mariés, il n'a pas envie de récidiver.

«Je ne me marierai pas jusqu'à ce que je rencontre la femme parfaite. Elles veulent toutes m'épouser par peur de se retrouver seules. Mais ne vous imaginez pas que je vais me caser comme Marc! Jamais. J'ai besoin de passion et d'amour. La femme parfaite est quelque part; sans elle, ma vie n'a pas de sens.»

«Ta vie n'a déjà pas de sens, l'interrompt Marc. Tu te sens seul et tu es incapable de t'occuper de toi-même. Il faut que je m'occupe de toi, pas vrai?»

David a souri. Le jugement que portait Marc sur sa vie ne le dérangeait pas le moins du monde.

Quand je lui ai parlé de son deuxième mariage, Marc m'a répondu: «C'est un mariage sans passion et ça me convient. C'est confortable, même. Il n'y a pas de grands hauts ni de grands bas. Elle est la personne parfaite pour moi.»

Marc avoue que David a le tour de se faire chouchouter par ses voisins et amis, mais qu'il a quand même vraiment besoin d'une femme. Il est perdu quand il est tout seul, s'accrochant à cette idée folle qu'il a dans la tête.

David a continué de sourire. «Laissez-le dire ce qu'il veut. Il pense qu'il est heureux, mais il est tout le temps chez moi à me demander de lui raconter mes histoires, pas vrai?»

«Pas pour les raisons que tu penses, a dit Marc. À chaque âge, nos besoins changent et nos besoins dans une relation aussi. Mais pas pour lui. À mon sens, David refuse de vieillir. C'est une histoire d'adolescent, cette quête de la femme parfaite.»

Évidemment, certains psychologues seraient d'accord avec Marc et diraient que David a besoin d'idéaliser les femmes, ce qui l'empêche d'obtenir ce qu'il cherche. Sa quête peut même prendre des allures de conquête œdipienne pour posséder la Mère, c'est-à-dire une femme aussi merveilleuse que celle de son père. Inconsciemment, il peut sentir qu'il lui est interdit de trouver et de garder une femme dans sa vie.

«Du point de vue freudien, explique le Dr Robert Berk, analyste au Postgraduate Center for Mental Health, sur le plan sexuel, le pouvoir des fantasmes est énorme. Ce n'est pas nécessairement l'apparence de la personne, mais le fantasme qu'on s'en fait.

«La psychanalyse accorde beaucoup d'importance aux fantasmes dans la vie amoureuse des gens, qu'ils en soient conscients ou non.

«Nous ne savons pas ce que la perfection signifie pour David, quel est son sens plus profond. Il ne le sait probablement pas lui-même et il lui est impossible de le savoir sans aller profondément en lui-même.

«Le travail du psychanalyste consiste à rendre l'inconscient conscient. On examine un symptôme, une idée ou une projection sous tous les angles possibles. Parfois, il faut faire une interprétation à plusieurs niveaux avant d'en comprendre le sens et de trouver ce qui soulagera la personne en détresse.»

«J'attends simplement que quelqu'un me séduise complètement, dit David. Mais celle-là, je la rendrai heureuse. Je lui donnerai tout ce que j'ai, ce qui n'est pas peu dire.»

David peut être très affectueux et ouvert, ce qui séduit beaucoup de femmes.

«Ma première femme m'a complètement séduit, dit David. Mais après, elle m'a déçu. Nous avons rompu deux fois. La première fois, je voulais la quitter. Nous avions les papiers de divorce. J'ai vu qu'elle n'était pas la personne qu'elle semblait être et qu'elle ne le serait jamais. Nous étions mariés depuis six ans. Nous avions un magnifique appartement et menions un grand train de vie. Je travaillais fort, mais je n'arrivais pas à la rendre heureuse, malgré tous mes efforts. Elle accumulait les dettes sur les cartes de crédit et j'ai presque fait faillite, mais je n'arrivais pas à me faire aimer d'elle.»

Lorsque David s'est rendu compte qu'il ne réussissait pas à se faire aimer de sa femme, il a commencé à se sentir imparfait. En même temps, il a commencé à voir les défauts qu'elle avait.

«Quand je lui ai remis les documents pour le divorce, elle s'est mise à pleurer. Alors, j'ai décidé d'essayer encore une fois. Nous sommes restés ensemble encore cinq ans. Mais, comme je l'ai dit, elle était froide. Elle ne me prenait jamais la main ni rien de la sorte. Il n'y avait pas d'affection entre nous, nous ne nous embrassions jamais. J'en demandais, mais elle en était incapable.»

Mais pourquoi avait-il épousé une femme aussi froide? «Quand nous nous sommes rencontrés, elle était plus affectueuse, mais j'aimais regarder les autres femmes. Je lisais la revue *Playboy* tout le temps. J'étais toujours à la recherche de la femme parfaite. Il paraît qu'elle a commencé à travailler comme mannequin pour me prouver qu'elle était aussi belle que ces femmes-là. Même si c'était vrai, j'aimais regarder les gens. J'ai toujours été comme ça. Je parle aux gens, je les regarde. Je parle aux percepteurs dans les postes de péage, aux éboueurs. Ce n'est pas que je la comparais, enfin peut-être... »

Inconsciemment, David provoquait chez sa femme la même insécurité qu'elle générait chez lui. Son comportement créait une lutte de pouvoir.

« Même si elle était très belle, elle souffrait d'insécurité. De plus, mes amis ne lui plaisaient pas. Elle me trouvait de plus en plus de défauts. Elle aurait voulu que je devienne avocat, et ceci et cela. J'avais trois emplois : j'enseignais, je donnais des cours du soir et je travaillais comme directeur des activités récréatives dans un parc. Je savais que ce mariage ne durerait pas.

« Finalement, nous avons divorcé et elle a épousé un homme riche. Je me suis retrouvé célibataire à 35 ans.

« C'est bizarre, mais aussitôt que ma femme est partie, la voisine, une Anglaise, m'a dragué. C'était pas mal comme vie ! Mais je voulais retrouver ma famille, pas ma femme, mais l'unité familiale.

« Une fois seul, j'ai commencé à vivre ma véritable philosophie : "Profite du moment présent, la vie n'est pas éternelle. Saisis toutes les occasions qui se présentent, prends tout ce que la vie a à offrir." Je voulais mordre dans la vie à pleines dents. »

Quand je lui ai demandé si cela voulait aussi dire dévorer les femmes, David m'a répondu : « Non, pas vraiment. J'ai eu une aventure avec une femme pendant environ trois ans. Elle était gentille avec ma fille, mais quand elle a découvert qu'elle ne pouvait pas avoir d'enfant, elle n'a plus voulu voir le mien.

« Elle en a épousé un autre. Plus tard, elle est revenue pendant un moment, mais uniquement pour le sexe. Elle disait qu'elle m'avait toujours dans la peau. Mais, après un certain temps, j'ai mis fin à cette histoire. Après tout, elle était mariée. »

« N'oublie pas de parler de Carole, l'a encouragé Marc. En voilà une avec laquelle tu aurais pu te caser. Elle était vraiment bien, cette fille ! »

David a souri de nouveau en hochant la tête. « Carole ne me convenait pas. J'étais tellement stupide. Carole était une femme très sexy, mais plus âgée. Une femme délicieuse qui faisait rire tout le monde. Je ne l'appréciais pas à sa juste valeur. Nous faisions l'amour du matin au soir, puis elle me faisait des sandwichs au thon. C'était une femme chaleureuse, amicale, formidable, mais je l'ai laissée s'échapper. Elle pouvait déposer des centaines de cents de l'escalier jusqu'à sa chambre, elle me donnait mon bain et faisait n'importe quoi pour moi. C'était merveilleux, mais je ne l'appréciais pas. Elle m'aimait vraiment et je n'étais pas habitué à ce genre d'amour. Elle ne demandait rien. »

Lorsqu'un homme recherche la perfection d'une image extérieure ou a une notion préconçue de la personnalité de l'autre, il lui est difficile d'accepter la perfection qui se présente sous une autre forme et de reconnaître la valeur des sentiments sincères. De plus, comment peut-il accepter l'amour d'une personne qu'il juge et qu'il ne veut pas aimer en retour? David était gentil avec Carole, mais c'était toujours conditionnel à quelque chose.

« Son âge me dérangeait. J'avais le sentiment que ce n'était qu'une liaison agréable. Dans mon esprit, la maîtresse parfaite était plus jeune. J'ai donc laissé tomber Carole pour Julie, une jeune femme de 29 ans. Mais, croyez-le ou non, je ne l'appréciais pas non plus. Notre relation n'était pas toujours harmonieuse, il faut le dire. Tout le monde pense que c'est merveilleux de sortir avec une femme plus jeune. Mais, quand on vieillit, nos désirs ne sont plus aussi intenses et à moins d'avoir d'autres qualités qui satisfont une femme plus jeune, la vie n'est pas facile. Sans compter qu'elles veulent repartir à zéro et fonder une famille.

« En plus, elle était très forte du bassin. Cela me dérangeait parce que les gens se moquaient d'elle. Ils faisaient des blagues méchantes et cruelles, et cela me dérangeait. Je me soucie beaucoup de l'opinion que les autres ont de moi. »

Quand on cherche la maîtresse parfaite, il est toujours très important qu'elle le soit aux yeux du monde. Voilà un autre exemple d'un homme en représentation, qui veut que les autres admirent sa perfection. S'ils trouvent des défauts à sa femme, ceux-ci se reflètent sur lui.

« Mais il y avait une chose que j'aimais chez Julie. Elle pouvait passer la journée au lit à regarder les sports à la télé. Elle ne se plaignait pas. Je pense même que cela lui plaisait. Elle préparait le petit déjeuner, l'apportait dans la chambre et regardait les jeux en se collant contre moi. Je ne peux pas supporter qu'une femme me dise sans cesse que c'est stupide et de fermer la télé.

« Ouais, elle aimait ça et c'était bien. Quand une femme m'engueule tout le temps, quand il n'y a plus de romantisme, c'est fini. Je m'en vais. »

Qu'est-ce qui tue le romantisme ? « C'est un dilemme insoluble. Toute la culture de *Playboy* s'attend à ce qu'une femme soit parfaite. J'ai grandi dans cette culture. Sa peau devrait être d'une douceur extraordinaire, comme celle d'une photo retouchée. Dans mon esprit, les femmes étaient des créatures à part. Elles n'allaient jamais à la toilette, sauf pour se poudrer le nez. La féminité était un grand mystère pour moi. Mais je n'ai jamais trouvé une femme retouchée comme une photo.

« Une fois, j'ai vu une femme à une danse et je me suis dit : "Cette femme-là est aussi parfaite qu'une photo. Elle a une peau tellement douce que j'ai envie de mettre ma main sur sa jambe et de la caresser." On ne perd jamais ce genre de désir, peu importe l'âge. Alors, la féminité occupe une grande place dans mes fantasmes. Je veux une femme très féminine.

« D'une certaine manière, ce n'est pas facile d'être avec une femme de nos jours. Les femmes sont sur la défensive. Elles ont été blessées par les hommes. Faites une seule gaffe et vous êtes mort. Faites une blague qui leur déplaît et cela jette un mauvais éclairage sur votre personnalité et la soirée est gâchée. Quand elles sont comme ça, je prends mes jambes à mon cou. Je ne peux pas réprimer ou changer ma personnalité. Elles veulent toutes qu'on le fasse. »

Marc ajoute qu'il pense que les femmes sont plus en colère que les hommes. « Nous les appelons les écorchées vives. Comment peut-on s'imaginer repartir à neuf avec quelqu'un comme ça ? Mais ne vous méprenez pas, David aussi est en colère. En surface, il est enfantin et adorable, mais en dedans il bouillonne à cause de ce que sa femme lui a fait. C'est la raison pour laquelle il s'obstine à attendre une femme parfaite. Il sait qu'il ne la trouvera jamais. Et plus il vieillit, plus elles doivent être jeunes, parce qu'il a peur de les voir vieillir. »

David a acquiescé. « J'ai peur de vieillir moi-même. J'ai dépensé beaucoup d'argent pour garder l'air jeune. Quand j'ai une belle femme au bras, j'ai une meilleure opinion de moi-même. Un soir, je suis rentré avec une véritable beauté et je me suis senti heureux toute la nuit. Je voulais que tous mes amis la voient. »

Voilà un exemple d'une identité construite sur la reconnaissance des pairs, une identité superficielle, qui ne s'interroge jamais sur les valeurs culturelles qu'elle véhicule.

« Vous savez, a ajouté David, j'ai rencontré une autre femme plus âgée. Nous avions pas mal de différence d'âge. Certains hommes aiment ça, trouvent ça sexy. De plus, une femme plus âgée sait vraiment comment faire plaisir à un homme. Mais on est malheureux à l'idée de voir quelqu'un vieillir. Adieu photo retouchée, les rides commencent à paraître. Et puis, il y a les amis. Mes amis vont se moquer de moi s'ils me voient avec une femme plus vieille. Cela en dit long sur moi. Ils vont penser que je ne peux plus faire mieux que ça. »

David est victime de sa fragile identité. Il doit être parfait lui-même pour trouver cette femme parfaite et s'estimer lui-même. Or, une image ne vieillit pas et ne change pas. Il doit donc consacrer toutes ses énergies et toutes ses forces à lutter contre le cours même de la vie. Chaque année qui passe augmente son anxiété au lieu de lui apporter la sérénité de la maturité et de la plénitude.

En psychologie freudienne, c'est ce qu'on appelle le narcissisme, être amoureux de soi-même. En regardant l'autre, on regarde uniquement dans un miroir. Un narcissique peut ne jamais rencontrer l'autre de toute sa vie ou ne jamais faire l'expérience de l'amour véritable.

« Vous savez, m'a dit David, ma mère était très belle et tout le monde m'en parlait. Alors, je me suis dit que je pourrais trouver une femme aussi belle que celle de mon père. J'imagine que je suis amoureux de la beauté. »

David peut souffrir du complexe d'Œdipe que vivent tous les hommes, c'est-à-dire vouloir être aussi bon ou meilleur que son père et conquérir une femme comme sa mère. Pour beaucoup d'hommes qui n'osent pas entrer en compétition avec leur père et qui craignent des conséquences terribles s'ils trouvent la femme de leurs rêves, cette lutte peut s'avérer très compliquée. Il est donc préférable de continuer à désirer la femme parfaite, qui représente une mère idéalisée qu'aucun homme ne peut jamais posséder.

Dans le moment, la relation la plus importante de David est son amitié avec Marc. Cette relation est faite de confiance mutuelle et, même si Marc est marié, lui aussi trouve du soutien auprès de David.

Marc et David en sont tous deux conscients. « Je prends les femmes pour le côté physique, mais j'ai un amour viril pour Marc. Nous pouvons parler et, comme je ne couche pas avec lui, que je ne lui fais pas à manger et que je ne lave pas son linge, il n'y a pas de complications. C'est clair et on s'amuse. »

Évidemment, dans une relation primaire, tous les besoins fondamentaux de David sont activés : l'amour, le soutien et même le besoin de materner. Ses souvenirs et ses déceptions d'enfant le hantent encore. Dans son cas, le rêve de la partenaire idéale peut refléter le désir qu'ont tous les enfants d'avoir des parents parfaits. Il peut être difficile de renoncer à ce genre de rêve, mais il est encore plus difficile de le réaliser.

Pour Marc, la recherche de la perfection a pris une autre forme. Il se satisfait plus facilement que David parce que, dit-il, il a des besoins plus réalistes. D'une certaine manière, Marc a déjà renoncé au fantasme du parent idéal, mais il a aussi choisi de vivre une relation sans passion qui lui semble plus sécurisante. Pour Marc, la relation idéale est faite de sécurité et de stabilité. Marc et David sont donc aux antipodes.

« Moi, a dit Marc, je vois les choses d'un point de vue pratique. Je ne me fais pas d'illusions. Je trouve stupide que David cherche la partenaire parfaite. Moi aussi, je cherche des actions à 10 cents qui vont monter à 100 dollars. Si j'y passais ma vie, vous me trouveriez stupide aussi. »

David a éclaté de rire.

« Bien sûr, c'est une espèce de croyance qu'il a et j'admire la foi, mais ce n'est pas pour moi. Je suis un publicitaire ; j'ai fait paraître une annonce dans un magazine et j'ai reçu 295 réponses. Je ne cherchais pas la femme parfaite ; je voulais plutôt rédiger l'annonce parfaite. J'ai composé une annonce pour faire réagir les femmes. Cette annonce disait : "J'ai acheté une auto et une maison, et je suis maintenant à la recherche de la femme et de la future famille qui la rempliront." Le marketing, ça me connaît !

« J'ai rencontré environ 290 des 295 femmes qui m'ont répondu. Je les rencontrais en rafale, une à 10 h, une autre à midi, une troisième à 14 h et ainsi de suite. Je les rencontrais n'importe où, dans le parc pour manger une grappe de raisins, pour un café au restaurant, pour une partie de tennis ou une promenade au bord de l'eau. Il y avait de tout !

« Certaines m'ont rejeté, j'en ai rejeté d'autres. De toutes les candidates, je n'en ai fréquenté que trois ou quatre. En gros, j'ai cessé de les voir à cause de leurs enfants. À ce stade, je ne voulais pas de l'enfant d'un autre. Je voulais mes propres enfants.

« Ce n'est pas ce que vous avez en commun qui compte, ajoute Marc, c'est de savoir si vous pouvez tolérer vos différences. Mais David n'est pas comme ça ; pour lui, c'est le plaisir de la chasse. »

« Appelle ça comme tu veux, est intervenu David, une fois l'attirance passée, qu'est-ce qui reste ? Quand on vit avec quelqu'un, comment garde-t-on la flamme vivante, le romantisme ? »

Marc a répondu sans hésiter : « On ne le fait pas. Ce n'est tout simplement plus pareil. La musique change. »

David s'est dit incapable d'accepter une telle éventualité. « Il me faut une relation romantique et sexy, je ne peux pas imaginer y renoncer. À mon avis, Marc est un lâcheur. »

« Pas du tout, a rétorqué Marc, comme s'il voulait raisonner un enfant têtu. Je fais de la croissance personnelle, je prends des cours et j'apprends de nouvelles choses. J'ai des intérêts en dehors d'une relation. David, lui, est obsédé. La femme est le centre de sa vie. »

« Absolument, a répondu David. J'aime l'intimité. Pour moi, le meilleur moment de la journée est quand on cause sur l'oreiller. Après avoir fait l'amour, on se sent libéré, on communique vraiment. C'est le paradis sur terre. Marc suit toutes sortes de cours intéressants et apprend des tas de choses. Moi, j'apprends tout ce que je veux savoir avec les femmes. »

« Si David suivait un cours, il n'écouterait pas le prof, il regarderait les femmes. Ça va quand on est jeune ; les beaux hommes peuvent avoir toutes les femmes qu'ils veulent et vice versa. Mais, à l'âge de David, quand on sort, on voit toujours les mêmes visages. Hier, il m'a dit qu'un nouveau bar allait ouvrir. Oui, mais peut-on forcer les gens à y aller ? Ce sera encore les mêmes visages.

« Vous savez ce que David faisait auparavant ? Il invitait des femmes qu'il ne connaissait pas au bar du Ritz. Elles le quittaient à la fin de la soirée en lui laissant une énorme addition. David passe la première partie d'une relation à sortir une femme dans des endroits chic, à épater la galerie, à l'acheter, quoi ! Puis, quand son portefeuille se retrouve à plat, la jeune femme est complètement amoureuse de son papa gâteau. Alors, il passe le reste de la relation à essayer de s'en sortir. »

David a encore éclaté de rire. Quand je lui ai demandé ce qui pourrait l'aider à rester avec une femme et à travailler à une relation sérieuse, David a répondu : « Je n'aime pas qu'on me crie après et j'ai horreur qu'on me fasse continuellement des remarques. J'ai besoin d'intimité. On a tous besoin de temps à soi. Vous voulez savoir ce que c'est une femme formidable ? Eh bien, c'est une femme capable de vous faire asseoir dans une pièce et de vous laisser lire ou regarder la télé pendant qu'elle fait autre chose. C'est une femme qui vous fait sentir amoureux d'elle. Elle passe sa main dans vos cheveux, vous caresse le cou. Ce genre de petites choses me fait sentir amoureux d'une femme et heureux d'être où je suis. Elle me fait sentir spécial. Alors, j'ai envie de la gâter, de lui faire sentir qu'elle aussi est spéciale. J'adore rendre une femme heureuse. La sexualité d'une femme peut rendre un homme pareil à un bébé, l'obnubiler complètement. J'ai l'impression que le succès d'une relation dépend davantage de la femme. Elle peut conquérir n'importe quel homme si elle s'y met. Sa féminité, sa sexualité, sa beauté sont toutes-puissantes. La vie est une force et les femmes respirent cette force vitale qui attire les hommes comme un aimant. Les hommes ne peuvent pas le faire, pas de cette façon. Les femmes en apprennent davantage aux hommes sur l'amour que l'inverse. Les femmes sont puissantes et belles. Vous pouvez écrire que je l'ai dit. »

Marc a fait une grimace. « Parle-t-il d'une relation ou d'un rendez-vous ? Pour moi, c'est un rendez-vous. Il est encore à l'école secondaire. Quelle différence la magie fait-elle en fin de compte ? Dans une vraie relation, il y a les irritants de la vie de tous les jours. Il faut qu'elle prépare la salade et le gars doit sortir les ordures. »

David n'est pas d'accord. « Quand je touche une femme, il faut qu'il y ait de la magie. »

Marc s'est montré exaspéré. « La magie. Je pense que le mouvement de conscientisation a été la plus grande fumisterie imposée aux conseillers matrimoniaux et aux gens en général. Aussitôt qu'on parle de ce genre de chose, ce conflit surgit et s'intensifie. Mais nos parents ont vécu avec ce conflit pendant 50 ans. Ils ne couraient pas les clubs de nuit à 50 ans à la recherche de la magie. »

Quand je lui ai demandé pourquoi il restait marié, Marc m'a répondu : « Pour mon enfant. Je me suis engagé. C'est mon deuxième mariage. Si je cherchais ailleurs, je trouverais peut-être plus de passion, mais ce n'est pas la seule chose qui compte. Je trouverais peut-être plus d'intelligence, mais moins de cœur. Je pourrais rencontrer une femme au train de vie prohibitif. Pour trouver une femme comme celle que David cherche, un type *Playboy,* il faut dépenser au moins 40 000 à 50 000 dollars par année en vêtements, coiffeur, voyages, etc. David est un homme intelligent, mais ses goûts n'ont pas changé depuis qu'il était petit garçon. »

David n'était pas d'accord. « Certaines personnes restent dans une relation même si elles ne sont pas heureuses. Au moins, se disent-elles, c'est un malheur familier, un genre de sécurité. Elles ne sont jamais seules et elles n'ont pas besoin de courir le prochain club ou de rester debout à un autre bar à se faire souffler de la fumée dans le visage. Marc veut que je renonce à d'autres choses et je ne le veux pas. Je ne renoncerai pas à la passion. J'aime prendre la main d'une femme au cinéma, j'aime les caresses et les jeux et je les aimerai même si je vis jusqu'à 100 ans. »

« Je parie qu'il en sera encore là quand on le mettra dans une résidence pour personnes âgées. Mais s'il continue comme il a toujours fait, il récoltera toujours la même chose. »

Si nous pouvions faire un mélange de Marc et de David, nous obtiendrions un homme à la fois pratique, ludique et romantique. Pour trouver une telle intégration, cet homme devrait considérer la perfection non pas comme un idéal inaccessible, mais comme une partie inhérente de la beauté du moment présent, de la découverte, du risque d'aimer et du respect de soi. Toutes sortes de portes s'ouvriraient alors devant lui et toutes sortes de femmes lui apparaîtraient.

CONSEILS À RETENIR
**Comment composer avec les hommes
qui attendent la partenaire idéale**

POUR LES FEMMES
- Soyez consciente que certains hommes recherchent une image et sachez que vous n'y correspondrez jamais parfaitement.
- Soyez vous-même. Ne vous transformez pas en une autre pour lui plaire. Il s'en rendra compte et s'enfuira.
- Soyez chaleureuse et aimante. Sachez le toucher par votre tendresse. Ne rejetez pas ses fantasmes.
- S'il est attaché à la perfection physique et à la beauté, et que cela ne vous dérange pas, soignez votre apparence. Préparez-vous à vos sorties avec lui et ne ménagez ni les lotions, ni les crèmes, ni les parfums capiteux. Si vous comblez ses rêves, il sera délicieux avec vous. Si cela vous semble excessif, rendez-vous compte qu'il n'est pas l'homme pour vous.
- Si l'opinion de ses pairs lui importe beaucoup, demandez-vous si vous pouvez vous intégrer à ses amis. Sinon, dites-lui adieu.
- Pour certains hommes, la femme idéale est stable et peu passionnée. Apprenez à le connaître et si vous ne correspondez pas à son image, laissez tomber.
- N'oubliez pas que chacun trouve sa tendre moitié. C'est à vous de trouver la personne qui vous convient à *vous*.

POUR LES HOMMES
- Rendez-vous compte que tout change dans la vie. Ce qui semblait parfait hier peut paraître insuffisant aujourd'hui. Examinez vos sentiments envers vous-même, ainsi que vos imperfections ou vos lacunes. Faites des efforts pour vous améliorer. Une autre personne ne peut pas compenser un vide intérieur.

- Votre désir de perfection est-il simplement une façon d'éviter de tomber amoureux ? Il est plus facile de relever les petits défauts d'une personne que d'apprécier ses qualités.
- Prenez l'habitude de voir les bons côtés des gens que vous rencontrez. Cela vous fera voir la vie et la nature des gens d'un œil différent.
- Acceptez vos propres lacunes et ne les jugez pas. Plus vous vous aimerez et plus vous vous accepterez, plus les autres vous sembleront parfaits.

> *Qu'il est étrange que les gens pensent que l'amour est simple, mais qu'il est difficile de trouver la bonne personne à aimer ou de qui se faire aimer. Ils voient d'abord et avant tout que l'amour pose le problème d'être aimé et non celui d'aimer.*
>
> ERICH FROMM

CHAPITRE 11

Le besoin de contrôler

L'homme raisonnable s'adapte au monde ; l'homme déraisonnable persiste à vouloir adapter le monde à lui-même. Ainsi, tout progrès dépend de l'homme déraisonnable.

GEORGE BERNARD SHAW

Certains hommes sont incapables de renoncer à l'image idéale qu'ils se font d'une femme. Ils sont déterminés à changer la femme qu'ils aiment pour pouvoir vivre une relation à la hauteur de leurs attentes. Ils en font parfois une lutte à la vie à la mort dans laquelle ils investissent leur identité tout entière. S'ils échouent, ils se sentent impuissants, comme s'ils ne pouvaient pas contrôler leur monde.

Souvent, les hommes qui veulent tout contrôler sont sensibles, chaleureux et empathiques au début ; ils sont ce qu'on pourrait appeler des sauveteurs. Malheureusement, ils ne se rendent pas compte qu'en volant au secours d'une femme, ils détruisent leur vie et leur bonheur. Il arrive même qu'ils doivent finir par chercher eux-mêmes quelqu'un pour venir à leur rescousse.

Les hommes qui optent pour le contrôle choisissent de nager à contre-courant. Inconsciemment, ils cherchent des femmes qui s'opposeront à eux et avec qui ils entretiendront des relations difficiles. Dans leur couple, les luttes de pouvoir sont fréquentes. À mesure que leur relation évolue, il peut devenir plus important pour eux de gagner une lutte que de trouver l'équilibre et le bonheur. Mais ils ne renoncent pas aisément à cette relation qui ne leur convient pas et, lorsqu'ils le font, c'est habituellement parce qu'ils sont dans un état désespéré. En général, ils trouvent une autre femme avec qui vivre une relation difficile.

«Lorsque je pars, c'est souvent une surprise totale pour moi», m'a confié Alain, un homme charmant aux cheveux longs et à la voix douce. Il aime les femmes et il aime être en couple. C'est un scientifique, à la fois très intelligent et très humain, qui a beaucoup à offrir. D'un tempérament généreux, il donne sans compter et sans demander grand-chose en retour.

Même s'il n'a été marié qu'une fois, Alain a eu plusieurs relations très intenses qui étaient comme des mariages. Fondamentalement, il s'était toujours opposé au caractère formel du mariage et à l'idée de rester pour des raisons juridiques. Cependant, l'une des femmes qu'il avait rencontrées tenait tellement au mariage qu'il avait fini par l'épouser. «C'était une erreur pour de nombreuses raisons», m'a-t-il dit.

«Avant mon mariage, j'avais eu plusieurs relations importantes. La première femme importante s'appelait Sylvie. Nous avons vécu ensemble à Boston pendant environ un an. C'était une mystique. J'ai toujours essayé d'équilibrer mes opinions scientifiques et rationnelles avec des sentiments un peu mystiques.

«Sylvie m'a téléphoné après que nous nous étions rencontrés dans un cours. C'était une personne excentrique, étonnante, merveilleuse ! Elle avait été une enfant perturbée qui avait fini par s'enfuir de la maison. Son père était un scientifique. Pendant la Seconde Guerre mondiale, il avait perdu un œil, ce qui l'avait rendu plutôt cruel. Du moins, c'est ce que pensait sa fille. Elle le détestait et détestait le monde scientifique et rationnel. Elle m'a emmené voir différents mystiques qui l'intéressaient, mais je demeurais plutôt sceptique. Je l'accompagnais et j'écoutais. Nous avions beaucoup de plaisir ensemble. L'été, nous couchions parfois à la belle étoile et nous faisions de longues randonnées. Je l'aimais vraiment.»

Ayant lui-même une personnalité complexe, Alain a choisi une femme à l'esprit peu conventionnel qui semblait avoir beaucoup à lui offrir, mis à part sa haine pour le monde scientifique. Il aurait pu y voir un signe, mais il n'avait pas interprété les choses de cette façon.

«Sylvie est devenue de plus en plus active dans différents groupes mystiques et mon côté rationnel m'a amené à prendre mes distances. J'ai décidé de suivre des cours en informatique, de sorte que j'étais très souvent absent.»

Même s'il aimait Sylvie, Alain avait l'impression de perdre sa propre identité en entrant complètement dans le monde de Sylvie. Il a donc entrepris un processus d'individuation et est revenu aux choses qui l'intéressaient pour rétablir son équilibre et son identité. Incapable de supporter leurs différences et d'accepter qu'Alain prenne ses distances, Sylvie s'est retrouvée avec sa vieille colère contre son père.

«Elle a commencé à me prendre pour son père, m'a dit Alain. J'essayais souvent de lui expliquer que je n'étais pas son père, mais seulement moi, et que j'avais besoin d'équilibre. Mais elle le prenait mal. Mes quêtes scientifiques la dérangeaient beaucoup. Elle a fini par rencontrer quelqu'un avec qui elle se sentait plus d'affinités. »

Lorsque les hommes vont à contre-courant, ils ont naturellement tendance à attirer des femmes et des relations «difficiles». Dès le départ, il y avait une bombe à retardement entre Alain et Sylvie. Non seulement elle détestait les scientifiques, ce qu'était Alain, mais elle n'avait pas un équilibre émotif suffisant pour faire la distinction entre Alain et son père. Mais peut-être était-ce là le défi inconscient qui avait nourri son attirance pour Alain. Ce dernier voyait ces obstacles comme une occasion de montrer qu'il pouvait régler les problèmes et sauver Sylvie, c'est-à-dire l'aider à surmonter sa profonde haine pour son père et les scientifiques en général.

En parlant de couples mal assortis, voici ce que dit le Dr Gerald Epstein : « À mon avis, un homme part entre autres à cause des différences morphologiques entre lui et sa partenaire. Les différences morphologiques se lisent dans les différents types de faciès. Certains types vont bien ensemble et d'autres pas. Lorsque deux personnes ont la même nature dominante, leurs chances de pouvoir rester ensemble sont très minces. Ensemble, deux types sanguins, deux types bilieux ou deux types nerveux n'auront guère plus de succès. Si un type bilieux se retrouve avec un type sanguin, l'harmonie ne sera pas parfaite non plus, car ce sera la volonté de l'un contre l'entêtement de l'autre. La nature inflexible de l'un se heurtera à la nature de l'autre et provoquera d'énormes conflits qui rendront toute relation à long terme impossible. »

Dans le cas d'Alain et Sylvie, des différences morphologiques les rendant fondamentalement incompatibles ont peut-être aggravé les choses. Selon le Dr Epstein, voici comment ces différences peuvent se manifester.

«Il peut arriver que deux personnes vivent ensemble, mais que ni l'une ni l'autre ne puisse prendre l'initiative de donner. Chacun estime qu'il doit recevoir avant de donner, de sorte qu'il est impossible d'établir une relation à long terme et de satisfaire les besoins de l'autre.

«Essentiellement, ce point de vue suppose que les traits de caractère sont immuables et qu'on ne peut pas changer ou transformer une personne. Bref, il ne faut pas s'immiscer dans ce qu'est une personne. Il faut l'accepter telle qu'elle est.»

Si Alain avait su interpréter ses caractéristiques faciales et celles de ses partenaires, peut-être se serait-il épargné d'incessantes luttes avec les femmes.

«Sylvie n'était vraiment que le prélude à ma relation suivante, qui a duré 10 ans, a continué Alain. Elle s'appelait Caroline. Nous avons vécu ensemble pendant 10 ans et nous étions fidèles l'un à l'autre. Je dirais que c'était comme un mariage.

«Un ami mutuel nous avait présentés. Par la suite, nous nous sommes rencontrés dans un bar. Elle était dure et avait le sens de la répartie. Je me sentais encore sous le choc du départ de Sylvie. Caroline était étudiante et elle était sur le point d'obtenir un diplôme de premier cycle. Nous étions tous les deux en sciences, ce qui me soulageait, et nous songions tous les deux à poursuivre nos études.

«Peu après l'avoir rencontrée, je suis allé à l'extérieur de la ville et j'ai eu un accident de voiture. Caroline m'a téléphoné et m'a dit qu'elle avait rêvé de mon accident. J'étais très impressionné et je suis tout de suite rentré pour la voir.»

Caroline a sans doute beaucoup impressionné Alain parce qu'elle semblait pouvoir concilier le mystique et le scientifique, ce qu'il avait toujours voulu faire. Elle travaillait en sciences, mais avait fait un rêve lui disant ce que lui était arrivé.

Lorsqu'ils cherchent une partenaire, bon nombre d'hommes espèrent trouver une femme qui possède les qualités dont ils se sentent dépourvus. C'est un peu comme s'ils croyaient que leur relation est ce qui fera d'eux des êtres entiers. En général, cela se retourne contre eux. Rivalités et luttes de pouvoir éclatent dans le couple et l'un des partenaires se sent inadéquat, comme s'il avait besoin de l'autre pour être entier.

«Nous avons fait des demandes d'inscription en deuxième cycle et nous avons tous les deux été acceptés par la même université, la seule qui voulait nous prendre. Nous sommes donc partis ensemble. Au cours du voyage, nous avons vécu des moments merveilleux, mais j'ai aussi eu le pressentiment d'un autre aspect de Caroline; il y avait chez elle une véritable amertume et beaucoup de colère. Nous faisions du stop et elle se disputait avec les conducteurs des voitures qui s'arrêtaient pour nous prendre. C'étaient vraiment des échanges très durs. »

Ici encore, Alain a vu venir les problèmes, les vrais problèmes, mais il a préféré les ignorer. Inconsciemment, ces problèmes l'ont peut-être attaché encore plus profondément à Caroline, car ils lui donnaient la chance de réaliser son désir de la sauver. De toute évidence, une large part de l'identité d'Alain reposait sur son besoin d'aider et de soutenir une femme.

Le Dr Epstein explique que certains hommes ont besoin de sauver les autres. Ils choisissent des femmes difficiles et deviennent leur redresseur impartial. Ces hommes sont à la recherche de femmes qui ont besoin d'être sauvées. Ils l'enlèvent ou la tirent d'une situation difficile, une famille opprimante, par exemple, et affichent leur puissance. Puis, une fois la femme sauvée, leurs besoins mutuels disparaissent. Elle a été sauvée. Il l'a sauvée. Il ne la trouve plus intéressante et elle n'a plus besoin de lui. Ils devraient normalement se séparer, mais ils ne le font pas parce qu'elle ressent de la gratitude envers lui, tandis qu'il se sent une certaine loyauté à son égard. Malheureusement, ils ne sont plus parfaitement assortis à ce moment-là, car leur image s'est accomplie. L'homme veut alors explorer de nouvelles avenues et trouver la prochaine femme à sauver.

Même s'il le voulait ardemment, Alain ne pouvait pas sauver Caroline de la situation difficile qu'elle s'arrangeait toujours pour revivre. Il est donc resté avec elle pendant des années, à nager à contre-courant.

« Au deuxième cycle, nous étions dans le même domaine. Je me suis ensuite concentré sur un aspect légèrement différent du travail et je l'y ai intéressée, de sorte que nous nous sommes joints au même laboratoire. Elle avait un esprit de compétition très développé, ce qui l'entraînait dans de terribles conflits avec les professeurs. Si vous saviez combien de temps j'ai mis à jouer au médiateur entre eux et combien d'énergie j'ai dépensé pour les réconcilier ! Mais je l'aimais et j'aimais bien les profs. Plus tard, un ami m'a dit que j'avais été idiot d'agir ainsi et que je n'avais fait qu'entretenir les problèmes beaucoup plus longtemps qu'il n'aurait été souhaitable. Il a même ajouté que c'était comme garder le couvercle sur une marmite trop longtemps. Si j'avais réduit la pression plus tôt, elle aurait explosé avec beaucoup moins de force. »

Alain avait l'occasion rêvée de prouver son amour à Caroline en l'aidant sans relâche à résoudre ses incessants problèmes. Il était déterminé à tout faire pour préserver son couple et il consacrait énormément de temps et d'énergie à résoudre les problèmes de Caroline avec les professeurs. Il espérait que tout s'arrangerait, qu'elle changerait et qu'elle finirait un jour par se sentir bien dans sa peau.

« J'ai donc mis beaucoup d'énergie dans notre relation au laboratoire, mais bien peu dans notre relation à la maison. Caroline s'est mise à s'en plaindre. Je me disais que si les choses pouvaient bien aller au labo, tout le reste pouvait s'arranger. Ce n'était pas tout à fait le cas, mais je ne voulais pas renoncer à y croire. »

Inutile de dire que plus Alain s'épuisait à régler les problèmes de Caroline, moins il lui restait d'énergie à lui consacrer à la maison. Cependant, il refusait de renoncer à son couple parce que son sens de lui-même en dépendait. En outre, il est probable qu'il extériorisait quelques vieux désirs d'aplanir des problèmes dans sa propre famille pour que ses parents puissent être heureux et l'aimer.

« Finalement, nous avons acheté un chien, m'a dit Alain. J'adorais cette bête et je me suis mis à mettre plus d'énergie dans la maison. »

Le chien aimait et acceptait Alain de manière inconditionnelle, ce qui n'était pas le cas de Caroline, en dépit de tous les efforts qu'il faisait. « À ce moment-là, je ne l'aimais pas autant que le chien, même si je me donnais encore beaucoup de mal pour la défendre. À l'époque, je prenais mon travail très au sérieux et Caroline aussi. J'appréciais beaucoup que nous soyons tous deux intéressés au même travail. »

Bon nombre d'hommes semblent vouloir que leur relation soit comme un travail d'équipe. Une femme faisant le même travail qu'eux est en mesure de comprendre leur horaire et de ne pas créer de conflits. À cet égard, Alain avait l'impression que Caroline et lui étaient parfaitement synchronisés. Leur relation n'était pas une interruption de sa profession, mais un prolongement de celle-ci.

« Je me souviens d'une nuit où j'ai reçu un coup de fil au labo à 3 h du matin. C'était Caroline. Elle m'a dit qu'il était 3 h du matin et qu'elle en avait marre de dormir seule. Je suis tout de suite allé la retrouver. »

De nombreux hommes en viennent à se préoccuper tellement de leur carrière ou de leur profession qu'il leur est difficile, sinon impossible, de cesser d'y penser pour consacrer du temps, de l'énergie et de l'attention à la femme qu'ils aiment. Comparativement à leur travail, elle leur semble moins importante et moins satisfaisante. En dehors du désir de réussir, tout leur semble une perte de temps. Ces individus considèrent le foyer comme un endroit où se reposer et récupérer. Par conséquent, si leur femme travaille dans le même domaine qu'eux, elle sera à leurs yeux une source de réconfort et d'attention leur permettant de poursuivre leur travail.

«Il y avait aussi d'autres problèmes, m'a expliqué Alain. Il y avait un garage au bout de la maison et j'en avais fait mon petit pavillon. C'était mon coin et personne ne pouvait y entrer, sauf le chien. Dans le reste de la maison, Caroline insistait beaucoup pour que les choses soient comme elle le voulait. Elle décidait ce que nous allions manger, comment nous disposerions les choses et ainsi de suite. Elle pouvait même décider où nous allions vivre. Mais elle ne pouvait pas entrer dans mon pavillon.»

Le pavillon d'Alain est une représentation touchante de son désir de frontières, de respect, de contrôle. Il voulait un endroit où se sentir responsable et où il pourrait réfléchir et se détendre sans s'inquiéter des besoins, des désirs, des problèmes ou des exigences de Caroline. Même dans une relation saine, il est crucial que les deux partenaires aient de l'espace et du temps à eux pour pouvoir se retrouver et retrouver ce qui compte à leurs yeux. En fait, ce genre d'espace et de temps permet d'entretenir une relation saine.

«Elle devenait envahissante, a poursuivi Alain. Elle m'en voulait de me mêler de politique au laboratoire, me disant que j'arrivais à m'en tirer parce que j'étais un homme. En plus du fardeau de la défendre et de prendre ses luttes sur mes épaules, ces reproches commençaient sérieusement à m'épuiser.»

Alain ne pouvait plus nier les aspects difficiles de sa relation et il se rendait compte qu'il était en train de perdre tout respect pour Caroline et pour lui-même. Il était de moins en moins confiant de pouvoir résoudre ses problèmes et préserver sa relation.

Devant des problèmes de couple insolubles, certains hommes s'éloignent de leur partenaire et se plongent dans leur travail, ce qui leur donne plus de contrôle et leur procure plus de satisfaction. Au début, Alain croyait qu'en essayant de résoudre les problèmes de Caroline à sa place, il les ferait disparaître. Évidemment, un tel plan ne marche jamais. Aucune personne ne peut régler les problèmes de quelqu'un d'autre, peu importe combien elle peut le souhaiter.

Les sauveteurs restent en couple longtemps après que la relation a cessé d'être productive. Au lieu de partir, ils continuent à dépenser du temps et de l'énergie à livrer des batailles qu'ils ne peuvent pas gagner. Lorsqu'ils y renoncent enfin, ils sont généralement au bord de l'épuisement.

Quand j'ai demandé à Alain ce qui lui plaisait chez Caroline, il m'a dit : «Elle était brillante et très belle. Au début, sa dureté et son sens de la répartie me plaisaient parce qu'elle n'était pas toujours en train de se défendre. À cette époque-là, elle était capable de s'intéresser à diverses choses. Malheureusement, toute sa vertueuse indignation a fini par prendre le dessus. Au laboratoire, la situation devenait intolérable. J'espérais qu'une fois que nous aurions obtenu nos diplômes et que nous aurions quitté le labo, les choses iraient mieux entre nous.»

Voici ce que dit Annie Linden, thérapeute, instructrice en programmation neurolinguistique et auteur de *Mind Works* : «Il règne une telle confusion au sujet des rôles. Pendant longtemps, les rôles ont été rigides et les gens tenaient leur place. À cette époque, cependant, les femmes étaient traitées comme des choses. On reconnaissait leurs aptitudes à s'occuper des autres, mais non leur capacité de réfléchir et d'agir. Les hommes n'avaient pas à prendre soin des autres. Dès que les gens ont pu profiter d'une plus grande liberté économique et d'une meilleure éducation, il était inévitable que les femmes se disent qu'elles en avaient assez. Mais où cela a-t-il mené les hommes?

«De nombreux hommes se demandent quel est leur rôle maintenant. Certains croient encore qu'il n'est pas viril de se soucier des autres, de sorte qu'ils doivent travailler sur cet aspect d'eux-mêmes. De nos jours, il y a des frontières, et non plus des murs, entre les hommes et les femmes. La vie était plus facile à l'époque où il y avait des murs, car les distinctions étaient nettes. Maintenant, les compromis étant davantage à l'ordre du jour, on en demande plus à un homme qu'il n'a l'habitude d'en faire.

«Entre autres choses absolument cruciales, il faut se rendre compte que chaque personne doit évoluer le plus possible et qu'il est parfaitement acceptable d'être un individu distinct. Deux personnes s'unissent à titre d'individus distincts qui s'embarquent ensemble pour un voyage.

«Il ne faut pas s'attendre à ce qu'une autre personne comble tous nos besoins et tous nos désirs. Chacun doit créer sa propre vie et régler ses propres problèmes. Notre partenaire ne peut jamais nous donner notre estime de soi ou notre sentiment de satisfaction. Une personne doit avoir des amis, faire des choses qui l'intéressent et évoluer séparément. Chaque partenaire doit se rendre heureux et se faire une vie agréable. On partage sa vie avec quelqu'un, mais on ne peut pas faire de sa vie de couple toute sa vie. Chacun est responsable de son propre bonheur.»

Alain croyait encore qu'il pouvait rendre Caroline heureuse à sa place. Il était sincèrement convaincu qu'une fois qu'ils auraient quitté le laboratoire et qu'ils voyageraient, les choses s'arrangeraient un peu.

«Les choses ne se sont pas arrangées. Nous avons voyagé un peu. Notre relation s'est améliorée à Paris, mais cela n'a duré que quelques mois. Par la suite, nous nous sommes installés dans une autre région du pays, où nous ne travaillions pas au même endroit. Croyez-le ou non, tout a recommencé comme avant et je suis redevenu le médiateur dans tous les conflits de Caroline.»

Dans un couple, lorsque l'homme nage à contre-courant, il garde toujours l'espoir que les problèmes de sa partenaire disparaîtront s'ils vont s'installer ailleurs ou s'ils changent certaines choses dans leur vie. Malheureusement, le pattern négatif auquel il essaie d'échapper se répète inévitablement, peu importe la situation. Il doit donc revivre la même chose à répétition avant d'être prêt à reconnaître que tant que sa femme ne sera pas responsable d'elle-même et qu'elle ne réglera pas ses problèmes, rien ne changera jamais entre eux.

« C'était très épuisant. Je me rendais compte que les problèmes ne finiraient jamais et je me suis bien promis de ne pas vivre comme cela toute ma vie. C'était insoutenable de toujours devoir la défendre et d'essayer de comprendre ses relations avec les autres. La situation était totalement désespérée.»

Alain ne voyait pas sa propre folie des grandeurs et croyait pouvoir rétablir le monde de Caroline par la seule puissance de son amour et de son intelligence. Quand il s'est rendu compte qu'il n'y arrivait pas, son ego en a été très ébranlé et il s'est mis à douter de pouvoir réussir. C'est là un pattern fatal, car les deux partenaires sont coincés dans une situation où il ne peut pas y avoir de vainqueur. L'homme se sent toujours frustré, tandis que la femme ne fait jamais face à ses problèmes et n'apprend jamais à les régler.

Il est souvent péniblement douloureux de découvrir que peu importe combien on peut aimer une autre personne, on ne peut jamais la guérir. Alain a eu deux relations avec des femmes qui détestaient ouvertement leur père. Il était presque inévitable que, tôt ou tard, ces femmes dirigent leur haine vers l'homme dans leur vie. Alain devait comprendre pourquoi il était attiré par ce genre de femme. Il devait aussi prendre conscience qu'il est impossible de rendre une personne heureuse ou même de mener une vie raisonnable avec elle tant qu'elle est aux prises avec ses propres démons. Toute personne a la responsabilité fondamentale de travailler sur elle-même.

« Un jour, m'a dit Alain, j'ai expliqué à Caroline que ne je pouvais plus vivre dans l'ombre de sa colère. Après que je lui ai dit cela, elle m'a confié qu'il lui était arrivé de se regarder dans un miroir et de voir son visage se transformer en celui de son père. Elle avait trouvé cela terrifiant. Il avait fait la Seconde Guerre mondiale et demeurait amer devant le peu que la société avait fait pour lui après son retour. Elle m'a dit qu'après avoir vu son visage se transformer et prendre l'apparence du sien, elle s'était rendu compte que c'étaient ses luttes qu'elle menait depuis toujours. »

L'amertume, la rage et la déception s'ancrent profondément. Comme le cancer, elles peuvent se propager de génération en génération. Lorsqu'un enfant aime ses parents, il peut absorber inconsciemment comme par osmose la douleur et les souffrances qu'ils ont vécues. Il agira ainsi non seulement pour soulager sa mère et la libérer de ses souffrances, mais aussi pour essayer de se créer une vraie maman. Plus tard, cependant, il risque de répéter le pattern en recherchant des partenaires perturbées qu'il pourra sauver. En général, un tel enfant devient un sauveteur ou il cherche lui-même à se faire sauver.

Lorsque Alain a décidé de renoncer à son rôle de sauveteur et de ne plus vivre dans un état de dépendance mutuelle avec Caroline, celle-ci a pris conscience de sa haine envers elle-même et de sa haine envers son père, qu'elle revivait sans cesse dans ses relations avec ses collègues de travail.

À moins qu'une personne ne décide de faire face à ses vérités personnelles, elle n'a aucune chance d'avoir une vie de couple durable. Caroline a vécu un moment très douloureux en voyant son visage se transformer dans le miroir, mais il était crucial qu'elle le vive pour pouvoir prendre la responsabilité de son comportement et amorcer le processus qui la libérerait des tourments qui avaient accablé son père et qui l'accablaient elle-même.

Après cet incident, Alain croyait-il que Caroline avait fait des efforts pour changer ? « Je n'en suis pas sûr. Sa façon de se quereller avec tout le monde a continué. Je savais qu'il fallait que je la quitte. Les choses se sont très mal passées lorsque je suis parti, car j'avais déjà commencé à sortir avec quelqu'un d'autre. »

Il arrive très souvent que les hommes tendent la main à une autre femme lorsqu'ils ont de la difficulté à quitter la femme avec qui ils vivent depuis longtemps. Leur nouvel amour leur apparaît comme un canot de sauvetage qui les ramènera sur la terre ferme. Bon nombre d'hommes se sentent incapables de rompre s'ils n'ont pas quelqu'un d'autre dans leur vie. La perspective de se retrouver seuls avec leur culpabilité ou leurs regrets leur semble intolérable.

Ils sont peut-être nombreux à emprunter cette voie, mais peu l'apprécient. La plupart d'entre eux aimeraient partir différemment.

« Il y avait une part de lâcheté dans ma façon d'agir, m'a dit Alain. Je n'avais presque jamais vécu seul. J'avais été un monogame en série. Je suis toujours passé d'une longue relation à une autre longue relation. Pendant les quelques mois de solitude qui séparaient deux relations, je me morfondais beaucoup et la solitude me pesait terriblement. »

Tant qu'il est engagé dans une relation, Alain est monogame. Il n'a trompé Caroline qu'après avoir décidé de rompre avec elle.

« Vers la fin de ma relation avec Caroline, nous avons assisté ensemble à une assemblée publique en ville où se tenait un débat sur une question quelconque. Naturellement, nous nous sommes joints à ce débat. Environ une semaine plus tard, je faisais du vélo lorsqu'une femme en voiture s'est arrêtée près de moi pour me dire : "Que je suis contente de vous voir ! Vous m'avez beaucoup impressionnée lors du débat la semaine dernière !" C'était Lucie.

« Lucie était très entière et très intense sur le plan émotif. Elle était belle. C'était une cinéaste et une artiste. J'ai pensé à ce moment-là que ce serait bien de sortir avec une femme belle et brillante dont le travail n'avait rien à voir avec le mien. Nous sommes donc allés boire un café ensemble. »

Lorsque j'ai demandé à Alain si cette femme l'avait aidé à se sortir de sa relation avec Caroline, il m'a répondu : « Oui. Je suis tombé amoureux d'elle. J'ai été avec elle pendant quelques mois avant de quitter Caroline, quelques mois traumatisants. Mon père venait de mourir et le travail n'allait pas fort. J'avais l'impression de mener une vie horrible et je voulais tout changer. »

Comment a-t-il fini par quitter Caroline ? « J'ai beaucoup souffert. J'avais l'impression de descendre de dangereux rapides avec Lucie et Caroline. Il y avait cependant une vérité profonde et passionnée entre Lucie et moi et cela a beaucoup aidé.

« Finalement, j'ai parlé à Caroline. Nous avions déjà vécu une période de mensonges pendant laquelle j'avais eu l'impression de partir et de revenir un millier de fois. »

Comment Caroline a-t-elle réagi ? « Il y a eu des moments où elle a réagi comme une femme luttant pour garder son homme. Elle cherchait à me séduire et à être ce que je voulais qu'elle soit. J'avais parfois l'impression qu'elle me violait physiquement. Elle exigeait une intimité dont je ne voulais plus.

« Je me souviens d'un moment particulier. Nous nous trouvions dans un endroit surplombant une vallée, où j'étais déjà venu avec elle et avec Lucie. Nous étions là avec le chien, qui est soudain apparu de derrière une colline, un sabot de cerf ensanglanté dans la gueule. À cette époque-là, Lucie faisait un film sur les accidents de la route, sur les souffrances qui s'y rattachent et sur les souffrances de l'amour. C'était un film magnifique – je suppose que le traumatisme de sortir avec moi était pour Lucie une source de motivation artistique. Lorsque j'ai vu le chien avec le sabot dans la gueule, j'ai pensé que c'était un signe.

« En fait, le lien entre Lucie et moi était assez solide pour m'aider à quitter Caroline. Je dois avouer cependant que ce qui s'était passé avec Caroline s'est aussi passé avec Lucie, mais d'une façon différente. »

Le fait qu'Alain ait encore attiré une femme du même genre montre bien à quel point les patterns sont profondément ancrés. À moins qu'on ne s'en débarrasse une fois pour toutes, on continue sans cesse à les répéter inconsciemment. On pense avoir trouvé un autre canot de sauvetage et on se rend soudainement compte qu'on est encore en train de se noyer.

« Lucie n'avait jamais voulu quitter sa région et s'installer à New York. Elle adorait la campagne et en avait besoin. Et je ne voulais pas me marier – jamais. Mais il était important que j'aille à New York et le mariage comptait par-dessus tout pour elle. Nous avons donc fait tous les deux une chose que nous ne voulions pas faire. Nous nous sommes mariés et nous avons déménagé à New York. »

Ici encore, Alain a suivi son pattern habituel sans reconnaître les dangers et les difficultés qui l'attendaient. Il croyait que le pouvoir de son amour pourrait tout conquérir et les situations difficiles continuaient de l'attirer.

« Lucie était très malheureuse à New York. Je ne m'étais pas rendu compte à quel point son inspiration lui venait des montagnes et du désert. Elle en avait véritablement besoin. Nous sommes retournés dans sa région et elle est redevenue elle-même. New York nous faisait beaucoup de tort. Nous devenions de plus en plus déprimés.

« Maintenant, je pense que si j'avais pu rester avec elle dans les montagnes, nous aurions eu la chance de mener une vie merveilleuse et intéressante. Nous aurions pu travailler tous les deux et nous sentir bien.

«Mais je ne pouvais pas le faire à ce moment-là. Nous avons vécu trois ou quatre années très traumatisantes. Je me sentais vraiment mal dans ma peau, comme si j'étais un destructeur. Lucie était une communicatrice née et me disait beaucoup de choses sur moi. En fait, elle a dit sur moi toutes les choses négatives qu'on puisse imaginer. Elle m'en voulait de l'avoir emmenée à New York et d'avoir tout organisé.

«J'aurais dû nous écouter plus attentivement, elle et moi. Dès que nous nous sommes mariés, je me suis senti coincé dans mon mariage, tandis que Lucie voyait New York comme une prison. En plus, nous n'avions jamais vécu ensemble avant de nous marier. C'était beaucoup à la fois.

«Lorsque ma relation avec Lucie a été finie, Caroline m'appelait encore. Mais je ne voulais pas entendre parler de sa vie personnelle. Je ne lui faisais pas confiance et le même vieux pattern continuait à se répéter, c'est-à-dire qu'elle me téléphonait et me demandait conseil.»

Après le départ de Lucie, Alain a mis les relations de côté pendant un moment pour travailler sérieusement sur lui-même. Il a admis sa solitude, sa peur d'être seul et son besoin de s'engager dans des relations présentant des difficultés insurmontables.

Peu importe combien ils sont nuisibles ou destructeurs, il est douloureux de renoncer à des patterns, plus particulièrement lorsqu'ils constituent notre identité. Malgré cela, Alain a fait le grand saut et a décidé de renoncer à son rôle de sauveteur. Il a vécu seul pendant un certain temps pour faire face à sa peur et à sa solitude et pour ne pas utiliser l'amour pour endormir sa douleur.

Dans le moment, il vit avec une femme merveilleuse. Charmante, belle, aimante et intelligente, elle est son égale à tous les points de vue.

«Je n'arrive pas à le croire, m'a dit Alain avec un sourire saugrenu. Nous sommes ensemble depuis quatre ans déjà et notre relation ne cesse de s'améliorer. Nous n'avons pas besoin d'être sauvés de quoi que ce soit ni l'un ni l'autre. Je pense que j'ai fini par prendre ma leçon!»

ÉCHAPPER À UN PIÈGE

Luc est un bel homme généreux et fort qui a bien réussi dans la vie. Sa lutte à contre-courant a été différente de celle d'Alain, mais elle se caractérisait par la même réticence à renoncer à une situation qui le faisait souffrir et lui faisait du tort.

Luc s'était marié à l'âge de 23 ans. À 30 ans, il avait trois enfants et travaillait tellement fort pour les faire vivre qu'il n'avait pas le temps de se poser de questions.

« Lorsque je suis arrivé à l'âge de 33 ou 34 ans, j'étais tellement déprimé que j'en étais paralysé, m'a raconté Luc. Je n'étais plus amoureux de ma femme. J'avais à peine 20 ans quand je l'avais connue. Qu'est-ce que je savais à cette époque ? À 34 ans, j'ai entrepris une thérapie pour comprendre ce qui m'arrivait. Un mois plus tard, mon père est mort et j'ai quitté ma femme et mes trois enfants.

« Que pouvais-je faire ? Je n'étais plus amoureux. À 22 ans, j'avais eu l'arrogance de dire que je n'étais pas amoureux au point d'en perdre les pédales et que tout irait bien. Je n'étais qu'un enfant. Les préparatifs en vue du mariage ont pris le dessus ; c'était comme une avalanche et une période très difficile passée à calculer qui paierait quoi. J'avais peur d'arrêter la machine – après tout, je n'étais qu'un enfant fraîchement sorti de l'université.

« Notre relation consistait à sortir avec des amis, d'autres couples dans la même situation que nous. Mon milieu social me plaisait et j'avais du plaisir à fréquenter ces gens. Mais j'éprouvais énormément de ressentiment envers ma femme. J'avais l'impression de ne pas pouvoir lui faire confiance. Je ne parle pas de sa fidélité. J'en étais venu au point où cela ne me dérangeait pas. Je veux dire que je ne lui faisais pas confiance comme partenaire.

« C'était une personne très agressive, mais de manière passive. Elle me ridiculisait devant les autres, sachant que je ne pouvais pas me défendre. Je savais que c'était à cause de la colère qui la tenaillait. C'était comme une illustration de ce que je craignais. Je ne pouvais pas compter sur elle et je lui en voulais. À un moment, elle a ouvert un magasin avec des amis, une boutique de vêtements pour enfants. L'affaire a périclité et ils devaient de l'argent. J'ai endossé l'emprunt. À l'époque, l'argent était constamment une source de conflits. Que nous ayons une nouvelle dette n'inquiétait pas du tout ma femme. La fuite était sa façon de faire face aux conflits. »

Naturellement, Luc se sentait très seul au monde. En plus des humiliations publiques, il avait l'impression qu'il n'y avait personne à ses côtés pour l'aider à faire face aux problèmes dont ils devaient s'occuper.

« J'ai toujours été le genre de personne à faire des choses pour les autres, m'a raconté Luc. Tout me retombait toujours sur les épaules. C'est encore le cas, mais maintenant ça va. J'ai appris à m'en accommoder. Autrefois, c'était différent. Je ne savais pas quoi faire.

« Tout d'un coup, il est arrivé quelque chose et j'ai senti que la vie me donnait une nouvelle chance. Je suis tombé amoureux. Elle était mariée et faisait partie d'un groupe d'amis que nous fréquentions. Elle traversait elle-même une crise.

« Un jour, j'ai commencé à la voir différemment. Je l'ai aidée à obtenir un emploi dans la société où je travaillais et j'ai commencé à l'inviter à manger. Nous travaillions ensemble, nous allions manger ensemble et elle aimait beaucoup Leonard Cohen, que j'aimais tout autant. Ma femme détestait que je l'écoute dans la voiture. Brigitte et moi assistions à des concerts ensemble et elle me donnait de la poésie. J'avais l'impression qu'elle était la femme idéale pour moi. J'en étais troublé.

« Le désir de trouver la partenaire parfaite est tellement fort, a ajouté Luc. Nous désirons tous trouver la personne qui nous comblera, surtout quand nous avons beaucoup souffert de solitude. Lorsqu'elle se présente, nous ne pouvons pas lui refuser notre amour.

« Brigitte et moi avons passé ensemble une semaine absolument extraordinaire pendant que ma femme et les enfants étaient en vacances en Floride. Après cela, j'ai quitté ma femme et elle a quitté son mari. Ce n'était pas facile, car nous avions de nombreux amis communs. Malgré tout, cette relation a duré 20 ans.

« Je ne savais pas quoi dire à ma femme. Je lui ai téléphoné en Floride, je lui ai raconté ce qui se passait et elle est tout de suite rentrée à la maison. Je ne suis pas fier de ce que j'ai fait. J'ai abandonné trois jeunes enfants et ma femme, qui était terrorisée. Je suis retourné les voir souvent. C'était une situation très regrettable. Je ne le referais pas. Je ne partirais pas. Je ne referais pas à ma femme ce que je lui ai fait.

« Douze années à ne pas communiquer et à brûler de ressentiment ont rendu mon départ inévitable. J'étais devenu trop amer et il y avait trop de colère en moi. Lorsque ma femme est rentrée de Floride, nous avons passé la nuit debout. J'étais épuisé et je l'ai mise devant les faits. Je lui ai dit que je me tuerais si elle le voulait. Elle m'a demandé ce qu'elle pouvait faire. Puis elle m'a demandé si je resterais si elle voyait quelqu'un au sujet de ses problèmes. C'était la première fois qu'elle acceptait de voir quelqu'un. Mais il était trop tard. J'étais déjà amoureux de quelqu'un d'autre. »

Lorsqu'un homme ne voit pas d'autre issue, une histoire d'amour lui semble souvent la solution parfaite. Non seulement sa nouvelle compagne lui apporte un soutien lorsqu'il part, mais il s'imagine qu'elle sera la femme dont il a toujours rêvé. Il se dit que ses besoins seront enfin comblés. Il est comme un homme mourant de soif dans le désert qui voit soudainement de l'eau au loin. Il ne peut pas s'empêcher d'essayer de l'atteindre, même si ce n'est qu'un mirage.

«Brigitte a été comme un catalyseur. Pour vous dire la vérité, j'étais follement amoureux d'elle. Ma vie allait à toute vitesse lorsque j'étais avec elle et je n'avais jamais été aussi heureux. Avant de la rencontrer, je ne faisais rien et je me sentais impuissant. J'avais pensé que le bonheur m'échapperait toujours et voilà que j'étais amoureux. À ce moment-là, je me suis dit que si je ne sautais par sur l'occasion, je serais à jamais coincé dans ma vie déprimante. C'est ce qui m'a motivé. J'ai pensé que si je ne bougeais pas alors, je ne bougerais jamais. J'avais la chance de vivre avec une personne dont j'étais follement amoureux et qui était tout le contraire de ma femme.»

Lorsque j'ai dit à Luc qu'il ne semblait pas avoir cru qu'il puisse y avoir une autre issue possible, il en a convenu. «C'est comme si je m'étais libéré et que j'essayais de remonter à la surface le plus vite possible pour ne pas me noyer. Mais essayez d'expliquer cela à quelqu'un que vous quittez et qui sanglote sur le plancher. J'ai dit à ma femme que c'était une question de survie. Je croyais que ma relation avec Brigitte serait pour moi comme un canot de sauvetage. En réalité, c'était une ancre. Et j'essaie de sortir cette ancre de l'eau depuis ce moment-là. »

Lorsqu'une personne s'engage dans une relation par désespoir ou pour échapper à quelque chose, il est presque inévitable qu'elle se retrouve avec les mêmes problèmes que dans ses autres relations, une fois que l'euphorie du début a peu à peu perdu de son intensité.

«Ma relation avec Brigitte a duré très longtemps et si nous avons vécu ensemble toutes sortes de frustrations, nous avons aussi connu beaucoup de bons moments. Lorsque je suis allé à Hong Kong par affaires, je l'ai emmenée avec moi. Tout ce que j'ai fait d'important, je l'ai fait avec elle.

«Elle était davantage une partenaire et elle savait soigner son apparence. Elle était aussi très démonstrative et un peu folle. J'adorais ça. C'était le beau côté des choses.

«Je suis parti de chez moi. En fin de compte, nous avons emménagé ensemble, puis nous nous sommes séparés. Nous sommes revenus ensemble et nous nous sommes quittés de nouveau. Nous avons habité ensemble trois fois.» En me racontant cela, Luc a souri un peu tristement. «Vingt ans, mais pas d'anneau d'or! Pas de mariage! Je n'ai jamais réussi à la convaincre de s'engager avec moi et ce n'est pas parce que je n'ai pas essayé. Je suis encore en contact avec elle!»

Son lien avec Brigitte était profond et durable. Mais il a aussi été la cause de 20 ans de luttes ardues, de frustrations et de peines, car Luc était déterminé à préserver sa relation coûte que coûte. Il était résolu à ne pas essuyer un deuxième échec.

« Je n'arrivais jamais à la gagner complètement, m'a-t-il dit. Je l'aurais épousée à différents moments, mais elle refusait. Il y a eu tellement de peines et de souffrances entre nous. C'est probablement l'une des raisons pour lesquelles je n'ai jamais pu avoir une relation sérieuse avec une femme au cours des 20 dernières années.

« Elle refusait de s'engager envers moi et rien ne pouvait la faire changer d'idée. Elle fréquentait d'autres hommes et me le disait. J'ai fini par me rendre compte que je ne pouvais rien y faire et j'en ai été dérouté. J'avais toujours cru être une personne forte et je pensais que si je tenais suffisamment à quelque chose, je pouvais l'obtenir. Mais je ne pouvais pas obtenir que Brigitte s'engage avec moi. Je ne pouvais pas changer ses sentiments. Elle ne se sentait pas en confiance. »

Il est clair que Luc prenait cet échec avec Brigitte comme une atteinte à son désir de prouver ce qu'il valait.

« Je voulais être avec elle. Mais il y avait un autre homme qui l'attirait. C'était une situation très pénible. Quand j'ai vu au bout de 20 ans qu'elle ne changerait jamais, j'ai préféré partir m'installer en Californie que de continuer à souffrir.

« Elle est venue en Californie et a passé un peu de temps avec moi. Nous avons fêté Noël ensemble, mais à ce moment-là je ne m'attendais pas à ce qu'elle reste encore bien longtemps, et je ne le souhaitais pas. »

Il a fallu que Luc passe de nombreuses années à lutter avant de pouvoir renoncer à cette relation et cesser de nager à contre-courant. Pour y arriver, il a dû surmonter son désir de contrôler Brigitte et d'investir son ego tout entier dans cette lutte. Il a dû se rendre compte que c'était son problème à elle et non pas une chose à laquelle il pouvait remédier. Sa façon de fréquenter d'autres hommes et de refuser de s'engager avec lui n'avait rien à voir avec le fait qu'il soit digne d'amour ou non.

Voulant inconsciemment se punir, les hommes qui se sentent coupables, peut-être à cause d'une relation passée, choisissent souvent des relations vouées à l'échec qui ne leur apportent jamais ce qu'ils cherchent. Les remords et la culpabilité sont toujours de puissants obstacles au succès et au bonheur !

« Les braises de la flamme étaient encore vivantes, a poursuivi Luc. Pour moi, la loyauté et la confiance sont des choses qui comptent énormément.

Je lui faisais confiance et elle était honnête avec moi. Tout ce qui était entre nous était sacré. Même dans les pires moments, lorsque je la haïssais vraiment, je n'ai jamais craint qu'elle retienne mes paroles contre moi et elle avait le même genre de confiance en moi. Elle me parlait des hommes qu'elle fréquentait. Je savais tout ! »

Si Luc ne se punissait pas inconsciemment de ce qu'il avait fait à sa femme, on peut se demander pourquoi il a laissé cette situation persister aussi longtemps. En fait, il a fallu qu'il s'interroge sur ce qu'il croyait mériter et sur ce qu'il était en droit d'attendre.

« Nous avons fait une thérapie ensemble. C'était épuisant. Je suis allé consulter un thérapeute semaine après semaine pour finir par découvrir l'ironie de ma situation ; il avait invité Brigitte à sortir. Il était là à nous écouter parler de notre irrémédiable conflit, et elle me dit plus tard qu'il l'a invitée à sortir. Quel manque d'éthique professionnelle !

« Brigitte vit maintenant en Virginie. Nous avons cessé d'avoir des relations intimes et le lien entre nous s'amenuise. Je commence enfin à m'intéresser à d'autres femmes. Mais il m'a fallu beaucoup de temps. »

D'un point de vue métaphysique, et surtout sur le plan du karma, on pourrait dire que cette relation était impossible parce qu'elle était fondée sur la douleur des autres. On pourrait aussi dire que les deux partenaires payaient un prix élevé. Leur passé les empêchait de se laisser aller à être heureux et à s'épanouir.

Luc est en train d'évoluer et d'intégrer ce qu'il a appris au cours de sa longue relation avec Brigitte. « En général, je trouve les femmes plus intéressantes et plus attirantes ces temps-ci, m'a-t-il dit. J'ai beaucoup de respect pour elles et je les aime, mais il m'arrive aussi d'éprouver du ressentiment à leur égard. Je n'aime pas le genre de pouvoir qu'elles exercent. Je n'aime pas leur pouvoir sexuel. Cela me trouble. Biologiquement, c'est l'homme qui est l'agresseur. Cependant, une femme a le pouvoir de refuser ou d'accepter des relations sexuelles, de sorte que l'homme risque toujours d'être rejeté. Maintenant, je comprends les problèmes des femmes — que peuvent-elles faire si personne ne revient leur demander de dire oui ou non ? Mais quoi qu'il en soit, ce sont les hommes qui sont démunis et je n'aime pas être démuni. Désolé ! »

À cause de sa relation insatisfaisante avec Brigitte, Luc se sentait désespéré et incomplet. Malgré cela, il a mis 20 ans à renoncer à cette relation et à trouver une femme prête à s'engager comme il le désirait. Il était coincé dans une lutte de pouvoir motivée par son besoin de contrôler la situation. Quand il a appris que la plupart des femmes croient que les hommes ont plus de contrôle et qu'ils sont moins démunis qu'elles, il a trouvé cela très drôle.

«Bien sûr, les femmes ont des besoins qui sont plutôt apparents de certaines façons, mais il arrive souvent qu'elles ne prennent pas la responsabilité du pouvoir qu'elles ont. Autrefois, dans le Sud par exemple, l'éducation d'une femme consistait à lui apprendre à manipuler son homme. En fait, il en a été ainsi jusqu'à récemment, c'est-à-dire jusqu'à ce qu'elles commencent à avoir leurs propres carrières. Autrefois, les femmes se mariaient parce que c'était la seule façon de quitter leur foyer. Je fais ce commentaire surtout pour illustrer combien il était difficile pour les femmes d'avoir une vie à elles.

«J'aime beaucoup les choses telles qu'elles sont maintenant. Pour moi, une femme doit être une partenaire. Ce n'était plus le cas de ma femme. Brigitte et moi avons finalement rompu en Californie. J'étais parti là-bas parce que je croyais que c'était fini entre nous et qu'il valait mieux que je m'éloigne. Mais elle est venue me rejoindre environ un an plus tard. À ce jour, je crois toujours qu'elle était venue pour vivre avec moi. Dans mon esprit, elle venait me rendre une courte visite avant de retourner chez elle. Par conséquent, lorsque j'ai vu qu'elle restait, je lui ai demandé quand elle comptait partir. Cela l'a blessée. Mais je n'avais pas prévu revenir en arrière. J'en étais arrivé à ne plus vouloir vivre tous ces problèmes.

«Depuis lors, je suis devenu plus indépendant. À vrai dire, j'étais incapable de me lier avec une autre femme tant que Brigitte était là. Je vois des femmes, mais une vraie relation me semble quelque chose de vraiment énorme. J'ai travaillé très fort pour remettre de l'ordre dans ma vie, dans mon appartement et dans mes relations d'amitié. J'aimerais bien avoir une relation avec une femme, mais je ne peux pas m'imaginer vivre avec quelqu'un. Peut-être pourrions-nous vivre chacun chez soi et nous voir à certains moments? Ce n'est pas très conventionnel, mais je travaille chez moi maintenant et j'apprécie beaucoup mon espace.

«De temps en temps, j'ai peur de ne jamais trouver une autre femme avec qui je vivrai une relation importante. À d'autres moments, j'ai l'impression de ne pas avoir été aussi près de trouver quelqu'un depuis très longtemps. Je le sais parce que chaque fois que je regarde une femme qui me plaît, je me mets à m'imaginer comment ce serait de sortir avec elle. Je me sens plus libre. Probablement parce que je laisse les choses se résorber. Je l'espère. Croyez-vous que c'est possible?»

Il est inévitable de connaître ce genre d'ambivalence au sujet de la vie de couple après des années épuisantes passées à essayer d'établir sans succès une relation mutuellement satisfaisante.

Luc trouve une certaine sécurité dans la solitude. Cependant, il n'aura aucune chance de trouver la chaleur, l'intimité et l'amour dont il rêve s'il n'est pas prêt à passer à travers certaines difficultés et à faire des concessions dans l'intérêt de sa relation. En outre, il est crucial qu'il choisisse soigneusement sa partenaire et qu'il tienne compte des signaux d'alarme dès qu'ils se manifestent.

Une personne qui a une attitude mature envers l'amour et les relations ne craint pas les conflits, car elle sait se doter des outils qui lui permettront de s'en accommoder ou de les tolérer lorsqu'ils finiront inévitablement par surgir.

Malgré des trépidations, Luc se prépare. « Je crois qu'une personne a de meilleures chances de rencontrer quelqu'un quand elle s'amuse et s'entoure de gens qu'elle apprécie et à qui elle communique de bonnes vibrations. Je crois qu'à ce moment-là, il peut se présenter une personne inattendue. Tant qu'on est heureux et qu'on se sent bien, on se donne les meilleures chances. »

J'ai demandé à Luc ce qu'il ferait différemment. « Je commencerais à travailler sur les problèmes très tôt, m'a-t-il répondu. Il ne faut pas laisser l'irrémédiable se produire, car une fois qu'on est devenu vraiment amer ou qu'on est tombé amoureux de quelqu'un d'autre, il est trop tard.

« Il faut essayer de parler de toutes les choses douloureuses dont personne n'aime parler. Il faut admettre qu'on est vulnérable et ainsi de suite. C'est très difficile.

« Les hommes ont peur. Ils estiment que leur dignité et leur virilité sont en jeu dans une relation. En réalité, ce qui fait une différence est le sens qu'ils ont d'eux-mêmes comme hommes. Il ne faut pas les diminuer ni les humilier.

« Un homme doit se sentir comme un homme. Non seulement il doit se sentir capable, respecté et responsable, mais il a aussi besoin qu'une femme le trouve attirant. Les femmes qui ont le plus de succès auprès des hommes sont celles qui savent renforcer leur ego. Bien que je voie peu de relations qui soient extraordinairement merveilleuses, un de mes amis qui a finalement trouvé quelqu'un m'a dit : "Nous nous estimons très chanceux d'être tombés l'un sur l'autre, car nous adorons être ensemble." Vous ne pouvez savoir combien je l'envie. C'est merveilleux de vouloir être avec quelqu'un sur les plans physique et émotif. Et ils sont passés à travers bien des difficultés. Elle travaille et, lorsqu'il a perdu son emploi, elle l'a aidé à payer la pension alimentaire qu'il verse à son ex-femme. Ils sont restés ensemble, malgré les coups durs et le stress. Heureusement, il a vite trouvé un autre emploi. »

J'ai demandé à Luc ce qui lui donnait le sentiment d'être un homme lorsqu'il vivait en couple. « Un homme doit se sentir important. Mais ce qui donne à un homme le sentiment d'être important n'est pas la même chose que pour une femme. Son succès dans le monde compte beaucoup. Il y a aussi l'entreprise pour laquelle il travaille et ses relations avec ses collègues. Les femmes ont surtout besoin d'être désirées et aimées de l'homme dans leur vie. »

En parlant de sa vision d'une relation satisfaisante dans laquelle il resterait, Luc a précisé qu'il aimerait trouver une femme avec qui partager des moments intimes, mais il a ajouté qu'il faudrait que chacun respecte les besoins de l'autre, plus particulièrement ses besoins d'intimité et de solitude.

« Je veux une partenaire dans le sens où chacun porte son propre fardeau, tout en étant là pour l'autre. Quelqu'un qui m'attire vraiment. Ce serait réellement merveilleux. Je ferais bien quelques compromis pour un peu de cela. »

CONSEILS À RETENIR
Comment composer avec les hommes qui ont besoin de contrôler

POUR LES FEMMES

- Assumez la responsabilité de vos problèmes. Travaillez fort à les régler. Ne comptez pas sur lui pour le faire à votre place. Ne soyez pas à la recherche d'un sauveteur.
- Réjouissez-vous de son succès dans le monde et appuyez-le. Renforcez son sens de la dignité.
- Soyez une véritable partenaire. Prenez votre part de responsabilité. Faites équipe dans tous les sens du terme.
- Laissez-lui de l'espace et de l'intimité et privilégiez le sens de la loyauté.
- Partagez ses intérêts ; intéressez-le à ce qui vous intéresse.
- Privilégiez l'honnêteté.

POUR LES HOMMES

- Cessez de chercher une femme à sauver. Une fois que vous l'aurez sauvée, il ne vous restera plus rien à faire avec elle.

- Laissez la femme dans votre vie régler ses propres problèmes. Ne les utilisez surtout pas comme excuse pour ne pas faire face aux vôtres.

- Passez du temps à façonner votre propre identité. Découvrez votre valeur intrinsèque au lieu de chercher à savoir si vous pouvez contrôler une femme.

- Lorsque vous vous trouvez dans une situation qui se répète sans cesse et qui ne vous apporte pas ce que vous recherchez, prenez du recul et demandez-vous pourquoi vous ne pouvez pas y renoncer. Demandez-vous quelle est la peur qui vous motive. Une fois que vous aurez trouvé la réponse, vous devrez vous montrer courageux et aller au fond des choses.

- Trouvez des défis constructifs à relever. Il est possible de relever certains défis et d'évoluer en même temps.

> *Une vie passée à commettre des erreurs n'est pas seulement honorable, mais beaucoup plus utile qu'une vie passée à ne rien faire.*
>
> GEORGE BERNARD SHAW

CHAPITRE 12

Les hommes qui sont maltraités

Maman est cruelle envers moi
Mais elle est seulement cruelle
Pour être bonne.

R. D. LANG

De nombreux hommes souffrent silencieusement de mauvais traitements aux mains des femmes. Mais comme cela va profondément à l'encontre de leur image de mâle et de la puissance qu'elle sous-entend, ils parlent rarement des comportements abusifs qu'ils subissent. Les mauvais traitements inspirent beaucoup de honte et engendrent dans de nombreux cas des mauvais traitements en retour.

Bon nombre d'hommes maltraités recherchent les mauvais traitements. Ils sont attirés par des femmes puissantes, critiques, colériques ou exigeantes, car ils ont besoin du défi qu'elles les obligent à relever. Ils ont l'impression qu'une femme accommodante et aimante est faible et passive — qu'elle n'a pas beaucoup d'estime de soi.

Plus les femmes sont cruelles et exigeantes, plus l'excitation est forte et plus la conquête est stimulante. L'homme maltraité aime être forcé à donner sa pleine mesure pour garder sa conquête.

Malheureusement, de telles relations ont souvent des conséquences destructrices. La colère coûte cher aux deux partenaires et elle finit souvent par priver l'homme de toute dignité.

Âgé d'environ 45 ans, Arthur est un joueur de tennis de réputation mondiale. Svelte, il est resté un très bel homme aux cheveux châtain clair et aux grands yeux mélancoliques. Il est maintenant heureux dans son troisième mariage, mais il lui a fallu du temps et de nombreuses leçons le long de la route.

« Quand je me suis marié la première fois, j'avais 27 ans, m'a raconté Arthur. Je ne connaissais pas grand-chose. Je n'avais jamais pris conscience de ma masculinité. J'imagine que lorsqu'une personne s'engage dans une relation, elle se concentre surtout sur les choses qui lui plaisent chez l'autre. Lorsqu'elle vit avec l'autre, cependant, elle ne peut pas échapper à ce qui lui déplaît. L'équilibre finit par se rompre et les choses qu'elle n'aime pas chez l'autre finissent par supplanter celles qu'elle aime.

« Ma première femme, Nathalie, était actrice. Elle était très émotive, et alcoolique en plus, ce que je n'avais pas remarqué avant notre mariage. Je suis Britannique, réservé et j'étais incapable de vivre une relation de couple avec elle. Plus son comportement devenait émotionnel et irrationnel, plus je me repliais sur moi-même, ce qui rendait ses crises encore plus violentes.

« Elle a fini par se sentir frustrée au point de me frapper dans le dos. Je ne peux pas dire que je la blâme entièrement. En couple, j'étais sans doute aussi impossible qu'elle. Nous étions diamétralement opposés. »

De nombreux hommes qui ont de la difficulté à être en contact et à exprimer leurs émotions recherchent des femmes très émotives qui se chargeront de le faire à leur place. Arthur se sentait pour sa part troublé et dérouté devant les flots d'émotions irrationnelles de Nathalie. Il ne savait pas comment réagir à ses crises et elles étaient devenues pour lui une source d'épuisement et de terreur. Il se repliait sur lui-même, ce qui ne faisait qu'empirer les crises.

« Nous nous sommes mariés après une brève période de fréquentations. Je n'avais jamais rencontré une femme comme elle. Elle adorait le théâtre et en parlait comme je n'avais encore jamais entendu personne le faire. Elle connaissait un domaine qui m'était étranger et j'avais envie de m'y intéresser.

« Maintenant, quand j'y repense, il y avait des signes. Bien entendu, je ne les voyais pas clairement à ce moment-là. La veille de notre mariage, sa mère m'a pris à part pour me dire que sa fille était difficile à vivre et elle m'a demandé si j'étais bien sûr de ce que je faisais. Aujourd'hui, j'ai encore de bonnes relations avec elle.

«Nathalie et moi avons vécu ensemble pendant cinq ans, mais nous avons été ensemble pendant huit ans. À la fin, nous avons décidé de vivre séparément et de sortir ensemble, car je trouvais la situation beaucoup trop chaotique.

«Je crois encore que c'est une personne très bien. Je dois avouer que j'ai l'impression d'avoir beaucoup évolué grâce à elle. Elle m'a fait connaître la thérapie et le monde de l'introspection. Je l'ai rencontrée à New York et nous avons vécu à différents endroits dans le monde, au Canada, aux îles Canaries et en Nouvelle-Zélande, et nous voyagions ensemble lorsque je participais à des tournois.

«La dynamique était intéressante. À peu près à l'époque où je l'ai rencontrée, je venais de quitter le circuit du tennis. Au début, elle m'a tellement encouragé que j'ai pu retourner jouer. Elle m'appuyait tellement fort que j'ai mieux réussi que jamais auparavant. Grâce à elle, je me suis rendu compte que je ne m'étais jamais véritablement engagé.

«Il est vite devenu apparent qu'elle acceptait mal que j'aie une carrière florissante. Lorsque je l'ai rencontrée, elle a renoncé à l'idée d'écrire pour se concentrer d'abord et avant tout sur ma carrière. Puis elle m'a soudainement retiré son appui au moment où j'étais sur le point de faire une grande percée. Sachant que je disputais un match très important dans un autre pays, elle m'a téléphoné en pleurant pour me dire qu'elle allait mourir et qu'il fallait que je rentre sur-le-champ.

«C'était un tournoi majeur et je n'avais jamais si bien joué. Après son appel, j'ai perdu le match parce que je n'ai pas essayé de gagner. J'en étais incapable. Cela ne m'était jamais arrivé. Plus tard, quand j'ai rappelé Nathalie, elle m'a dit que tout allait bien et que je n'avais pas besoin de rentrer à la maison. C'est alors que je me suis rendu compte qu'elle sabotait ma carrière.»

Il est évident que Nathalie avait des sentiments ambivalents. Elle voulait aimer et appuyer Arthur, mais elle craignait qu'il n'ait trop de succès et qu'il ne la quitte.

«J'étais habitué à ce qu'elle me dise qu'elle allait mourir. Il lui arrivait souvent de me réveiller au beau milieu de la nuit pour me dire qu'elle faisait une crise cardiaque et que je devais l'emmener à l'hôpital. Je l'y emmenais. On lui faisait passer quelques tests et on lui disait que tout allait bien avant de lui donner son congé. Lorsqu'elle avait téléphoné en France pour me dire qu'elle allait mourir, je savais que ce n'était pas le cas, mais j'ai pensé que c'était possible et je me suis senti obligé de rentrer. Après tout, elle m'avait toujours appuyé.

« Je me sentais dévasté. Je n'avais jamais reçu un tel soutien. En me le retirant, Nathalie a mis fin à ma carrière de tennis. Je ne pouvais pas continuer. Après avoir perdu son soutien, je me suis effondré. »

Ayant enfin obtenu le soutien et les encouragements qu'il avait toujours désirés, Arthur n'a pas pu supporter d'en être privé. Sans quelqu'un pour l'applaudir, sa carrière lui semblait futile.

« J'étais très en colère. Il fallait que je choisisse entre elle et le tennis. J'avais l'impression qu'elle me faisait à moi ce que sa mère lui avait toujours fait, c'est-à-dire la soutenir de toutes ses forces avant de la laisser tomber. Pour ma part, je n'avais jamais reçu le moindre soutien et je lui étais très reconnaissant de m'avoir appris ce que c'était. Grâce à son soutien, j'étais parvenu à un niveau d'excellence que je n'avais jamais atteint auparavant. »

Nathalie a agi de manière compulsive et a fait à Arthur ce qu'on lui avait fait. De nombreuses personnes maîtrisent un traumatisme précoce en s'identifiant avec leur agresseur pour infliger à quelqu'un d'autre le traitement qu'il leur a fait subir.

Arthur a eu très mal lorsque Nathalie lui a retiré à un moment crucial l'amour et le soutien qu'elle lui avait toujours si généreusement apportés. Cette expérience lui rappelait ce qu'il avait vécu avec sa mère, qui ne lui donnait que ce qu'elle voulait bien lui donner lorsque cela lui convenait.

« J'ai grandi surtout en Afrique du Sud, mais j'ai fait mes études en Europe et j'ai vécu au Moyen-Orient par la suite. Ma mère a consacré toute sa vie au tennis. Elle participe encore à des tournois à l'âge de 83 ans et elle détient un record de saut en hauteur vieux de 80 ans. En outre, elle écoute des cassettes pour raffermir sa ténacité intellectuelle. Elle donne ce qu'elle veut bien et bloque de son esprit tout ce qu'elle n'aime pas. Le tennis est pour elle une véritable monomanie. Comme ma première femme, elle est très absorbée par elle-même. J'imagine que nous avons tous des petites choses en commun. »

Les jeunes filles et les jeunes garçons sont motivés et préparés à relever les défis de la vie grâce à l'amour, à l'attention et à l'acceptation de leurs parents. Dans le cas d'Arthur, sa mère avait été tellement absorbée par elle-même et son père tellement peu présent qu'il avait besoin de reconnaissance et de soutien pour donner sa pleine mesure. Le soutien comblait chez lui un besoin encore jamais assouvi, tout en guérissant sa première blessure. L'amour et l'acceptation lui permettaient d'atteindre des sommets. Lorsqu'il en était privé, cependant, il régressait jusqu'au stade de l'enfance. Il avait l'impression de n'avoir aucune valeur, comme lorsqu'il grandissait aux côtés d'une mère qui ne se souciait que d'elle-même.

«Finalement, Nathalie et moi avons pris deux appartements, mais nous avons continué à nous voir. J'ai essayé diverses thérapies, mais nous n'avons pas réussi à aplanir nos difficultés. Nous avions vécu des choses merveilleuses au début de notre relation, mais plus les années ont passé, plus ma liste de ressentiments s'est allongée et je me suis rendu compte qu'il y avait des choses que je ne pouvais pas lui pardonner.

«Je ne pouvais pas lui pardonner de m'avoir quitté la première fois, à l'époque où nous vivions aux îles Canaries. Nous étions coincés, nous ne connaissions à peu près personne et je n'avais pas la moindre idée où elle s'en allait.

«Sa jalousie était insupportable et je savais que je ne pouvais pas vivre avec une personne comme elle. En fin de compte, j'en suis venu au point où je ne pouvais plus rien lui pardonner.»

De nombreuses personnes ne se rendent pas compte que pardonner à leur partenaire ne signifie pas qu'elles peuvent ou doivent continuer à vivre avec cette personne ou même qu'il est sain de poursuivre cette relation. En fait, pardonner allège les liens et permet aux deux amants de guérir et de passer à autre chose en se faisant le moins de mal possible.

«Lorsque mon premier mariage a pris fin, a continué Arthur, je n'avais pas peur de m'engager dans une nouvelle relation, mais je ne croyais pas pouvoir tomber amoureux de nouveau. Je me disais qu'après tout j'avais 36 ans.»

La peur qu'éprouvait Arthur de ne jamais plus tomber amoureux était en fait une façon de se protéger contre ce qu'il avait vécu. Malgré sa peur, il souhaitait sincèrement vivre une relation avec une femme. Heureusement, il s'attardait davantage à ce que sa relation lui avait apporté qu'à ce qu'elle lui avait fait perdre. En outre, l'amitié qu'il entretenait avec son ex-femme lui permettait d'évacuer sa vieille amertume et de l'associer à des représentations mentales plus positives.

«Naturellement, je suis tombé amoureux. Je me disais que c'était impossible, mais c'est arrivé. Cette personne était beaucoup plus jeune que moi. Elle avait 15 ans de moins que moi. C'était une fille unique et une très belle femme. »

En choisissant une femme beaucoup plus jeune, Arthur sentait qu'il avait plus de contrôle, comme si elle allait avoir davantage besoin de lui que lui aurait besoin d'elle. En outre, leur différence d'âge lui permettait d'assumer un rôle paternel.

« C'était encore une femme qui voulait devenir actrice. Je me souviens de l'avoir regardée et de m'être dit que si j'allais lui parler, le sort en serait jeté. Même si elle était beaucoup plus jeune que moi, nous nous ressemblions à de nombreux égards. Elle avait cependant de nombreux points en commun avec mon ex-femme. »

Il arrive très souvent que les hommes épousent toujours la même femme sous diverses apparences. Malgré des différences superficielles, elle réapparaît inévitablement, à moins qu'ils ne se soient libérés de patterns profondément ancrés.

« J'ai toujours aimé l'idée d'être marié, m'a expliqué Arthur. Même si je ne croyais plus pouvoir tomber amoureux, je savais que je me remarierais. J'avais toujours su que je voulais des enfants. J'avais l'impression de pouvoir épouser une femme et vivre avec elle, la respecter et l'apprécier sans en être amoureux.

« Ma nouvelle compagne s'appelait Élaine. Intelligente et sportive, elle était d'agréable compagnie et je me disais que je serais heureux d'avoir des enfants avec elle. Je crois qu'on peut voir une personne et savoir exactement quel genre de relation on aura avec elle. La première fois que j'ai vu Élaine, je l'ai reconnue instantanément.

« Elle était beaucoup plus jeune que moi, mais je ne crois pas que je traversais ma crise de l'âge mûr. En fait, une part de l'attirance que j'éprouvais pour elle venait du fait qu'elle avait été enfant unique et qu'elle n'avait toujours compté que sur elle-même. À cet égard, elle était presque le contraire de ma première femme. J'avais l'impression de pouvoir lui apporter beaucoup de soutien, et je savais qu'elle avait des problèmes relationnels. Elle se sentait presque plus à l'aise seule et il ne lui était pas facile de partager. »

Toutes les difficultés qu'Arthur avait repérées dès le début sont devenues à ses yeux des points forts, plutôt que des faiblesses. Elles l'assuraient qu'Élaine aurait besoin de lui, qu'elle ne le quitterait pas (même si elle n'était jamais à l'aise dans une relation) et qu'elle ne deviendrait pas non plus excessivement possessive ou exigeante comme Nathalie.

Mais la vie nous réserve des surprises de taille. Des problèmes apparents constituent parfois un masque qui cache des problèmes diamétralement opposés qui n'éclatent jamais au grand jour. Arthur n'a eu la chance de s'en rendre compte qu'un jour ou deux avant son mariage.

« J'aurais dû prévoir que nous aurions des problèmes lorsqu'elle m'a demandé un jour ou deux avant notre mariage si nous allions devoir être fidèles l'un à l'autre. J'aurais dû savoir qu'elle n'avait pas assez vécu. Je lui ai demandé ce qu'elle voulait dire et elle m'a répondu qu'elle n'était pas prête à être monogame. Nous avons donc convenu d'avoir une relation ouverte. J'avais quelques inquiétudes à ce sujet, mais je me suis dit que tout irait bien. »

C'est là une chose assez étonnante des deux côtés. Encore une fois, Arthur se voyait soudainement privé du soutien et de la stabilité d'une partenaire et d'une femme dans le sens habituel du terme. Le fait qu'il ait accepté l'arrangement que lui proposait Élaine est aussi très intéressant. Il a reconnu qu'il savait que ce ne serait pas facile pour lui, mais que ce serait peut-être intéressant aussi.

Selon le Dr Robert Berk, « ce mariage n'a servi qu'à propulser Arthur dans une dépression encore plus profonde. Il a choisi cette femme parce qu'elle était une réplique de sa mère qui l'avait abandonné et parce qu'il voulait revivre les humiliations qu'il avait connues avec elle. »

Le Dr Berk explique que lorsqu'on choisit le même genre de personne, c'est comme si on essayait de fermer la porte de l'écurie une fois le cheval parti. On pense enfin triompher et on choisit une personne qui recrée le même traumatisme. Naturellement, la relation ne fonctionne pas, mais il est alors trop tard pour refermer la porte.

D'aucuns diront qu'il y a des gens qui sont intérieurement très attirés par les mauvais traitements. Ces gens ont besoin de souffrir et chaque fois qu'ils se font faire mal, ils se débarrassent d'un peu du vieux traumatisme qui les habite.

D'un point de vue plus métaphysique ou karmique, on pourrait dire qu'un individu a besoin de s'infliger de la douleur et des souffrances pour réparer les torts qu'il a causés, soit dans cette vie, soit dans une vie antérieure. La détresse qu'il éprouve rétablit son équilibre et purifie son karma, ce qui lui permet de faire à l'avenir des choix différents.

Il y a aussi d'autres façons d'expliquer pourquoi Arthur a décidé d'accepter un mariage ouvert. Une relation de ce genre ne l'obligerait pas à se rendre à toutes les exigences de sa femme et peut-être s'en est-il senti soulagé. Il n'aurait pas besoin non plus de composer avec une femme jalouse, comme l'avait été sa première femme.

Certains diraient qu'Arthur essayait d'évoluer et de surmonter sa possessivité et sa jalousie. Cet arrangement le laisserait libre de coucher avec d'autres femmes. Le lien l'unissant à sa femme serait naturellement moins profond, mais cela le protégerait en l'empêchant de s'engager dans une relation chaotique sur le plan émotif.

On pourrait dire aussi qu'Arthur tendait vers un nouveau genre d'amour, vers une forme de relation laissant aux deux partenaires l'espace dont ils ont besoin pour être eux-mêmes et vivre leur vie. De ce point de vue, les relations traditionnelles et l'attachement, la jalousie et la possessivité qu'on y associe ne reposent peut-être pas sur l'amour, mais sur une forme glorifiée de dépendance. Ainsi, les nouveaux choix d'Arthur pouvaient l'amener à découvrir l'amour inconditionnel et à apprendre à accepter une personne telle qu'elle est.

Arthur était-il jaloux ? « Je voyais cela comme un défi. Je me disais que c'était peut-être le défi que je devais maintenant relever. Il fallait que je regarde les choses en face. D'une certaine façon, c'était très intéressant. Ma première femme était tellement jalouse qu'elle aurait pu fonder les Jaloux anonymes. J'avais l'impression de prendre congé de la jalousie. »

S'était-il rendu compte qu'il désirait la liberté que cet arrangement lui procurait ? « Oui, d'une certaine façon. Je passais d'un extrême à l'autre. Mais j'ai eu des doutes dès le début. Je ne me sentais pas à l'aise. J'ai eu l'impression de m'éloigner un peu d'elle lorsque j'ai compris comment notre mariage fonctionnerait. Je n'ai jamais aimé l'idée qu'elle voie d'autres hommes, mais si je m'y étais opposé, elle ne m'aurait peut-être pas épousé. J'avais 37 ans. Je voulais des enfants et j'avais peur de ne plus avoir beaucoup d'autres possibilités. »

Arthur a accepté l'arrangement d'Élaine en partie parce qu'il avait peur de la perdre. En plus, il avait peur de ne jamais plus tomber amoureux. Il avait l'impression que ses pouvoirs diminuaient à mesure qu'il vieillissait et il n'avait pas un sens de sa propre valeur assez fort pour pouvoir ériger autour de lui des frontières confortables.

« Nous nous sommes mariés, mais nous avons dû vivre séparément, car je travaillais à New York et elle voulait aller en Californie. J'ai donc passé l'été à New York et je suis allé passer l'hiver avec elle à Los Angeles. L'entente était que nous ne verrions personne d'autre pendant que nous vivions ensemble à Los Angeles, mais cela ne durait que six mois par année. »

Lorsque je lui ai demandé si vivre loin d'Élaine le dérangeait, Arthur m'a répondu : «D'une certaine façon, ça ne me dérangeait pas. J'étais trop occupé. Je gérais une boîte de nuit, je suivais des cours d'art dramatique et je répétais tous les soirs. C'était la liberté pour moi ! C'est quand même drôle – il y avait un équilibre entre nous. Tout d'un coup, il s'est passé quelque chose qui a perturbé cet équilibre et je l'ai très mal pris.

«Elle devait venir passer un long week-end avec moi, mais elle est arrivée une journée en retard. Quand je lui ai demandé pourquoi elle n'était pas arrivée le vendredi, comme prévu, elle m'a répondu qu'elle était en camping avec un autre type. C'en était trop. J'ai explosé. Je voulais bien qu'elle voie d'autres hommes, mais je devais passer en premier. J'avais accepté qu'elle voie d'autres hommes, mais je n'acceptais pas qu'elle soit restée une journée de plus avec quelqu'un d'autre. J'ai senti que c'était un point tournant.»

Tous les sentiments douloureux qu'Arthur avait endurés et réprimés sont remontés à la surface à ce moment-là. Inconsciemment, il s'était senti dénigré, comme en témoignait la douleur qu'il éprouvait. En passant une journée avec son amant plutôt qu'avec lui, sa femme avait fait déborder la coupe.

«Je me suis rendu compte qu'elle avait passé une journée avec un amant plutôt qu'avec moi et je n'ai pas pu l'accepter. J'en ressentais une douleur qui allait au-delà de ce que j'étais disposé à tolérer.»

Arthur avait finalement atteint le point de rupture. Il ne voulait plus de la douleur qu'il vivait et il n'en avait plus besoin. Il s'est rendu compte à quel point sa femme le maltraitait et il a décidé de lutter pour s'en sortir.

Comment une personne sait-elle qu'elle en a assez? Qu'est-ce qui l'aide à se sortir d'une situation abusive? Voici ce qu'explique Annie Linden, pionnière de la programmation neurolinguistique et thérapeute spécialisée dans les relations de couple : «Pour commencer, une personne doit avoir de solides valeurs personnelles. Elle doit savoir ce qui compte vraiment pour elle au lieu de se soucier de ce qui compte aux yeux de la société. Ces valeurs doivent être solidement ancrées en elle.»

De nombreux hommes ont une identité masculine plutôt chancelante. Ce sont leurs réalisations et les réactions de leur compagne qui façonnent ce qu'ils connaissent d'eux-mêmes. Peu d'entre eux prennent le temps de regarder en eux-mêmes et de sonder leurs valeurs fondamentales. Par conséquent, lorsqu'un homme est supplanté par un rival, il en est souvent dévasté.

« En outre, ajoute Annie Linden, une personne doit avoir un sens de ce qu'elle mérite dans la vie. Certains hommes ont l'impression qu'ils ne valent rien et qu'ils ne méritent même pas d'exister. Ils se disent qu'ils n'ont certainement pas le droit d'aimer et d'être heureux. C'est pourquoi il est crucial de cultiver le sentiment suivant : "Je mérite d'être ici et d'avoir ma part de bonheur."

« On devrait peut-être commencer par dire aux gens qu'ils méritent de vivre et de trouver l'amour et le bonheur. Ils ne doivent pas forcément endurer les mauvais traitements. La vie n'est jamais parfaite, mais personne ne mérite d'être maltraité. Les hommes comme Arthur ont besoin de savoir cela.

« Lorsqu'un homme n'a aucun sens de ce qui est intolérable, c'est généralement parce qu'il dépend dans une très large mesure de facteurs extérieurs, comme l'acceptation, le succès, l'argent ou quelque autre chose. Il n'en a jamais assez et son besoin constant de reconnaissance devient alors comme une drogue. »

On le voit particulièrement bien dans le cas d'Arthur, qui avait grandement besoin de l'approbation et du soutien de sa première femme pour donner sa pleine mesure au tennis. Il a été très bouleversé de découvrir que sa deuxième femme faisait passer un autre homme avant lui, car cela voulait dire pour lui qu'elle lui retirait son soutien.

« Lorsqu'une personne est totalement dépendante d'une approbation externe, explique Annie Linden, elle laisse aller les choses beaucoup trop longtemps. Il n'y a rien en elle qui lui dit qu'elle se fait faire mal depuis assez longtemps et qu'elle devrait arrêter de souffrir. »

Cependant, lorsque sa deuxième femme est restée une journée de plus avec son amant, le sens qu'avait Arthur de sa propre valeur s'est effondré. « Nous nous sommes querellés. J'étais très fâché contre elle. À ce moment-là, je ne lui ai pas dit que j'en avais assez. Je savais instinctivement que j'avais atteint mon point de saturation, mais je ne pouvais pas encore le lui dire. Au lieu de cela, je lui ai dit que je ne voulais plus jamais qu'une telle chose se reproduise.

« Elle m'a dit qu'elle ne pouvait pas me le promettre. Elle était égoïste, comme tous les enfants uniques. Elle m'a encouragé à avoir une aventure avec une de ses amies. Je n'en avais pas vraiment envie, mais j'ai suivi son conseil. »

Arthur ne faisait qu'amorcer le long cheminement qui l'empêcherait de se laisser maltraiter. Il s'était rendu compte qu'il en avait beaucoup enduré et qu'il ne pouvait pas en supporter davantage. Il lui fallait faire cette prise de conscience pour pouvoir commencer à lutter.

Après avoir été constamment dénigrés, les hommes ont souvent beaucoup de difficulté à lutter pour s'affranchir des mauvais traitements, car ils ont perdu leur confiance en eux-mêmes et leur sens de leur propre valeur. Il est difficile de se battre pour un moi qu'on ne respecte pas beaucoup. En outre, Arthur avait aussi besoin d'exiger certaines choses d'Élaine, mais il ne pouvait pas encore faire valoir ses exigences très fermement ou révéler à sa femme toute la peine qu'elle lui causait.

À ce moment-là, il était encore dépendant d'Élaine et il ne voulait pas la perdre complètement. En outre, il ne voyait pas encore les effets à long terme que cette relation était en train d'avoir sur lui.

«J'acceptais les choses telles qu'elles étaient. Je vivais une relation avec une autre femme et, tout d'un coup, par hasard, j'ai rencontré ma troisième femme, Heidi.

«Heidi et moi suivions le même cours d'art dramatique. En fait, je me suis mis à flirter avec elle dès le premier cours. Au début, elle ne semblait pas faire attention à moi. Puis, lors du dernier travail en classe, juste avant mon départ pour la Californie, une autre femme m'a demandé de jouer une scène. Heidi s'est alors levée pour me proposer de me donner la réplique. J'étais ravi. C'est comme ça que tout a commencé.

«Lorsque Heidi m'a demandé de jouer la scène avec elle, je lui ai dit qu'il y avait une pièce qui nous convenait parfaitement, *L'amant*. Nous avons répété notre scène quelques fois et nous l'avons jouée au dernier cours. Puis nous sommes tous allés dans un café boire un verre. Heidi et moi n'étions pas assis un à côté de l'autre. Lorsqu'elle s'est levée pour partir, elle a salué tout le monde sauf moi. Je me suis dit que cela devait vouloir dire quelque chose.

«Je lui ai donc téléphoné le lendemain. Elle était ravie que je l'appelle. En y repensant, je me rends compte que je n'aurais jamais pu demeurer dans un mariage ouvert. C'était merveilleux de rencontrer Heidi juste à ce moment-là.»

Très souvent, lorsqu'un homme se rend compte que son mariage ou sa relation amoureuse est terminé, mais qu'il ne peut pas se résoudre à partir, il s'ouvre à une nouvelle partenaire attirante qui lui apporte la force et le soutien dont il a besoin pour se libérer. Elle lui apporte aussi la confirmation qu'il est digne d'amour.

« Je suis retourné en Californie. Par chance, Heidi devait venir à Los Angeles deux semaines plus tard pour un contrat de travail. Par chance ou peut-être était-ce le destin ! Je suis donc parti en Californie et j'ai tout raconté à Élaine. Elle était bouleversée. Elle acceptait très mal d'être quittée. Naturellement, c'est un peu comme être congédié, même d'un poste qu'on n'aime pas. C'est un rejet, peu importe comment on retourne la situation. Je ne crois pas qu'il y ait beaucoup de gens qui acceptent facilement d'être abandonnés. »

Dans ce cas, il est particulièrement intéressant de voir qu'Élaine ne se rendait pas compte qu'elle avait laissé la porte grande ouverte à la possibilité qu'Arthur la quitte, surtout en l'invitant à avoir des aventures. Peut-être Élaine croyait-elle qu'un mariage ouvert était ce qui l'assurait qu'elle le garderait toujours.

« Lorsque je lui ai annoncé que je la quittais, Élaine est devenue complètement hystérique et s'est mise à lancer des objets dans toutes les directions. J'ai eu l'impression qu'elle se conduisait non pas comme une personne profondément blessée, mais comme quelqu'un à qui on vient d'enlever un jouet. À mon avis, elle n'avait jamais été amoureuse de moi. »

Lorsque leur relation s'est enfin terminée, Arthur a pu admettre qu'il ne s'était jamais senti aimé ni accepté d'Élaine et qu'il avait consenti au mariage ouvert pour d'autres raisons.

« J'étais attristé par la façon dont les choses se terminaient entre nous, car il y avait beaucoup d'amertume chez Élaine. Nous ne sommes même pas amis et nous ne nous voyons plus du tout. Mais je sentais que Heidi était la femme parfaite pour moi. Nous étions de la même génération et toute cette histoire de mariage ouvert n'était pas de notre génération de toute façon. »

De nombreuses études sur les mariages ouverts ont montré que les couples optent généralement pour un tel arrangement lorsque leur mariage est en difficulté et que c'est la dernière solution avant la séparation. Les mariages ouverts se terminent souvent par un divorce.

« Heidi travaillait en publicité. Un jour, je l'ai accompagnée à une réunion et j'ai été étonné de voir à quel point elle était agressive. Je lui ai même dit qu'elle était une des pires salopes que j'aie rencontrées et que c'était pour cela que je l'aimais. Je vois de la force chez une personne qui peut être extrêmement cruelle ou méchante. Pour moi, une telle personne est forte. »

Voici enfin une déclaration explicite d'Arthur qui montre bien que la douleur l'attire.

« Je ne me laisse plus faire mal par une femme cruelle, ce qui n'était pas le cas avant. Autrefois, j'étais extrêmement sensible et la moindre parole pouvait me blesser. Après avoir vécu avec ma première puis ma deuxième femme, j'ai pu me rendre compte qu'une personne est telle qu'elle est, et que c'est son problème et non le mien. Même si je peux encore me sentir un peu ébranlé, je ne laisse plus personne me démolir. »

Voit-il la cruauté comme un point fort ? « Je la perçois comme un point fort chez moi. Lorsque j'étais jeune, j'avais l'impression que ma survie dépendait de la force que je pouvais développer, car mon père était très autoritaire. Être cruel était ma seule façon de me défendre contre lui et, à cet âge, cela voulait dire m'isoler dans mon monde. Comme je ne disposais d'aucun autre moyen, je voyais cela comme une force. Maintenant, je crois qu'il est cruel de se replier sur soi-même. »

Voici ce qu'en dit le Dr Epstein : « De nombreux hommes sont attirés par des femmes dures, cruelles et froides parce qu'ils apprécient leur côté masculin. Ce côté d'elles les attire parce qu'il leur fait croire qu'elles sont impossibles à conquérir. Dès qu'ils réussissent à faire plier ce genre de femme, ils s'en désintéressent aussitôt. Il est courant que les hommes perdent tout intérêt pour les femmes trop malléables.

« Il y a beaucoup d'hommes qui sont des chasseurs. Ils chassent leur proie et dès qu'ils l'attrapent, tout est fini. L'excitation n'y est plus. Mais si la proie devient insaisissable, le chasseur y voit un défi.

« Naturellement, une femme aurait besoin de beaucoup de talent pour maintenir l'illusion tout au long de son mariage et toujours demeurer insaisissable pour que celui-ci continue à marcher. C'est là une tâche difficile et exténuante, à moins que la femme n'y soit naturellement disposée. »

Heureusement, Heidi présentait tous les ingrédients voulus en quantités équilibrées pour garder le mariage fonctionnel et en bon état.

« J'ai l'impression d'avoir de la chance, a dit Arthur. Heidi et moi avons deux beaux enfants maintenant. Je ne sais pas ce qui serait arrivé si j'avais rencontré Heidi en premier, car ce n'est pas ce qui s'est passé. J'ai beaucoup appris de mes deux mariages précédents. De ma deuxième femme, j'ai appris l'importance de l'honnêteté dans une relation. Même si elle s'égarait en quelque sorte, elle était très honnête, ce que je trouvais étonnant et totalement incroyable. Ma première femme m'a enseigné ce qu'était le soutien et comment il faut être avec une autre personne. Elle m'en a aussi appris très long sur l'introspection et sur l'art dramatique. Sans elle, je ne crois pas que j'aurais pu être aussi heureux avec Heidi que je le suis maintenant. »

Quand j'ai demandé à Arthur ce qui le faisait rester, il m'a répondu : «Eh bien, je pourrais dire que si j'avais eu des enfants avec mes autres femmes, les choses auraient été différentes. Les enfants font naître des engagements. Ma deuxième femme voulait attendre dix ans avant d'avoir des enfants. De nos jours, il n'y a aucune raison de se marier si on n'a pas d'enfants. Socialement, il est parfaitement acceptable que deux personnes vivent ensemble. Il me semble que la seule chose qui justifie le mariage est l'engagement de faire des enfants ensemble. Ne pas avoir eu d'enfants avec mes autres femmes représentait pour moi l'ultime absence d'engagement.

«Il y a certaines choses que j'aime et si je peux avoir une proportion suffisante de celles-ci, je suis heureux. L'attirance physique est importante. Pour moi, elle fait naître le désir d'avoir des enfants avec une femme. Il faut aussi avoir des intérêts communs et s'apprécier mutuellement, c'est-à-dire avoir le même sens de l'humour et aimer les mêmes plats ou les mêmes activités, comme la danse ou le ski. Mais ma femme doit aussi avoir une vie en dehors de la mienne. Je crois qu'il est réellement important qu'elle ait sa vie et ses intérêts à elle. Elle n'a pas besoin d'avoir une carrière. Il lui faut seulement des champs d'intérêt sur lesquels elle peut me renseigner. C'est là le grand problème de nombreuses femmes. Après avoir eu des enfants, leurs relations se limitent à ceux-ci et leur homme les trouve moins intéressantes.»

COMBATTRE LA JALOUSIE ET LA POSSESSIVITÉ

Pour Paul, un bel Italien dans la trentaine, les mauvais traitements prenaient une autre forme. Il lui était impossible d'échapper aux cris et à la cruauté, d'autant plus que sa femme était la mère de jumeaux.

«J'ai rencontré Catherine, une magnifique beauté brune, lors d'une fête. À l'époque, j'avais 28 ans. Environ un mois et demi plus tard, elle était enceinte de jumeaux. Cinq mois plus tard, je l'ai épousée. Tout s'est passé en sept mois, c'est-à-dire avant que j'aie la chance de me rendre compte de ce qui se passait.

«Tout de suite après notre mariage, nous nous sommes installés chez sa mère. Elle venait d'une famille très conservatrice. J'étais encore un peu adolescent et, à de nombreux égards, je ne me conduisais pas comme une personne de mon âge. Au début, j'étais très heureux d'avoir Catherine comme femme. Elle était vraiment très belle et j'avais l'impression qu'une aussi jolie femme à mon bras rehaussait mon image.»

Bon nombre d'hommes ont besoin d'une femme qu'ils peuvent exhiber pour se sentir mieux dans leur peau. Une jolie femme leur donne plus d'assurance. Ils ont l'impression qu'elle dit au monde qu'ils ne sont pas n'importe qui. Ce genre d'assurance est malheureusement éphémère, plus particulièrement lorsque la femme n'est pas aussi belle intérieurement qu'elle ne l'est à l'extérieur. Dans ces cas, les bons sentiments sont de courte durée.

«Nous avons emménagé avec sa mère, qui était plutôt désagréable. En plus, je me suis vite rendu compte que Catherine manquait d'assurance et qu'elle était extrêmement jalouse. Les problèmes ont tout de suite commencé. Je ne pouvais pas regarder une émission de télé à cause de la fille qui jouait dedans. Nous sommes allés en vacances en Floride, mais elle ne voulait pas que j'aille sur la plage parce qu'il y avait des filles qui ne portaient qu'un cache-sexe. Tout d'un coup, je me suis rendu compte que j'étais coincé. Je ne pouvais même pas adresser la parole à quelqu'un dans un bar.»

La possessivité et la jalousie poussées à l'extrême peuvent être une forme de mauvais traitement. Les individus jaloux essaient d'emprisonner leur partenaire, le privant de la possibilité de vivre sa vie et de se réaliser.

«Un jour, nous étions dans un bar en train de boire un verre. J'aime sortir une fois par semaine, aller dans un bar, rencontrer des gens, discuter ou me remémorer des souvenirs avec des amis. Nous étions donc dans le bar lorsqu'une ancienne amie est arrivée. Elle s'est dirigée vers nous et m'a embrassé sur la joue. Ce n'était qu'une amie et pas une ancienne petite amie. Ma femme était dans le coin, de sorte que je ne pouvais pas me retourner pour la présenter. La disposition des lieux ne s'y prêtait pas. Mon amie s'est éloignée et ma femme a tout de suite explosé parce que je ne l'avais pas présentée. Je lui ai dit qu'il m'avait été impossible de le faire.»

«Un peu plus tard, je suis allé aux toilettes. En revenant, j'ai croisé le regard d'une personne et je lui ai souri. Lorsque je suis arrivé à côté de Catherine, elle m'a lancé son verre en plein visage.»

Il y a une différence parfois ténue entre se montrer amical ou même flirter légèrement avec une personne du sexe opposé et se conduire d'une manière qui puisse susciter la jalousie de sa douce moitié. Chaque couple a ses propres limites dans ce domaine. Chacun doit déterminer ce qu'il est prêt à tolérer et le genre de flirt qui est acceptable dans sa relation.

« Pour moi, le sourire échangé était strictement amical, mais Catherine m'a quand même lancé son verre à la figure. Je lui ai demandé : "Qu'est-ce qui te prend ?" Elle m'a répondu que j'étais un homme marié et que je ne devais pas flirter avec les filles et les embrasser. Je lui ai dit qu'elle exagérait.

« Nous allions aussi dans le New Jersey, où il y avait plein de jolies filles. Ma femme ne me quittait jamais des yeux. Si elle voyait une fille susceptible de me plaire cinq mètres plus loin, elle la remarquait avant moi et se mettait à me fixer pour voir comment je réagirais. C'était infernal. »

À cause de sa jalousie excessive et de son comportement obsessionnel qui frisait la paranoïa, la femme de Paul avait des exigences déraisonnables. Peu importe ce qu'il faisait, elle le soupçonnait. Il ne devait pas seulement réprimer ses impulsions naturelles, mais y renoncer complètement. Catherine interprétait tout comme une avance sexuelle, même si une personne se montrait seulement amicale, chaleureuse ou normalement affectueuse, et Paul était devenu la cible de toutes ses craintes. En fait, devant une obsession aussi intense, on peut aisément croire que sa jalousie était une défense contre ses propres désirs sexuels, ses désirs d'être infidèle ou de voir son mari l'être.

« C'était difficile, mais j'ai tenu le coup. Je me disais que j'avais créé une famille et qu'il fallait que j'arrange les choses. Je me disais qu'il fallait que je lui prouve que je l'aimais et que je voulais être avec elle. J'ai donc acheté une maison à Long Island et je passais ma semaine de travail à Manhattan. Je restais en ville du lundi au vendredi et j'allais retrouver ma famille le week-end. Je pouvais ainsi limiter le temps que je passais avec elle, qui était trop difficile à supporter, car j'avais constamment l'impression d'être puni. »

Lorsqu'on porte le fardeau des délires de quelqu'un, c'est comme si on était emporté dans un tourbillon. Les personnes qui font l'objet d'autant de soupçons finissent par s'engager dans une lutte pour préserver à la fois leur santé mentale et leur vie. Elles luttent aussi pour leur dignité et pour conserver le sens de leur propre valeur. Très souvent, elles ne se rendent compte ni de l'étendue des problèmes psychologiques de leur partenaire ni du fait que rien qu'elles puissent faire n'améliorera les choses. Même s'il se livrait à une lutte perdue d'avance, Paul était déterminé à tout faire pour préserver son mariage.

« J'ai 18 amis et mes 18 amis maintenaient une façade pour moi, même s'ils me disaient tous que ma femme avait de gros problèmes. »

Même quand les amis essaient d'exprimer leur point de vue et de dénoncer les délires de la femme d'un ami maltraité, il arrive souvent que celui-ci ne veuille pas entendre la vérité. Un homme peut mettre beaucoup de temps à reconnaître que sa femme souffre de maladie mentale et qu'il n'est que l'homme maltraité dont ce n'est pas la faute.

« Mes parents habitent en Floride et nous sommes allés leur rendre visite. Nous étions tous dans la maison en train de regarder un film à la télé. Il y a eu une scène de sexe et tout d'un coup nous avons entendu des portes se fermer. Comme je vous l'ai dit, nous étions chez ma mère, en Floride. Je me suis retourné et j'ai demandé à ma mère ce qui se passait. C'est ma femme qui a répondu, me sommant de venir la retrouver immédiatement dans la pièce d'à côté.

« Je lui ai répondu que j'arrivais tout de suite. Je croyais que c'était à cause des enfants ou d'un quelconque problème, mais elle m'a dit : "Comment oses-tu me manquer de respect en regardant de la pornographie ?" Je lui ai répondu que, premièrement, j'étais avec mes parents et que, deuxièmement, je ne voulais pas qu'on me manque de respect devant mes parents !

« Mes parents ne pouvaient pas la sentir. Ils ne comprenaient pas comment une aussi jolie fille pouvait se conduire de la sorte. Mais j'étais le type d'homme à la prendre sous mon aile et à prendre soin d'elle. »

Plus Catherine devenait difficile, plus Paul essayait de « prendre soin d'elle », d'arranger les choses et de lui prouver qu'il était fidèle. Il avait l'impression qu'il ne ferait que lui donner raison s'il la quittait.

Dans une telle situation, les projections d'une personne jalouse risquent de déteindre sur son partenaire, qui se met lentement à croire que ce qu'elle dit sur lui est vrai. Cette forme de maladie mentale semble contagieuse. La jalousie et les incessantes récriminations de l'un finissent par perturber l'autre et ébranler son équilibre mental et le sens qu'il a de sa propre valeur.

« J'avais l'habitude d'aller passer mes week-ends à Long Island. Je cumulais deux emplois pour pouvoir garder la maison. Je payais l'hypothèque, le chauffage et l'électricité, et je donnais de l'argent à ma femme. J'étais trop bon avec elle. Je voulais qu'elle me respecte, mais elle me disait que tout bon père de famille ferait la même chose. »

Paul travaillait très fort et recherchait désespérément la reconnaissance et le respect qu'il croyait mériter. Plus il avait besoin de reconnaissance, cependant, plus il s'en sentait privé. Catherine le gardait uniquement en l'appâtant un peu plus chaque fois.

« Je lui ai dit que j'avais besoin d'amour et d'affection. "J'aimerais que tu me dises que je suis un homme super", lui ai-je demandé. "Même quand tu parles au téléphone avec tes amies, j'aimerais que tu leur dises quel bon mari je suis. Tu peux rester à la maison et prendre soin des enfants. Tu élèves tes enfants. Ils ne sont pas à la garderie ou chez ta mère." »

« Mais elle ne voulait pas. Elle refusait de me donner de l'amour et de l'affection. Je lui ai dit qu'elle pourrait au moins me remercier. Elle ne voyait pas ce que je voulais dire et se fâchait. Elle me disait que tout homme ferait ce que je faisais et que je n'avais rien de spécial. »

La relation de Paul et de Catherine était devenue une relation de maître et d'esclave – une relation sadomasochiste. Paul était devenu son esclave pour avoir de l'amour. Mais plus il se conduisait en esclave, plus elle le maltraitait.

« J'étais engagé envers elle à cause des enfants. Je faisais tout ce qu'un homme doit faire et plus encore. On ne voit pas beaucoup de familles où le mari occupe deux emplois. De nos jours, le mari et la femme travaillent. Je faisais tout ce que je pouvais pour ma famille. N'avais-je pas droit au respect ? »

Ce besoin de respect et de reconnaissance était à la base même de l'identité de Paul. Il avait mis toute sa valeur en tant qu'être humain entre les mains de sa femme. Inutile de dire qu'une telle erreur peut avoir des conséquences désastreuses. Un individu doit toujours se façonner une identité propre que personne ne peut lui enlever.

Peu importe tout ce que faisait Paul pour prouver sa valeur, Catherine ne pouvait reconnaître l'amour qu'il avait pour elle, car elle aurait été incapable de lui rendre cet amour. Il fallait qu'elle le voie comme un vaurien, la source de tous ses malheurs.

« Je la suppliais de simplement me dire qu'elle m'aimait. Elle me répondait toujours qu'elle était fâchée contre moi et que ce n'était pas le moment. Je continuais à la supplier et elle finissait par me le dire du bout des lèvres. Mais elle ne m'aimait pas et je le savais. Si je m'étais senti aimé, je n'aurais pas eu besoin de lui demander de me le dire. J'aurais su qu'elle m'aimait. »

Dans un couple, ce genre de comportement abusif peut se jouer sur le plan sexuel ou sur le plan émotif. La personne qui joue le rôle d'esclave se sent de plus en plus dévalorisée (comme pendant son enfance), tandis que l'autre, qui est le maître, développe un faux sens de pouvoir sur elle. Il arrive souvent que ces rôles s'accentuent de manière très négative lorsque les deux partenaires laissent sortir la rage qu'ils éprouvaient enfants devant leurs besoins émotionnels et leur impuissance à les combler.

« J'ai finalement commencé à négliger mon travail. Je me disais que je n'en pouvais plus. J'avais acheté une voiture neuve à Catherine et j'avais fait tout ce que j'avais pu. J'avais l'impression de l'acheter au lieu de l'aimer. Elle ne me désirait que lorsque je lui offrais des biens matériels.

« Elle était gentille avec moi le vendredi après-midi, mais elle devenait méchante le dimanche après-midi lorsque je repartais. Elle ne m'a jamais demandé de rester. Elle ne m'a jamais dit que je travaillais trop fort. Elle ne m'a jamais proposé de se trouver un emploi pour contribuer au ménage et nous permettre de passer plus de temps ensemble, d'être une vraie famille. Elle n'a jamais rien fait de la sorte.

« C'est une crise de jalousie monstre qui a fait déborder le vase. Peut-être ai-je mentionné une ancienne petite amie ou alors je parlais au téléphone avec mes amis, car je n'avais pas le droit de faire cela.

« Nous avons eu une violente dispute. Il y avait une jolie fille qui habitait en face. Elle est passée dire bonjour et j'ai jasé avec elle. Ma femme a mal interprété les choses et la guerre a éclaté entre nous. Elle était du genre à s'enfermer dans une autre pièce lorsque j'essayais de lui parler. Elle m'a dit que j'étais un raté. Ce jour-là, je n'ai pas mâché mes mots et je l'ai traitée de folle. Nous nous sommes mis à nous crier des injures et je lui ai dit des choses très blessantes avant de descendre m'installer sur le canapé du salon. Tout d'un coup, j'ai entendu les voitures. Les policiers sont arrivés et m'ont dit que ma femme les avait appelés parce que je l'avais menacée. Je n'avais jamais levé la main sur elle.

« Elle exigeait que je quitte les lieux. J'ai dit que j'étais chez moi et que je ne partirais pas. Elle a signé une plainte comme quoi je devrais être arrêté pour harcèlement. On voulait que je m'en aille.

« Par la suite, elle m'a fait parvenir des papiers pour le divorce et je l'ai suppliée de me reprendre. Je lui ai dit que c'était sa jalousie que je ne pouvais pas supporter. Elle m'a dit qu'elle était parfaitement normale et que c'était moi qui étais malade. J'ai commencé à croire que c'était peut-être le cas. »

Dans le tourbillon d'une telle spirale, on perd souvent le sens de la réalité et on ne perçoit plus les choses normalement. Personne ne sait plus qui a commencé. C'est un peu comme se retrouver dans des sables mouvants.

« J'ai fini par me tourner vers mes amis pour obtenir des conseils. Ils m'ont tous dit qu'ils avaient renoncé à me faire entendre raison. Peu importe ce qu'ils me disaient, m'ont-ils expliqué, je revenais toujours à ma femme. D'une certaine façon, j'avais l'impression qu'elle m'obsédait. Il fallait que je sois avec elle parce que je ne voulais pas qu'elle soit avec quelqu'un d'autre. »

La peur de Catherine avait déteint sur lui. La pensée qu'elle puisse être avec quelqu'un d'autre le terrifiait et le bouleversait. Cependant, cette peur découlait davantage de la perte de son estime de lui-même que d'un désir de rester avec elle. Il avait peur parce qu'il se sentait rejeté et avait l'impression d'être un raté.

Pour rompre un lien comme celui-là, une personne doit passer par une véritable prise de conscience. Elle doit se rendre compte que partir sera une victoire et non une défaite, que cela lui permettra de reprendre sa vie en main.

« J'ai commencé à réfléchir sérieusement à ce qui était allé de travers. Je suis du genre qui peut se fâcher contre quelqu'un, mais il suffit que j'arpente la pièce une fois pour m'excuser et dire que tout est oublié.

« De son côté, Catherine était très rancunière et ça lui prenait trois ou quatre jours avant de céder. Après une dispute, j'aurais aimé que nous sortions ensemble au lieu de continuer à en parler ou d'agir comme si rien n'était arrivé. Mais elle n'était pas comme moi. Il lui fallait du temps pour oublier.

« Un jour, je suis rentré à la maison et il n'y avait plus de clés. Je lui ai demandé où étaient les clés et elle m'a répondu qu'elle les avait enlevées parce que je n'étais plus bienvenu dans la maison. Je lui ai demandé ce qu'elle voulait dire. Je payais tout. Tout d'un coup, c'était elle qui décidait ? Au lieu de s'asseoir et de me parler, elle se montrait cruelle.

« Après cet incident, je n'ai plus eu les clés de ma maison et je n'y étais plus le bienvenu. Lorsque je téléphonais pour parler aux enfants, elle me disait qu'elle me dénoncerait pour harcèlement téléphonique si je n'arrêtais pas d'appeler.

« Je suis parti maintenant. Je ne sais pas comment je réagirais si je la revoyais. C'est pour cela que je ne lui parle jamais et elle ne me téléphone pas, elle non plus. Elle n'appelle jamais. Elle sait cependant que j'ai des enfants et qu'il faut que j'appelle pour prendre des dispositions à leur sujet. Ce qui m'affecte le plus est de voir des enfants dans leur famille. »

Au point où il en était, Paul ne pouvait faire autre chose que de partir, et ce n'était pas uniquement pour les enfants. Les querelles et les abus entre Catherine et lui ne pouvaient que s'intensifier. À moins de faire intervenir un professionnel, il pouvait être dangereux pour toute la famille qu'il reste avec Catherine.

J'ai demandé à Paul quelle femme pouvait le retenir. « Une très belle femme, m'a-t-il répondu. Au lieu de sortir avec une femme ordinaire, sachant qu'elle me traitera bien, je préfère être le centre d'attention et avoir une femme superbe à mon bras. Au lieu de miser sur la personnalité d'une femme, c'est toujours son apparence qui me séduit, même si cela ne marche jamais. Je serais le premier à reconnaître que j'ai ce problème. »

Paul doit travailler sur son sens de l'identité, qui est encore fragile, car il dépend trop de l'approbation des autres. Paul doit développer un véritable sens de lui-même.

« Il y a des femmes moins belles qui m'auraient payé pour sortir avec elles, mais elles ne m'ont jamais intéressé, car je ne les trouvais pas assez séduisantes. Je voulais une femme qui impressionnerait mes amis. Mais je me suis rendu compte qu'au bout d'un certain temps, une femme méchante devient moins belle.

« Maintenant, lorsque je vois des femmes, j'écoute tout ce qu'elles disent deux fois plutôt qu'une. Au début, je courais après toutes les femmes pour voir si j'étais toujours séduisant. Je voulais voir si quelqu'un voudrait bien sortir avec moi. »

Lorsque j'ai demandé à Paul s'il s'était senti diminué par toute cette aventure, il m'a répondu : « Diminué n'est pas le mot. Détruit serait plus juste. Je commence à reprendre de l'assurance parce que j'ai coupé tous les ponts avec Catherine. Elle ne me manque pas du tout, mais les enfants et la maison me manquent.

« Voici ce que j'aimerais dire aux femmes : "Quand vous aimez un homme, montrez-le-lui. Faites-lui savoir que vous l'aimez. Communiquez. Faites-lui sentir qu'il est bienvenu et que vous l'appréciez. C'est tout ce que je demande. Si vous aimez votre homme, embrassez-le sur les lèvres quand il rentre du travail et dites-lui que vous l'aimez. Demandez-lui s'il a passé une bonne journée. Intéressez-vous à sa vie. Ne le laissez pas assumer seul la responsabilité du travail — faites-en sa fierté." J'adore être aimé. Je veux que tout le monde m'aime et je n'ai pas peur de le dire à voix haute.

« C'est ce que j'ai dit à la nouvelle femme avec qui je suis. Je lui ai dit que s'il y avait un problème, il fallait que nous en parlions. Je lui ai demandé de ne pas me fuir et de ne pas me raccrocher le téléphone au nez.

« Je vais de mieux en mieux. Je m'en suis sorti vivant. C'est déjà quelque chose ! »

CONSEILS À RETENIR
**Comment composer avec les hommes
qui ont été maltraités**

POUR LES FEMMES

- Un homme qui a été maltraité peut inspirer un comportement abusif à sa partenaire et vice versa. Faites attention. Si vous vous apercevez que vous avez un comportement abusif, éloignez-vous pendant un bout de temps et travaillez sur vos émotions avec un professionnel.
- N'essayez pas de guérir ses blessures s'il a besoin d'aide professionnelle. Pardonnez-vous de l'avoir choisi et passez à autre chose.
- Prenez soin de ne pas créer de situations de vie inhabituelles ou de vous accommoder de telles situations pour compenser des déséquilibres fondamentaux dans votre couple. Regardez les choses en face. C'est toujours la meilleure solution.
- Sachez qu'amour et douleur ne sont pas une seule et même chose. Vous et votre partenaire méritez ce qu'il y a de mieux. Optez pour la liberté et le courage. On ne se trompe jamais quand on choisit la santé.
- Appuyez-le dans sa carrière.
- Ménagez sa dignité et son sens de sa valeur.
- Respectez-le. Reconnaissez les efforts qu'il fait pour vous.
- Si vous êtes jalouse et possessive, suivez une thérapie. Si vous ne pouvez pas lui faire confiance, quittez-le. Une relation sans confiance est vouée à l'échec.

POUR LES HOMMES

- Prenez conscience que l'amour et la douleur ne sont pas la même chose. Vous n'avez pas besoin de payer un prix aussi élevé pour le peu d'amour que vous recevez.
- Au lieu de blâmer votre partenaire, obtenez de l'aide professionnelle pour comprendre pourquoi vous restez dans une telle relation. Quels sont les besoins que cette relation comble?
- Travaillez fort sur votre sens de votre propre valeur. Une relation abusive détruit l'estime de soi. Concentrez-vous sur ce qui a de la valeur en vous. Ne laissez pas votre relation détruire votre confiance en vousmême.

- Fixez-vous une date limite après laquelle vous n'endurerez plus aucun comportement destructeur. Expliquez à votre partenaire qu'à moins que vous n'obteniez tous les deux de l'aide professionnelle d'ici là, vous serez forcé de partir.
- Examinez les façons dont vous avez vous-même été destructeur avec les autres, y compris votre partenaire. Faites des excuses et demandez pardon.

> *Plus Jack a peur de Jill*
>
> *Plus Jack a peur de ne plus avoir peur de Jill*
>
> *Car il est très dangereux de ne pas avoir peur*
>
> *Devant une personne aussi dangereuse.*
>
> R.D. LAING

CHAPITRE 13

Les hommes qui quittent leur femme pour un homme

Il existe un magnétisme naturel qui choisit pour chacun ce qui lui appartient.

RALPH WALDO EMERSON

Certains hommes savent dès un très jeune âge qu'ils veulent être avec un homme. D'autres découvrent plus tard qu'ils se sentent plus libres d'aimer lorsqu'ils ont un partenaire du même sexe. Enfin, il y a des hommes qui découvrent leur orientation sexuelle après avoir été mariés ou avoir vécu longtemps avec des femmes. Leur processus de découverte est parfois très long.

Guillaume et Charles, qui sont en couple depuis 16 ans, voulaient discuter de leur relation particulière. Guillaume, 70 ans, est un homme chaleureux et vif d'esprit. Il a les yeux bruns et le sourire facile. Charles est professeur dans un collège. C'est un bel homme blond d'une cinquantaine d'années. Tous deux semblaient très à l'aise de parler de leur relation et de leur vie avant qu'ils se rencontrent.

«Nos histoires sont très différentes, a raconté Guillaume. J'ai été marié pendant 20 ans et j'ai eu un fils. Je n'étais pas heureux dans mon mariage depuis quelque temps. Je suis parti parce que j'avais besoin de découvrir qui j'étais et non pas parce que j'étais gai. J'ai probablement toujours été gai, mais je ne m'étais jamais permis de le comprendre. Je suis certain que mon mariage en a beaucoup souffert pendant toutes ces années.

«En réfléchissant, j'ai bien vu que j'avais toujours été gai. Mes moments les plus heureux survenaient lorsque je dansais. À 16 ans, je suivais des cours de danse moderne. Lorsque j'allais au ballet (que ma sœur m'avait fait connaître assez jeune), je remarquais toujours à quel point les danseurs étaient beaux.»

Avait-il été difficile pour lui de passer tout ce temps avec une femme? «Je n'avais jamais été sexuellement attiré par une femme avant de rencontrer ma femme. Les choses ont peut-être été différentes avec elle parce que j'avais besoin de quelqu'un à ce moment-là.»

Était-il plus heureux et se sentait-il mieux depuis qu'il vivait avec un homme? «Je suis capable d'aimer beaucoup plus librement maintenant. J'ai rencontré d'autres hommes qui ont peur de comprendre qu'ils sont gais. Ils se marient et se rendent compte beaucoup plus tard qu'il y a quelque chose qui cloche. Je connais bon nombre d'hommes qui sont passés par là.»

Howard Rosen, un thérapeute gai, dit qu'il se pose toujours les questions suivantes: «L'attirance d'un homme gai pour une femme repose-t-elle davantage sur des raisons sociétales que sur des justifications psychiques? Se fonde-t-elle sur un désir de normalité ou sur le désir de retrouver la mère? Un homme peut voir une très belle femme et se dire qu'il veut la désirer. Il veut être comme les autres, faire comme ses parents et prendre sa place dans la société. En son for intérieur, cependant, il désire être avec un homme, de sorte qu'il finit par se retrouver avec un terrible conflit intérieur. Certains hommes vivent avec ce conflit toute leur vie.»

Lorsque j'ai demandé à Guillaume comment sa femme avait réagi lorsqu'il lui avait dit qu'il était gai, il m'a répondu: «Lorsque nous nous sommes séparés, nous avons décidé que notre fils aurait toujours deux parents qui l'aimaient. Il a toujours pu compter sur nous. Nous avons toujours été proches et nous avons toujours eu une bonne relation. À un moment, je suis sorti avec un homme que ma femme et mon fils connaissaient, mais ils pensaient que nous n'étions que de bons amis. Lorsque nous avons rompu, j'en ai été très affecté. J'ai confié ma détresse à ma femme, qui m'a dit que je parlais comme quelqu'un qui venait de perdre son amant. Sans y penser, j'ai répondu que c'était le cas. C'est comme ça que je lui ai dit que j'étais gai. Elle en a été stupéfaite et scandalisée. "Comment pouvais-je faire une chose pareille à mon fils?" s'est-elle écriée. Je lui ai demandé ce qu'elle voulait dire, et je lui ai dit que je ne lui avais rien fait.

«Par la suite, elle a accepté le fait que je sois gai et elle a parlé à notre fils d'homosexualité et d'hommes gais. Ce n'est que plus tard, après avoir travaillé sur moi-même et développé une conscience politique, que j'ai eu l'impression de cacher quelque chose de très important à mon fils. Je sentais qu'il y avait un mensonge entre nous. Finalement, je lui ai dit que j'avais quelque chose d'important à lui expliquer. Et je lui ai dit que j'étais gai. Il m'a dit alors: "Si c'est ainsi que tu veux vivre, je n'ai rien contre, mais fais en sorte que personne ne le sache." Il avait 11 ans. À partir de ce moment-là, j'ai été très ouvert avec lui et les choses se sont toujours bien passées. Quand je lui ai demandé plus tard ce qu'il pensait de mon homosexualité, il m'a dit qu'il avait cru au début que je changerais. Mais ce n'est pas arrivé. J'étais toujours son père et il savait que je serais toujours là pour lui. Nous sommes très proches, encore maintenant.»

Guillaume avait peur que ce soit un mensonge entre eux et non pas le fait qu'il soit gai qui gâche sa relation avec son fils. Après avoir parlé franchement, ils ont pu continuer tous les deux à mener leur vie tout en demeurant très proches. Inutile de dire qu'une grande part de la détresse que ressentent les hommes gais, et plus particulièrement ceux de la génération de Guillaume, vient de leurs sentiments de honte et de leur piètre estime d'eux-mêmes devant le rejet de la société.

Voici ce qu'en dit le thérapeute gai Howard Rosen: «De nombreux hommes commencent très tôt à ressentir des désirs homosexuels et ils se demandent ce qui ne va pas chez eux. Ils se disent qu'ils sont malades et qu'ils doivent travailler à réprimer ces désirs. Un homme doit révéler son homosexualité à son milieu. Par conséquent, s'il est dans un milieu qui l'accueillera mal ou s'il éprouve un trop fort désir de normalité, il réprimera ses désirs homosexuels pendant aussi longtemps qu'il le pourra et suivra une voie plus hétérosexuelle.»

«Est-il bénéfique ou destructeur qu'un homme agisse de la sorte?» ai-je demandé à Howard Rosen. «Très destructeur, a-t-il répondu, car il n'assume pas ses véritables sentiments, ce qui signifie qu'il vit un mensonge. Mais je dois dire que certains hommes que je connais ont développé des relations très agréables avec leur femme grâce à l'intimité qui existait entre eux. Mais il faut qu'il y ait cette intimité et une attirance sexuelle, sinon la sexualité finit généralement par décliner. L'homme peut sublimer ses désirs homosexuels par amour pour ses enfants ou les orienter vers d'autres buts, mais ils reviennent tôt ou tard ou causent d'autres sortes de symptômes. C'est un problème compliqué. Bon nombre d'hommes qui subliment leurs désirs homosexuels restent mariés pendant un certain temps, mais ils ont des aventures avec des hommes. Et cela est une autre source de détresse, tant pour eux que pour leur femme. »

« Quand j'allais draguer, m'a dit Guillaume, j'étais terrifié, mais je cherchais partout des endroits où je trouverais des hommes gais. Je savais que c'était ce que je devais faire. Mais je dois vous dire que je n'ai pas commencé à chercher un homme tout de suite après avoir quitté ma femme. Il y a d'abord eu Caroline, que j'avais rencontrée dans un centre de villégiature. Elle se cherchait un mari et, à mon insu, elle avait des visées sur moi. Elle a rencontré un autre type, puis elle est revenue. Nous sommes sortis ensemble et nous avons couché ensemble, mais nos ébats amoureux n'avaient rien d'extraordinaire, à cause de moi. Elle m'a demandé si c'était le sexe ou l'amitié qui comptait le plus pour moi et je lui ai répondu que c'était l'amitié. C'était il y a 25 ans et nous sommes encore de bons amis. Après cela, je suis sorti avec quelques autres femmes, mais ça ne menait jamais nulle part. Je ne savais pas encore ce que je voulais vraiment.

« J'avais beaucoup de difficulté à être avec des hommes. J'ai rencontré un homme qui avait quitté sa femme et qui ne pensait plus qu'à baiser avec des hommes. Je ne pouvais pas me laisser aller de la sorte. J'avais toujours réprimé ma sexualité et c'était l'une des raisons pour lesquelles j'étais incapable de vivre mon homosexualité – quand j'y repense, je sais que j'ai toujours été attiré par les hommes.

« Lorsque j'ai rencontré Charles, tout a changé. Nous vivions une relation réelle et c'était merveilleux. Nous avons mis beaucoup de temps tous les deux à nous adapter à cette nouvelle relation. Mais nous sommes encore très heureux ensemble. »

Quand Charles s'est mis à parler de la façon dont il avait vécu la découverte de son homosexualité et sa relation avec Guillaume, il a lancé fièrement qu'il était très heureux qu'ils soient ensemble depuis 16 ans. « C'est une longue relation pour n'importe qui. Peut-être a-t-elle duré aussi longtemps parce que nous ne vivons pas ensemble ! Nous nous voyons pendant la semaine et les week-ends, et nous passons deux semaines ensemble l'été, pendant les vacances. Pendant ces deux semaines, nous sommes tout le temps ensemble. Autrement, nous avons des vies très différentes. Nous aimons avoir notre propre espace et nous voir quand nous en avons envie. C'est une excellente formule que je recommande à tous les couples. »

Charles m'a expliqué que comme il y avait une grande différence d'âge entre eux, ce qu'ils avaient vécu avant de révéler leur homosexualité au grand jour avait été très différent. Guillaume a découvert qu'il était gai à l'âge de 49 ans, tandis que Charles l'a découvert à 29.

« Je ne m'étais jamais senti comme un homme gai, a expliqué Charles, même si j'étais attiré par des personnes de mon propre sexe depuis ma tendre enfance. Les hommes m'attiraient aussi au secondaire, puis à l'université. »

Sortait-il avec des femmes ? « Bien sûr. J'étais un Américain, non ? Les Américains n'ont vraiment pas le choix. Je suis allé au bal des finissants et je me trouvais toujours des petites amies. Heureusement, les relations sexuelles n'étaient pas à l'ordre du jour. Si un homme en voulait vraiment, c'était possible, mais ce n'était certainement pas mon cas.

« J'appréciais énormément la compagnie des femmes et je l'apprécie encore. J'ai beaucoup d'amies, mais je n'ai jamais eu le moindre désir sexuel pour elles. Quand ma sexualité a commencé à s'éveiller, je ne savais pas exactement ce que devaient être les désirs sexuels, mais je me disais que j'en ressentaient pour le mauvais sexe. J'avais l'impression que ce que les hommes ressentaient pour les femmes était ce que j'éprouvais pour les personnes de mon propre sexe. Mais je n'avais pas de modèle et je ne savais pas ce qui m'arrivait. Même lorsque je suis allé dans un collège pour garçons seulement, il y avait toujours des filles autour de moi. Je trouvais toujours une fille pour m'accompagner dans les surprises-parties les week-ends.

« C'était en 1968. La révolution sexuelle venait à peine de commencer et les choses étaient encore bien tranquilles. Plus tard, cependant, pendant mes dernières années d'études, tous mes copains ramenaient leur petite amie au dortoir. »

Charles se sentait-il forcé d'avoir des relations avec une femme ? « Oui, bien sûr, car je prenais mon rôle de citoyen très au sérieux. Je savais ce qu'on attendait de moi et je voulais sincèrement être à la hauteur. Et je l'aurais été si j'avais pu. »

C'est là un argument important dont beaucoup de gens n'ont pas conscience. De nombreux hommes gais auraient opté de préférence pour l'hétérosexualité, si seulement ils l'avaient pu. Pour un homme gai, il est difficile et douloureux de s'exposer à l'ostracisme de la société et de décevoir sa famille.

Selon Arlene Litwack, psychanalyste qui traite des couples gais et hétérosexuels, il est erroné de croire que ce sont des patterns particuliers qui font pencher une personne vers une orientation sexuelle ou l'autre. «Il est très compliqué d'expliquer pourquoi une personne est gaie, dit-elle, et on ne peut pas en parler en professant toutes sortes de lieux communs. Il est faux de soutenir qu'une personne est gaie pour une raison en particulier – les causes sont toujours multiples et il faut traiter chaque cas individuellement.

«Peut-être est-il plus important de comprendre les pensées, les expériences et les émotions qui font qu'un homme vit avec un autre homme une expérience psychologique et physique plus enrichissante qu'avec une femme, souligne Mme Litwack.»

«Lorsque j'étais étudiant en maîtrise, j'ai vécu avec une femme pendant plus de deux ans, a poursuivi Charles. Rachel et moi avons eu des relations sexuelles très intenses pendant un peu plus d'un an.»

C'est là une autre chose qu'on ne comprend pas très bien. Même si un homme gai réussit à faire l'amour à une femme et même s'il y prend plaisir, il n'est pas véritablement lui-même. Il n'agit pas en harmonie avec sa nature profonde.

«Lorsque Rachel et moi avons emménagé ensemble, nous avons pris la voie de la dysfonction sexuelle. Quand nous sortions seulement ensemble, tout allait bien. Je l'aimais vraiment. Je me sentais très affectueux envers elle. Je n'ai jamais trouvé son corps répugnant; elle m'excitait. Mais je n'avais encore jamais été avec un homme.

«J'avais toujours pensé que je me marierais et que j'aurais des enfants, et je suis passé dangereusement près de le faire, car notre vie sexuelle s'est rapidement mise à décliner. En fait, c'est le marché du travail qui nous a finalement séparés. À la fin de nos études, nous avons obtenu des postes en enseignement dans des villes très éloignées l'une de l'autre.

«Rachel ne voulait pas reconnaître que notre relation était finie, même si nous étions séparés géographiquement. C'est vers cette époque que j'ai vécu ma première expérience avec un homme qui m'avait séduit lors d'un repas.

«Je pensais que ça ne m'arriverait jamais, mais lorsque c'est arrivé, c'est tout un autre monde qui s'est ouvert à moi. J'étais choqué par ma propre réaction. Évidemment, il fallait que j'en parle à Rachel. Mon histoire l'a complètement bouleversée, car c'était la troisième fois qu'elle tombait amoureuse d'un homme qui décidait de vivre son homosexualité.

Je n'en revenais pas. Il y a tellement d'hommes chez qui le désir d'être gai demeure latent parce que celui de se faire accepter par la société est beaucoup plus fort ! »

Il est à la fois intéressant et important de noter que Rachel est tombée amoureuse de trois hommes qui étaient gais. Il est clair qu'elle attirait ce genre d'homme, et son cas n'est pas aussi rare qu'on pourrait le croire. De nombreuses femmes sont dévastées lorsqu'elles découvrent que l'homme qu'elles aiment est gai, mais il faudrait qu'elles comprennent qu'un homme qui quitte sa femme pour un autre homme ne le fait pas parce qu'il la rejette. Il comble simplement un désir plus profond et plus primitif qui le tenaillait bien avait qu'il la connaisse.

« Nous fréquentions l'université Yale à l'époque et même s'il existait une association des gais et des lesbiennes, les gens n'étaient pas très ouverts. Ce n'était pas quelque chose que je me sentais libre d'explorer. À cette époque, jamais je ne serais allé à une réunion de cette association.

« Après mon expérience avec un homme, je me suis rendu compte que je me sentais beaucoup plus à l'aise avec une personne de mon propre sexe, m'a expliqué Charles, et beaucoup plus comblé sexuellement. Je ne le savais pas lorsque j'avais commencé à sortir avec Rachel. Ce n'est pas qu'elle ne me satisfaisait pas, mais mon expérience avec un homme m'a vraiment ouvert les yeux.

« Après cette première expérience, je voulais rencontrer d'autres hommes. Heureusement, je suis déménagé à New York, où il y avait beaucoup d'hommes gais. En arrivant, j'ai trouvé difficile d'aller vraiment vers les hommes, mais je l'ai fait. Je me suis mis à chercher des hommes gais et j'en ai trouvé.

« Je n'ai pas rompu avec Rachel avant de rencontrer quelqu'un avec qui je vivais une relation stable. Avant cela, nous gardions le contact par téléphone. Elle me manquait. Elle était venue me rendre visite à Noël et nous avions passé de bons moments ensemble. Nous n'avions pas fait l'amour et nous n'en avions pas vraiment parlé. C'est environ six semaines plus tard que j'ai rencontré un homme à qui je pouvais me donner entièrement.

« Louis était un homme très divertissant, qui l'est encore d'ailleurs. Il travaillait dans le domaine du théâtre et cela me fascinait. Nous avons été ensemble pendant environ deux ans. J'ai rompu avec lui parce que j'étais jaloux du théâtre — il y consacrait tout son temps. Environ deux ans plus tard, j'ai rencontré Guillaume et nous sommes ensemble depuis. Et très heureux, dois-je ajouter. »

On pourrait croire que Charles a quitté Rachel pour Louis, mais ce n'est pas vraiment le cas. Dans un certain sens, elle était une compagne de transition, jusqu'à ce que la bonne personne se présente.

« J'ai tout avoué à Rachel au téléphone et elle en a été dévastée. Nous nous sommes retrouvés de temps en temps après cela. Même avant que je le lui dise, je crois qu'elle avait compris qu'un mariage entre nous n'aurait pas marché. Elle s'est mariée depuis et elle a deux filles. Nous nous envoyons parfois des courriels, encore aujourd'hui.

« Autrefois, il était beaucoup plus difficile de révéler son orientation sexuelle. Les gens se scandalisaient plus facilement. De nos jours, les jeunes semblent connaître leur orientation sexuelle lorsqu'ils arrivent à l'université. Mais j'ai des doutes à ce sujet-là, c'est-à-dire qu'on puisse être sûr de qui on est à 18 ou à 19 ans. À cet âge, on est toutes sortes de choses.

« Cette liberté de déclarer son orientation sexuelle peut enfermer une personne dans une autre sorte de prison. Par exemple, un homme se déclare gai à l'âge de 19 ans et il découvre à 22 ans qu'il préfère les femmes. Qu'est-il dans ce cas ? »

Charles pense-t-il qu'une personne qui se croit gaie puisse devenir hétérosexuelle ? « Je n'ai jamais vu un gai devenir hétérosexuel, mais il y a de nombreuses façons de vivre son homosexualité ou son hétérosexualité. Certains hommes gais n'aiment pas se trouver en compagnie d'hommes très efféminés. Par exemple, les culturistes gais vivent ouvertement leur homosexualité, mais d'une manière hyper masculine, sans rien de féminin. J'ai toujours pensé que la féminité était une façon démodée d'être gai qui remontait à l'époque où il n'y avait que le modèle féminin ou le modèle masculin. Si un homme ne se sentait pas mâle, il devenait hyper efféminé.

« Je crois que les véritables questions qui se posent sont : "Comment un homme peut-il être gai et passer à travers ? Comment un homme peut-il se respecter en tant qu'homme tout en reconnaissant et en admettant qu'il est gai ?" En fait, il n'a pas besoin d'agir d'une manière particulière. »

À ce sujet, voici ce que dit Arlene Litwack : « Dans mon expérience, de nombreux hommes dont la masculinité n'a pas été renforcée par l'un ou l'autre de leurs parents éprouvent le besoin de développer leur estime d'eux-mêmes comme homme en recherchant une présence mâle qui leur témoigne amour et affection.

« Lorsque nous parlons des sexes, nous ne devons pas oublier que la masculinité et la féminité représentent un continuum. Ainsi, lorsque des hommes ou des femmes choisissent des partenaires du sexe opposé pour vivre une relation hétérosexuelle traditionnelle, ils ne choisissent pas toujours consciemment ce qu'il y paraît à la surface. Bon nombre de personnes recherchent chez l'autre des qualités ou des traits de caractère physiques ou psychologiques qui ressemblent extérieurement à ce qui convient dans une relation hétérosexuelle, mais qui comblent en réalité un désir homosexuel inconscient. Il en est ainsi parce que nous avons deux parents de sexe opposé et parce que nous pouvons avoir des sentiments aimants et sensuels pour chacun d'eux. Et nous avons de tels sentiments.»

Dans les couples homosexuels, chaque partenaire joue divers rôles à divers moments, tout comme dans les couples hétérosexuels. Les permutations sont infinies.

LA LENTE DÉCOUVERTE DE L'IDENTITÉ

Robert est psychanalyste. C'est un homme sensible qui arrive à la fin de la quarantaine. Pour lui, quitter sa femme et se tourner vers les hommes a été un long voyage, lent et empreint de nombreux sentiments d'ambivalence et de peur.

«Certains de mes patients gais savaient dès l'âge de trois ans qu'ils étaient gais, m'a raconté Robert. Ça n'a pas été mon cas. En fait, je crois que ma personnalité se dédoublait, de sorte qu'il m'arrivait d'être conscient de mon attirance pour les hommes, mais je pouvais aussi me convaincre que j'étais hétérosexuel, que je me marierais un jour et que j'aurais des enfants.»

«Les femmes l'attiraient-elles aussi» lui ai-je demandé. «Oui, j'avais toujours une attirance pour les femmes, mais j'imagine que, techniquement, j'étais bisexuel. Cependant, comme j'ai fini par me retrouver avec des hommes, il est plus facile de dire que je suis gai.»

Je lui ai demandé s'il croyait que toutes ces étiquettes peuvent limiter une personne ou lui donner un sentiment de confusion. «Je ne sais pas. Il semble plus difficile d'être bisexuel que d'être gai. La plupart des homosexuels se méfient des gens qui se disent bisexuels. Peut-être est-ce différent parmi les jeunes d'aujourd'hui? Mais je crois qu'il est plus facile de choisir un sexe et d'établir son orientation sexuelle en fonction de celui-ci.»

L'avantage de déclarer son orientation sexuelle est que les rôles, les attentes et les plans de vie deviennent beaucoup plus clairs. Les frontières sont établies. La personne peut cesser de douter de son identité. Mais en vivant selon une orientation sexuelle déclarée et bien établie, elle risque de s'enfermer dans une prison sans barreaux, car elle refuse ainsi tout changement et se prive des expériences et des personnes qui ne s'insèrent pas dans l'identité qu'elle s'est donnée. Il est important de reconnaître que le cours du temps et le changement sont l'essence même de la vie.

Dans un sens très large, toutes les identités sont fluides et se créent elles-mêmes. Chaque personne contient l'univers entier.

Comme l'a dit le grand poète Walt Whitman : « Je ne me savais pas si grand — je ne savais pas que je contenais tout cela. »

« Ce qui s'est passé essentiellement, a poursuivi Robert, est que je suis sorti avec des filles pendant tout mon secondaire, mais que je n'ai pas fait l'amour avec une fille avant d'être à l'université. Même là, je ne sais pas si j'aurais couché avec une fille si je n'avais pas été poursuivi par une étudiante qui insistait pour que nous fassions l'amour.

« Un peu plus tard, j'ai rencontré Josée, qui m'attirait surtout comme amie. Je l'aimais beaucoup et j'ai commencé à ressentir une certaine attirance pour elle. J'ai rompu avec mon autre petite amie et je me suis engagé avec Josée. Nous avons commencé à coucher ensemble et elle me semblait être le genre de personne que j'aimerais épouser et qui plairait à ma famille.

« À la fin de nos études de premier cycle, nous vivions ensemble et avions décidé de déménager à New York pour poursuivre des études de deuxième cycle. Ses parents insistaient pour que nous nous mariions. À cette époque, il n'était pas très courant de vivre ensemble sans se marier. Nous ne voyions rien de mal à nous marier. Après tout, nous nous aimions. Ne pas être mariés était comme déclarer que nous n'étions pas engagés l'un envers l'autre. Nous nous sommes donc mariés lors d'une cérémonie simple qui nous ressemblait. J'étais très heureux.

« Cependant, pendant ma dernière année d'université, j'ai eu ma première expérience homosexuelle. C'était pendant le congé de l'Action de grâces. Josée était partie, mais j'étais resté sur le campus. Je suis allé à une surprise-partie où je me suis soûlé, puis j'ai couché avec un homme qui était ouvertement gai. Je n'ai pas vraiment aimé l'expérience et il ne m'attirait pas. J'ai donc conclu que cela prouvait que je n'étais pas gai. Je n'ai jamais parlé de cet incident à Josée ni à qui que ce soit. Dans ma tête, tout était réglé. Cette expérience avait répondu à toutes les questions que je pouvais me poser.

« Josée et moi nous sommes donc mariés et, aussi bizarre que cela puisse paraître, notre mariage a très bien marché. Nous étions bien ensemble. Nous nous disputions comme tout le monde, mais nous arrivions à faire face ensemble aux petites obligations de la vie quotidienne. Notre vie sexuelle n'était pas très épanouie, cependant, car Josée avait de la difficulté à se sentir satisfaite. C'est d'ailleurs pour cette raison qu'elle a décidé d'entreprendre une psychanalyse, et j'ai décidé de faire de même. Nous voyions nos psychanalystes respectifs trois fois par semaine. »

J'ai demandé à Robert s'il croyait que le processus analytique lui avait révélé beaucoup de choses. « Oui, je crois que l'analyse m'a beaucoup éclairé, mais il y a eu aussi la mort de mon père. À peine un an plus tard, Josée a aussi perdu son père. Mes parents avaient des idées bizarres sur la mort et les funérailles. Ma mère avait insisté pour qu'il n'y ait ni funérailles ni enterrement. Mon père serait simplement incinéré. C'était comme si rien n'était arrivé. Il avait été balayé sous le tapis.

« Lorsque le père de Josée est mort un an plus tard et qu'on m'a choisi pour être porteur aux funérailles, j'ai soudainement pris conscience que j'avais perdu mon propre père. »

La perte d'un parent provoque souvent de grandes perturbations dans l'équilibre émotionnel et psychologique d'une personne. S'il y a des choses qu'elle n'a pas réglées avec son parent décédé, ces choses refont surface pour être achevées. Robert a été submergé par un grand besoin d'intimité avec son père, et ce besoin a pris la forme d'un désir pour d'autres hommes.

« Mon père avait toujours été plutôt ambivalent, a poursuivi Robert. Je ne peux pas m'empêcher de penser qu'inconsciemment cela faisait partie de mon attirance pour les hommes. Cependant, il m'était difficile d'en prendre conscience à ce moment-là. En y repensant, je ne vois plus les choses de la même manière. Je comprends beaucoup mieux maintenant. »

Lorsqu'une personne est privée de l'amour et de l'affection de son père, son désir de jouir de cet amour et de cette affection ne disparaît pas. Il s'exprime simplement d'autres façons. Certains hommes ne réussissent pas à vivre sans cet amour et cette affection qu'ils ont tant désirés. Il arrive aussi que leur colère contre leur père finisse par remonter à la surface. En fait, cette colère contre le père est souvent une composante des relations gaies, car un des partenaires cherche à régler ces sentiments de colère avec un partenaire du même sexe.

« J'ai commencé à éprouver une attirance subconsciente pour mon thérapeute, m'a raconté Robert. Pourtant, consciemment, cet homme me répugnait. J'imagine que j'étais tout un cas pour lui. J'ai commencé à rêver que j'avais des relations sexuelles avec des hommes qui lui ressemblaient. »

Dans ce cas, le thérapeute est devenu le substitut du père, qui manquait amèrement à Robert. Cette expérience l'a-t-il terrifié ? « Vous savez, mon déni de la réalité fonctionnait tellement bien que je ne me sentais nullement apeuré. Pourtant, la situation aurait dû me terrifier. À l'époque, je crois que mes défenses étaient efficaces parce que j'étais très amoureux de ma femme et que je me sentais très attaché à elle.

« Vers la même époque, nos bureaux respectifs ont organisé des surprises-parties le même soir. Je suis allé au mien pendant qu'elle allait au sien. J'ai beaucoup bu et j'ai rencontré un autre homme gai. Nous avons fini par passer la nuit ensemble. Il ne m'attirait pas vraiment, mais j'avais très envie d'explorer ma sexualité.

« Je me sentais vraiment mal en rentrant à la maison. Je ne pouvais pas parler de ce qui m'était arrivé et je me sentais comme la première fois que j'avais couché avec un homme. Je me disais : "Quelle erreur ! Les hommes ne sont pas pour moi et j'en suis très heureux !"

« Mon thérapeute ne savait pas du tout comment composer avec la situation. Il changeait de sujet dès que j'en parlais et me disait que j'avais peur des femmes, ce qui n'était absolument pas le cas. Puis mon meilleur ami a ouvertement déclaré qu'il était gai, même s'il était toujours sorti avec des femmes. Je l'ai accompagné à une marche de la fierté gaie, simplement pour l'appuyer, mais cette expérience a produit beaucoup d'effet sur moi. J'imagine qu'elle m'a donné la permission d'agir. »

De toute évidence, Robert était inconsciemment attiré par le monde gai parce qu'il voulait assouvir ses désirs réprimés. La répression ne pouvait pas durer bien longtemps.

« Cet été-là, ma femme et moi sommes allés passer un week-end chez un ami qui avait une maison au bord de l'eau. Quand je suis entré dans la maison, j'ai aperçu un jeune homme qui se tenait debout. J'ai eu le coup de foudre en posant les yeux sur lui : il fallait qu'il soit à moi. Ce n'était même pas sexuel, mais romantique. J'étais tombé complètement amoureux de lui en le voyant.

« Notre hôte avait organisé les choses de telle sorte que les femmes dormaient à l'écart des hommes. Josée allait dormir dans une chambre avec les autres femmes, tandis que les hommes coucheraient sur les canapés dans le salon.

«Ce soir-là, nous avions tous bu quelques verres et ce jeune homme, Richard, est sorti pour aller se promener sur la plage. Quelques instants plus tard, je me suis excusé et je suis sorti à mon tour. Il m'attendait. Nous avions passé toute la soirée à échanger des regards.

«Je m'étais bien mis dans la tête que j'allais lui dire qu'il m'attirait énormément, mais que j'étais marié, de sorte qu'il ne pouvait rien se passer entre nous. Je me suis approché de lui et je lui ai dit qu'il m'attirait beaucoup. Il m'a répondu que je l'attirais aussi et nous n'avons plus rien dit. Ce qui devait arriver est arrivé. Nous avons passé la nuit sur la plage et ne sommes rentrés qu'à l'aube. Apparemment, personne n'avait remarqué notre absence.

«J'étais maintenant amoureux de Richard, qui fréquentait l'université dans un autre État. J'étais toujours avec Josée et, extérieurement, rien ne semblait avoir changé dans notre relation. Cependant, il s'était produit en moi un énorme changement. J'avais éprouvé beaucoup de plaisir avec Richard et j'étais réellement amoureux de lui. Je n'en aimais pas moins Josée, mais je me rendais compte que ce n'était pas la même sorte d'amour.»

Robert avait fait un grand pas. Non seulement il avait éprouvé un véritable désir sexuel pour un homme, mais il avait aussi réussi à y associer des sentiments romantiques et personnels.

Pour expliquer la différence entre les sentiments qu'il avait pour Richard et ceux qu'il avait pour Josée, Robert a poursuivi en disant : «Avec Richard, je me sentais vraiment passionné, complètement épris, comme si j'allais mourir si je ne pouvais plus l'avoir. Je n'avais jamais éprouvé rien de tel pour Josée. Pourtant, d'une certaine façon, j'avais l'impression que l'amour que je vivais avec Josée était beaucoup plus sain et plus accessible, plus stabilisant aussi. Ma relation était fondée sur une vraie personne que j'aimais vraiment. Avec Richard, plus rien n'avait de sens. Et à cela s'ajoutait le problème qu'il était la personne la plus taciturne que j'aie rencontrée.

«Lorsque j'essayais de lui parler de moi, il voulait seulement faire l'amour. Je n'ai donc jamais su qui il était. En y repensant, cela le rendait exactement comme mon père, qui ne parlait jamais beaucoup.»

Non seulement ce nouvel amour était un substitut du père de Robert, mais comme Richard était très taciturne, il était aussi la personne parfaite sur qui Robert pouvait projeter ses fantasmes romantiques. Dans un sens, Robert était tombé amoureux d'un désir inassouvi et non d'une personne réelle. Et son excitation sexuelle était stimulée par le pouvoir de ses rêves.

« Je n'ai jamais su qui il était, a continué Robert. C'était très intense et très réel, très satisfaisant sur un plan, mais très irréel sur un autre plan.

« Vers cette époque, j'ai reçu un coup de fil m'apprenant le suicide du premier homme qui m'avait séduit quand j'étais à l'université. Cette nouvelle m'a énormément bouleversé, au point où je n'ai pas pu m'empêcher d'en parler à Josée. J'étais très proche d'elle. C'était l'une de mes meilleures amies et j'ai fini par tout lui avouer. Elle en a été scandalisée, horrifiée, dégoûtée et incapable d'y faire face. Je crois qu'elle était terriblement blessée que tout se soit passé dans son dos, de n'avoir rien vu. Elle considérait que je lui avais caché quelque chose et qu'il y avait toujours eu un secret entre nous. À ses yeux, je l'avais horriblement trahie. »

Josée et lui se sont-ils séparés à cause de Richard ? « Notre séparation a été la chose la plus difficile du monde. Je ne voulais pas quitter Josée. Ce n'était pas comme si j'avais pu me réfugier dans les bras de Richard. Il lui restait deux années d'études à l'université. Même si j'étais amoureux fou de lui, il me restait assez de bon sens pour me rendre compte que je ne savais même pas qui il était. Il m'était absolument impossible d'imaginer que nous puissions avoir un avenir ensemble. »

Voici ce que dit Howard Rosen sur cette étape de la vie de Robert : « Lorsqu'un homme quitte une femme pour un autre homme, c'est parce qu'en son for intérieur il a toujours eu un homme dans sa mire. Le pivot de sa satisfaction émotionnelle et sexuelle est un autre homme, même s'il a passé des années à se le cacher à cause de son désir d'être normal. Il y a des gens qui peuvent réprimer leurs véritables désirs pendant toute leur vie, mais il y en a d'autres pour qui une telle lutte et une telle insatisfaction sont intolérables. La frustration devient impossible à supporter. Même si un homme peut trouver une certaine satisfaction auprès d'une femme, profitant de l'amitié dans le mariage et parfois même du bonheur d'avoir des enfants, la douleur de ne pas connaître une véritable satisfaction émotionnelle et sexuelle peut devenir telle qu'il devra partir. »

« Je lui répétais sans cesse que je ne voulais pas la quitter, que je ne savais pas ce qui m'arrivait, a poursuivi Robert. Je me disais que j'étais peut-être bisexuel, mais que je pourrais m'en sortir. J'espérais qu'elle me laisserait avoir des aventures avec des hommes. J'étais probablement fou de penser une chose pareille. Je me rendais compte que ce serait dur pour elle. Je voulais à la fois des hommes et des femmes, mais elle était assez sensée pour savoir qu'elle ne pouvait pas accepter pareille situation. À notre façon, nous vivions une relation très traditionnelle et très romantique. En y repensant, nous étions un peu comme frère et sœur. C'était comme un amour de jeunesse, mais j'avais l'impression que ma vie était très étroitement liée à la sienne. Sa souffrance profonde devant ce qu'elle estimait être une trahison m'était intolérable et j'étais profondément malheureux qu'elle ne me voie plus que comme un monstre qui avait détruit sa vie.

« En tout, nous avons été mariés trois ans, mais notre relation a duré cinq ans. Lorsque je suis finalement parti, elle était encore amoureuse et très attachée à moi. J'ai emménagé dans mon propre appartement et elle m'a aidé à déménager et même à repeindre. Nous essayions d'être amis. Pendant quelques années, nous sommes restés en contact. Mais nous avons fini par nous perdre de vue.

« Des années plus tard, lors d'une réunion d'anciens de l'université, j'ai eu des nouvelles d'elle. Je cherche souvent son nom dans le bottin téléphonique. Elle change d'adresse de temps en temps, mais son nom y figure toujours. Elle ne s'est jamais mariée et n'a jamais repris son nom de jeune fille. Je m'imagine parfois que je suis le seul homme qui ait jamais compté pour elle. Nous nous sommes rencontrés une fois et nous avons parlé de la façon dont nous nous étions tous les deux tenus responsables de notre rupture. »

De nombreuses femmes croient que si un homme les quitte pour un autre homme, c'est parce qu'elles sont médiocres. Elles ont l'impression d'être fondamentalement inadéquates comme femmes.

« Josée croyait que si elle avait été meilleure ou différente, rien de tout cela ne serait arrivé. Mais ce n'est certainement pas le cas. Vraiment, je n'ai couché qu'avec deux femmes dans ma vie et elles avaient toutes les deux des inhibitions sexuelles. Dans un sens, elles me donnaient l'impression d'être inadéquat, moi aussi. Je me disais que si j'avais été un vrai homme, j'aurais pu mieux les satisfaire. »

Certains hommes ont l'impression d'avoir moins d'inhibitions avec un homme. Ils perçoivent les femmes comme étant plus convenables et plus prudes, ce qui leur impose des contraintes sur le plan sexuel.

« Avec chacune d'elles, j'avais l'impression que notre relation était très liée à des rôles. J'étais censé être actif et agressif, tandis qu'elles étaient passives. Je me sentais seul. J'avais horreur de cela. J'avais l'impression qu'elles n'avaient jamais vraiment envie de me toucher. J'étais attiré par les femmes inhibées en partie parce que j'avais peur de mes propres capacités sexuelles avec les femmes. Je craignais qu'une femme sans inhibition sexuelle soit menaçante parce qu'elle insisterait pour que je la satisfasse. Je me disais qu'elle serait trop exigeante et que mes prouesses sexuelles ne seraient jamais à la hauteur.»

Il y a aussi des hommes qui quittent leur femme pour un homme parce qu'ils se sentent plus libres sur le plan sexuel et parce qu'ils ont moins peur d'être jugés. Voici ce que dit Howard Rosen à ce sujet: «Le style de vie homosexuel est plus libre et plus désordonné, souvent à cause de la notion d'interdit. Un fois qu'on a admis qu'on est un hors-la-loi, on peut agir en délinquant. On n'a pas besoin de vivre selon des normes structurelles et on a l'impression de pouvoir faire tout ce qu'on veut.

«Le sentiment de liberté qui accompagne l'expérience homosexuelle, ou son caractère hédoniste, avouons-le, dicte à l'homme de faire ce qu'il veut. Il n'y a personne pour juger. Les gens ne tolèrent pas les restrictions dans la société gaie. Au contraire, celle-ci donne à tous la liberté d'explorer leurs sentiments sexuels et émotionnels.

«Chez le mâle gai, il y a aussi le très vif désir de faire l'expérience de la liberté et du pouvoir. C'est beaucoup une question de pouvoir. Cependant, cela ne veut pas dire que la vie de couple n'est pas importante pour les gais. Au contraire, de nombreux hommes gais ont de longues relations heureuses et extrêmement satisfaisantes. Il y a toujours le désir d'accouplement et d'union, qui est très fort. C'est d'ailleurs une partie du problème dans le monde gai, car les gais veulent la liberté sexuelle, mais ils veulent aussi être en couple. En fait, je crois que tout homme gai est aux prises avec ce conflit intérieur.

«Ce conflit entre le désir de liberté et le désir d'être en couple existe aussi dans le monde hétérosexuel, mais les pressions de la société font souvent pencher la balance en faveur d'une relation stable. Dans le monde gai, la société dicte à ses membres de faire ce dont ils ont envie. Si une personne veut se mettre en couple, c'est une décision entre elle et son partenaire.»

Voici d'ailleurs ce que dit Howard Rosen sur les mariages gais: «C'est un désir de normalité, un désir de vivre dans la légitimité. Un homme gai se dit que si la société refuse la légitimité de ses sentiments et de son amour pour un autre homme, il s'accordera lui-même cette légitimité. Dans la société gaie, cependant, la liberté et l'expression sexuelle prennent une telle importance qu'il est difficile d'y résister. Il y a toujours des hommes qui s'immiscent dans les relations de couple, de sorte qu'il est très difficile de préserver la monogamie.

«Lorsqu'ils ont des enfants, les couples gais ont généralement établi des liens semblables à ceux qui existent entre mari et femme dans un mariage hétérosexuel. C'est d'ailleurs pourquoi les relations extraconjugales sont beaucoup plus rares chez les couples gais qui ont des enfants. Le caractère sacré de la relation est très important pour ces couples et ils veulent le préserver et le vivre.»

J'ai demandé à Robert s'il avait déjà vécu une relation satisfaisante avec un homme. «Ma relation avec Richard s'est finalement terminée et j'ai commencé à fréquenter d'autres hommes. J'ai rencontré un homme qui allait déménager à San Francisco quelques mois plus tard. Nous avons passé des moments merveilleux ensemble. En fait, je suis parti avec lui à San Francisco, mais je n'y suis resté que quelques jours avant de rentrer chez moi. Je m'étais tout de suite rendu compte que ça ne marcherait pas. Le problème est qu'il était lui aussi inhibé sexuellement. J'avais rencontré un homme qui avait le même problème que les deux femmes que j'avais connues.»

C'est là un exemple fascinant de la répétition des patterns, que la personne choisie soit un homme ou une femme. Naturellement, Robert était à la recherche d'une personne sans inhibition sexuelle qui lui permettrait de vraiment faire l'expérience de l'amour.

«Après notre rupture, je voulais ardemment un partenaire et une relation stable. Je n'ai jamais voulu de relations superficielles. Je voulais un autre mariage. J'ai mis deux ans à trouver quelqu'un. Pendant ces deux années, j'ai vécu toutes sortes de choses avant de rencontrer l'homme avec qui je pourrais connaître l'amour total, physique et émotionnel. Nous sommes ensemble depuis 12 ans.»

Robert a finalement réussi à s'accepter et à intégrer tout le travail qu'il avait fait sur lui-même, de sorte qu'il a pu avoir ce qu'il avait toujours voulu.

Voici ce que dit Arlene Litwack à ce sujet: «S'il y a effectivement un continuum, c'est sur la base de la sexualité, d'une part, et de la capacité d'aimer, d'autre part. Certaines personnes, hommes ou femmes, se servent de la sexualité comme d'un moyen de composer avec toute une variété de questions psychologiques, mais elles n'ont pas la capacité d'aimer profondément, de manière adulte.

«En mûrissant, une personne acquiert la capacité d'aimer une personne dans son entièreté et non pas seulement comme objet sexuel. À cet égard, les hommes gais ne diffèrent pas tellement des hommes hétéro-sexuels. Pour qu'une relation à long terme devienne possible, la sexualité doit absolument faire partie intégrale de l'amour.

« Si un homme peut avoir une relation satisfaisante avec une femme et quand même désirer un homme, c'est parce que la satisfaction qu'il cherche n'est pas uniquement physique. Pendant l'enfance, le besoin naît de nos carences et nos acquis. Lorsqu'un homme a eu un père très distant, il peut très vivement désirer un homme. En outre, comme notre société exerce de fortes pressions sur les hommes pour qu'ils suivent les stéréotypes et se dis-tancient de leurs sentiments, les chances sont encore plus fortes que des hommes aient besoin de l'amour, de la tendresse et de l'affection d'un autre homme. Et, naturellement, ce besoin se transforme en désir sexuel.

« La situation n'est pas très différente de celle des hétérosexuels. Dans le monde hétérosexuel, de nombreux hommes et de nombreuses femmes donnent un caractère sexuel à leurs besoins émotionnels d'amour et d'in-timité. L'objet de l'amour n'est pas le même, mais les besoins ne diffèrent pas tellement.

« Dans notre société, les hommes qui cherchent à assouvir leurs désirs profonds sont considérés comme des être anormaux et on n'hésite pas à les juger. Cela ne leur facilite pas les choses. Par conséquent, même s'ils ont eu d'excellentes relations avec des femmes, et même des relations sexuelles satisfaisantes avec elles, bon nombre d'hommes qui ont grandi avec des attentes très stéréotypées estiment qu'ils ont dû leur cacher des parties d'eux-mêmes justement à cause de ces attentes sur la façon dont ils sont censés agir. Ces hommes se sentent donc très libérés lorsqu'ils vont au-delà des stéréotypes et découvrent qui ils sont véritablement. »

Comment Robert réagit-il devant un patient qui le consulte pour parler de sa bisexualité? « Je lui explique qu'il n'est pas gai, mais bisexuel. »

Lorsque je lui ai mentionné que la bisexualité offre aux gens un terrain de jeu et des choix beaucoup plus vastes, Robert a répondu : « Cela leur rend aussi la vie beaucoup plus difficile et beaucoup plus terrifiante. Pour ces gens-là, il ne s'agit pas simplement de choisir entre Jean et Marie. C'est tout un style de vie et une identité qu'ils choisissent. Ils se demandent sans cesse s'ils peuvent être heureux avec une femme sans avoir d'hommes ou s'ils peuvent être heureux avec un homme sans avoir de femmes ou en mettant en péril leurs relations avec leur famille. »

Est-il plus difficile pour les hommes bisexuels de renoncer à une femme plutôt qu'à un homme? Voici ce qu'en dit Robert : « Parmi mes patients, j'ai observé que c'était le cas. Ils choisissent souvent une femme parce que c'est plus rassurant et plus facile sur le plan social. Il y a aussi le désir de fonder une famille. Ils veulent tout cela. Ce sont des besoins réels dont il faut aussi tenir compte.»

Parviennent-ils jamais à surmonter leur désir pour un homme? «Je ne le crois pas, dit Robert. Mais les hommes qui me consultent, c'est-à-dire qui consultent un thérapeute gai, ont déjà certaines prédispositions. Dans ces cas, j'essaie de ne pas être injuste à l'égard de leurs autres sentiments. C'est parfois très difficile pour eux. Par exemple, j'ai un patient qui n'a plus jamais été capable de s'engager dans une relation sérieuse parce qu'il n'arrive pas à choisir. Il en est incapable parce que ses parents ont divorcé quand il était très jeune et qu'il persiste à vouloir les garder ensemble. On dirait qu'il serait heureux s'il pouvait épouser un couple marié et retrouver une famille unie. Ces désirs sont tellement intenses!

«Lorsqu'on examine les choix sexuels des gens, il est crucial de comprendre qu'ils expriment des désirs profonds de retrouver leur mère, leur père ou les deux. Ou encore une famille et la sécurité.

«En consultation, a poursuivi Robert, de nombreux hommes m'ont dit qu'ils avaient très tôt pris conscience de leur orientation sexuelle. Certains ont lutté pour y résister, tandis que d'autres l'ont acceptée sans difficulté. Il est stupéfiant qu'ils aient pu connaître leur orientation sexuelle à un si jeune âge.»

Qu'est-ce qui permet à certains hommes d'accepter totalement leur orientation sexuelle? ai-je demandé à Robert. «Je crois que c'est le milieu dans lequel ils vivent. Il faut qu'ils parviennent à intégrer leur orientation sexuelle dans leur identité sans éprouver de conflit. Dans certains cas, je crois qu'ils reçoivent quelque permission inconsciente de leurs parents.»

Si un enfant peut connaître son orientation sexuelle à trois, quatre ou cinq ans, cela veut-il dire qu'elle est déterminée génétiquement? Voici ce que Robert en pense: «Certaines personnes soutiennent que l'identité sexuelle d'un enfant est déjà établie à un an et demi. Toutes les expériences menées par John Muny suggèrent qu'elle est déterminée par le milieu. L'enfant choisit un parent avec lequel il a davantage envie de s'identifier.»

La probabilité qu'un homme gai devienne hétérosexuel est-elle mince? ai-je demandé à Robert. «Je crois que s'il n'y avait pas tant de contraintes sociales, nous sentirions une fluidité beaucoup plus grande, même sexuellement. Si les gens ne basaient pas leur identité sur une étiquette, ils seraient beaucoup plus souples. Mais nous investissons tellement dans notre identité. J'ai moi-même choisi d'être gai, même si je savais que ce terme ne me définissait pas entièrement parce que je savais qu'il serait beaucoup plus difficile d'être bisexuel. »

Ne réprime-t-il pas toute une partie de lui-même ? « Oui et non. Je peux encore être ami avec des femmes. Dans le fond, le véritable choix consiste à être fidèle ou infidèle à une personne. Si je choisis de l'être, je dois me demander si cette personne satisfait suffisamment bien mes besoins pour que je renonce à toutes les autres personnes avec qui je pourrais avoir du plaisir. Il me semble que c'est là l'élément fondamental. Peut-on choisir ? Il est très difficile de faire un choix, car il faut alors renoncer à toutes les autres possibilités. »

Mais qui peut savoir ce que nous serons devenus dans 5 ou 10 ans ? Nous ne savons ni comment nous changerons ni comment notre partenaire pourrait changer. Robert en convient : « Bien sûr, nous voulons croître et nous voulons que notre partenaire évolue aussi. Nous ne voulons pas qu'il s'éloigne de nous, mais cela peut arriver. »

Il est important de reconnaître que certaines personnes peuvent être ensemble le temps d'apprendre diverses choses, avant de s'éloigner l'une de l'autre. Leur relation n'est pas nécessairement un échec, surtout s'ils prennent des directions différentes.

« Les couples gais peuvent se séparer facilement, a continué Robert, car ils n'ont généralement pas d'enfants et les contraintes sociales les forçant à rester ensemble sont beaucoup moins nombreuses. Lorsqu'une relation prend fin, la rupture renforce souvent l'homophobie intériorisée.

« L'homophobie intériorisée est liée à des sentiments très négatifs sur soi et il faut vraiment travailler à la régler. Si une relation se solde par un échec, la personne souffrant d'homophobie intériorisée y voit une autre preuve qu'elle est absolument horrible. Il lui est difficile de voir les choses clairement, car non seulement ce qu'elle pense lui semble très réel, mais c'est aussi ce que la société lui dit. Or, tout homme gai doit comprendre que l'homophobie intériorisée n'est qu'une autre forme de la haine de soi dont tout le monde souffre à divers degrés. Et la haine de soi ne donne jamais rien de bon. »

CONSEILS À RETENIR
Comment composer avec les hommes
qui désirent des hommes

POUR LES FEMMES

- Si un homme est gai et s'il a besoin d'hommes dans sa vie, ne le prenez pas personnellement. Ses choix sexuels ne signifient nullement que vous êtes inadéquate d'une quelconque façon.
- N'essayez pas de le changer. Ses choix découlent de désirs intérieurs compliqués. Tout changement doit venir de lui.
- Aimez un homme gai pour l'amitié qu'il peut vous offrir, pour son intelligence, sa sensibilité et son esprit. N'en demandez pas plus. Respectez ce qu'il est – et ce qu'il n'est pas. Oubliez vos fantasmes sur ce qui pourrait être.

POUR LES HOMMES

- Si vous éprouvez des désirs sexuels conflictuels, recherchez de l'aide professionnelle. Pour vivre en homme gai, il faut adopter un style de vie comportant de nombreuses contraintes.
- Plusieurs facteurs jouent dans cette décision. Essayez de comprendre exactement ce qui vous motive à adopter un style de vie gai.
- Les aspects toxiques de la situation sont les mensonges qui peuvent s'ancrer et le manque de respect de soi qui peut en découler.
- Apprenez à communiquer honnêtement avec toutes les personnes dans votre vie. Cela vous aidera à trouver votre véritable voie et à vous respecter en tant qu'individu.

> *L'amour véritable ne juge pas, ne rejette pas et*
> *n'exige pas. Il épanouit et il illumine la vie.*
>
> ANONYME

CHAPITRE 14

La liberté

Il n'y a qu'une seule raison de faire quelque chose. La rencontre avec l'Ami est la seule véritable récompense.

RUMI

La notion de liberté a des connotations et des sens différents pour chaque individu. Pour certains, elle signifie l'absence d'engagement et d'obligation, la possibilité de vivre spontanément, sans attache et sans routine. Pour d'autres, elle représente la capacité de transcender l'agitation humaine, d'évoluer et d'exprimer son plein potentiel. La liberté est la fusion avec la réalité ultime, l'abandon de l'ego et la désintégration dans le grand tout. C'est la libération du monde de l'illusion et de la chaîne des désirs, la capacité de vivre uniquement dans la vérité.

Cette orientation découle de la philosophie et des religions asiatiques, ainsi que de la pratique du yoga et du bouddhisme zen. Elle vise à dissiper la douleur de la séparation grâce à l'expérience de l'unité intérieure. Pour une personne engagée dans cette voie, une relation amoureuse peut être perçue comme une distraction et une évasion de la vérité essentielle.

Philippe est un très bel homme dans la cinquantaine, doux et délicat. Avocat en immobilier, il vit actuellement dans l'ouest des États-Unis. C'est un homme qui a beaucoup de charme, qui plaît aux femmes et qui n'a jamais été seul de sa vie. « Je suis monogame, m'a dit Philipe, et j'ai l'impression d'avoir été béni des dieux. Les femmes que j'ai connues ont toutes été merveilleuses, bonnes ; elles avaient le sens de l'humour et elles étaient jolies par-dessus le marché.

« D'une certaine façon, je ne pense pas être un bon exemple pour votre bouquin, car je sors avec des femmes depuis 35 ans et je ne suis parti qu'une ou deux fois. Au cours des 25 dernières années, ce sont toujours les femmes qui ont mis fin à notre relation. »

Un grand nombre d'hommes ne se voient pas comme celui qui a quitté sa femme ou mis fin à leur relation. Mais voici ce qui se produit. Il arrive un moment dans une relation où certains changements et mises au point s'imposent. C'est alors que ces hommes choisissent tout simplement de ne pas aller plus loin. Ils ne font rien. C'est donc aux femmes de prendre l'initiative. Mais les hommes, par leur inertie, ont déjà pris une décision silencieuse qui rend impossible la poursuite de la relation.

Quand j'ai demandé à Philippe comment ses relations se terminaient, il m'a parlé d'une femme, Anne, avec qui il était sorti pendant environ deux ans et demi, peut-être plus.

« C'était une relation heureuse et je me sentais très bien avec elle. Je ne voyais vraiment pas l'utilité de faire le pas suivant, c'est-à-dire vivre avec elle ou l'épouser.

« Aujourd'hui, je suis beaucoup plus favorable et plus ouvert au mariage qu'à cette époque. De toute façon, voici ce qui s'est passé. Un de mes amis a annoncé ses fiançailles. Je l'avais toujours considéré comme un célibataire endurci. Nous faisions partie d'un groupe spirituel qui ne voyait pas le mariage comme une fin en soi. Nous mettions plutôt l'accent sur la relation comme moyen d'approfondir sa propre liberté. À mon avis, une relation apporte la sécurité, le confort, l'union et l'intimité. Si on recherche la réalisation de soi, il faut s'attaquer directement au problème. »

Pour Philippe, la réalisation de soi et la liberté étaient intérieures et il était inutile de les chercher dans les bras d'une femme. Le cheminement spirituel de Philippe l'éloignait d'un engagement plus profond dans une relation amoureuse. Quand je lui ai demandé si ses valeurs avaient contribué à sa décision de rester célibataire, il m'a répondu : « Je pense que oui. Le mariage comme fin en soi n'était pas encouragé dans mon milieu. Nous considérions qu'il ne devait y avoir aucune discrimination. Si une personne souhaitait vraiment s'engager dans une relation, elle devait prendre conscience de ce qu'elle recherchait *dans cette relation,* et si c'était l'union totale et la sécurité. Nous jugions préférable de choisir comme partenaire une personne qui partageait les mêmes valeurs et qui avait aussi pour but la réalisation de soi. De cette manière, la relation pouvait aider l'un et l'autre à se réaliser.

«Les femmes que j'ai fréquentées étaient toutes très portées sur la spiritualité, mais je ne pense pas qu'elles avaient la même opinion que moi sur le mariage. Je crois que le mariage était important pour elles et, quand j'y repense, elles n'avaient probablement pas entièrement tort.»

En ce qui concerne le point de vue de la spiritualité occidentale, voici ce que dit le Dr Gerald Epstein au sujet de la spiritualité et du mariage :

«Les femmes sont plus pratiques que les hommes. Une femme doit être pratique et terre-à-terre parce qu'elle veut se faire un nid, avoir des enfants et créer une famille. Quand la famille est en crise, la société tout entière a des problèmes. Pour qu'un foyer soit ordonné, quelqu'un doit s'occuper des aspects pratiques.

«Comme les femmes doivent s'assurer que la maison est en ordre, elles ne peuvent pas se permettre d'avoir des intérêts aussi éthérés que les hommes. Ces derniers doivent le comprendre, sinon ils ne pourront jamais s'entendre avec les femmes.»

Selon la philosophie orientale, la spiritualité n'inclut pas nécessairement une relation ou une famille. En fait, dans certaines religions, on fait une nette distinction entre les gens qui vivent dans une famille et ceux qui l'ont quittée (moines et religieuses). Ceux qui se sont retirés du monde sont libres de consacrer toutes leurs énergies à leur avancement spirituel. Du point de vue judéo-chrétien, avoir une relation et une famille est un travail spirituel en soi.

Dans son cheminement personnel, Philippe est aux prises avec le désir d'être libre et celui d'entretenir une relation amoureuse.

«Mais pour revenir à Anne, a dit Philippe, quand mon copain s'est fiancé, j'en ai été très bouleversé parce qu'il était un proche du leader de notre groupe spirituel.

«Celui-ci ne disait jamais à personne de ne pas faire ceci ou cela. Il donnait son enseignement et nous étions libres de l'accepter ou de le rejeter, en totalité ou en partie. Ce n'était pas une organisation. Comme je l'ai déjà dit, il nous demandait seulement de prendre conscience de ce que nous cherchions dans une relation. Bien entendu, nous ne pouvons pas obtenir ce que nous cherchons d'une autre personne, puisque tout est déjà en nous, indépendamment de toute relation. Il nous interdisait non pas d'avoir une relation amoureuse, mais de nous fermer les yeux sur sa signification. "Découvrez le véritable fondement de toute relation pour ne pas perdre votre temps à le chercher chez une autre personne. Trouvez un partenaire qui partage vos idées et réalisez votre liberté ensemble si vous le souhaitez", nous disait-il.

«Anne est arrivée à mon bureau après l'annonce des fiançailles et m'a demandé si j'avais entendu la nouvelle. Et puis elle a souri et m'a demandé si cette nouvelle ne me rendait pas nerveux.

«Je n'étais pas seulement nerveux, j'étais complètement pris de panique. Quelques semaines plus tard, je suis allé faire une retraite où je suis tombé sur une femme que j'aimais bien.

«Pour tout dire, je me suis retrouvé avec la femme qui était à la maison de retraite. Je n'avais jamais réussi à sortir avec deux femmes en même temps. Le fait d'avoir brisé mon engagement envers Anne me mettait dans une situation qui me bouleversait.»

Comme Philippe était un homme d'honneur, il se sentait mal d'avoir noué cette nouvelle relation et il ne se rendait probablement pas compte qu'il l'avait recherchée à cause de sa crainte d'avoir à s'engager davantage avec Anne. Un nouvel amour sorti de nulle part est souvent l'échappatoire parfaite.

«Je n'étais pas intéressé à avoir une relation clandestine ou à tromper Anne. De plus, cette femme m'avait bien fait comprendre qu'elle refuserait de me revoir si je continuais à voir Anne. J'ai donc décidé de rompre avec elle. Cela a probablement été la décision la plus difficile de toute ma vie.

«Un soir, j'ai décidé que c'était le moment, mais je n'ai pas réussi à lui parler. Je lui ai tout avoué une semaine plus tard. Je crois que ça a été un des pires moments de ma vie. J'ai trouvé cela très douloureux. Elle savait qu'il se passait quelque chose. Nous avions une très bonne relation et elle était vraiment une excellente personne.»

J'ai demandé à Philippe s'il pensait que sa réaction avait été précipitée par les fiançailles de son ami et sa crainte d'être le prochain sur la liste. «Sans aucun doute, m'a-t-il répondu. Cela a certainement été un facteur déterminant et une force.»

Certains hommes ont tellement peur de s'engager et d'être piégés dans une relation qu'ils préfèrent partir avant d'être acculés au pied du mur. Pour eux, tout prétexte est bon, y compris un nouvel amour. Dans le cas de Philippe, sa crainte du mariage et de l'engagement était alimentée par sa démarche spirituelle et sa philosophie. Comme il l'a dit plus tôt, il ne valorisait pas beaucoup le mariage. Peut-être a-t-il senti qu'il devait choisir entre sa croissance spirituelle et le mariage, qui était pour lui comme se laisser aspirer par le monde matériel.

« J'ai vécu avec la femme que j'avais rencontrée à la maison de retraite une relation à distance qui a duré environ un an et demi. Comme je n'arrivais pas à organiser ma vie, elle a perdu tout respect pour moi. Je la comprenais, mais je me sentais mal.

« Lorsqu'elle m'a dit qu'elle n'avait plus de respect pour moi, j'ai bien compris que notre relation était finie. Je lui ai donc parlé de séparation tout de suite. Sans respect, je sais bien qu'une relation ne peut pas continuer. »

Philippe ne se préoccupait pas d'organiser sa vie pour qu'elle convienne mieux à une femme qui a besoin de sécurité et qui veut fonder une famille. Il a donc dû rechercher d'autres types de relations.

Philippe a souri en y repensant. « Francine, la femme avec laquelle je suis sorti ensuite, était une femme formidable, très énergique, mais elle aussi a fini par vouloir se marier. Francine a rencontré son mari à la fin de notre relation, pendant l'une de nos séparations. Dans ma famille, on me taquine en disant qu'après être sortie avec moi une femme est sûre de trouver à se marier.

« Francine et moi avons vécu ensemble pendant un certain temps. C'était stressant parce que je n'arrive jamais à me détendre complètement, même avec une personne aimée avec qui je partage le même espace. En fait, j'aime surtout avoir du temps et de l'espace à moi pour faire mon travail spirituel. J'en ai besoin. »

Philippe choisissait des femmes dont les orientations de vie et les buts étaient différents des siens. Cela mis à part, il appréciait ses relations avec elles et toutes l'ont aimé et ont voulu l'épouser.

« Pour être parfaitement honnête, j'ai une peur viscérale de l'intimité. C'est lorsque je suis seul que je me sens le mieux. Mais au cours des dernières années, à mesure que mes amis célibataires se sont mariés, j'ai été porté à réexaminer la situation. Il y a une marge entre reconnaître que je cherche la sécurité dans une relation, laquelle existe déjà en moi, et avouer qu'il est possible que j'*utilise* ce prétexte pour éviter d'affronter ma peur de l'intimité.

« Notre maître disait qu'un jour ou l'autre il faut faire face à la peur de l'intimité. Il faut reconnaître son existence, l'affronter, l'examiner et finalement s'en défaire, car elle nous limite. Une fois qu'on s'en est débarrassé, on est libre d'être ou non avec quelqu'un. C'est cela la vraie liberté.

«Cependant, comme avec n'importe quel enseignement spirituel, peu importe sa justesse, l'ego est porté à s'en servir à ses propres fins. Le déni vient facilement à l'être humain, surtout quand il refuse de regarder les choses en face.»

Philippe est plus conscient et plus honnête à ce sujet que la plupart des gens. De plus, il ne se blâme pas lui-même et ne blâme personne d'autre. Quand une relation ne marche pas, il passe à la suivante.

«Je vis encore un amour à distance depuis trois ans. Nous avons le même but et, jusqu'à récemment, elle était encore plus déterminée que moi à conquérir sa liberté. Maintenant, je le désire aussi intensément qu'elle. Un changement s'est produit, un changement majeur que je ne peux ignorer.»

Au lieu de l'amener dans la direction du mariage, son évolution l'a entraîné plus profondément dans sa quête spirituelle. Voici comment Philippe me l'a expliqué: «C'est ce qu'on appelle un "réveil". À mon avis, ce mot n'est pas très heureux, mais il représente un véritable changement qui s'est produit en une seconde et qui a eu un effet profond sur moi. C'est un phénomène très subtil parce qu'on reste le même à bien des égards et on change complètement à d'autres.»

Ses désirs ont-ils disparu? «Oui et non. En quelques mots, disons que j'ai plus de facilité à m'identifier avec celui que je suis vraiment. Après le grand changement que j'ai connu, je n'ai pas ressenti de désirs pendant un bon bout de temps. Maintenant, cela m'arrive encore, mais de moins en moins.»

L'un des principaux buts de la démarche spirituelle de Philippe est d'atteindre un état de détachement complet. Il ne cherche pas à devenir un zombie, mais à se libérer de ses passions et à ne pas vivre en réaction à ses pulsions. Une personne ressent les passions comme elles se présentent et elle les laisse aller. Lorsqu'elles se dissolvent, sa conscience, sa compassion et sa véritable capacité d'aimer peuvent faire surface.

«En ce moment, a poursuivi Philippe, j'évalue mes sentiments sur l'importance de la sexualité dans une relation amoureuse. J'étais très porté sur ce que j'appellerais l'expression de la masculinité à la James Bond. J'aimais particulièrement son parfait contrôle des femmes. En voilà un dont les relations ne se prolongent pas! Dans une relation, quelle qu'elle soit, il faut un partage du contrôle et un respect mutuel. Pour moi, la sexualité a été reliée à mon image comme homme. Je pense que je commence à comprendre que ma propre sexualité a très peu ou rien à voir avec la véritable identité masculine.»

De nombreux facteurs ont contribué aux relations de Philippe avec les femmes et à sa quête personnelle pour trouver sa véritable identité. D'une certaine façon, cette quête a commencé quand il a pris conscience que les images et les désirs qui l'animaient jusqu'alors étaient fondamentalement insatisfaisants et irréels.

« Auparavant, j'utilisais le sexe comme moyen de soulager ma solitude. Dans le sexe, nous cherchons tous l'union avec l'autre. Ce désir d'unité est très puissant et il peut se cacher dans le sexe, derrière le désir animal et le plaisir. Mais je crois aussi que l'esprit trouve la paix après l'orgasme ; c'est le bonheur et le plaisir à l'état pur. En réalité, c'est mon maître qui me l'a fait remarquer. »

Philippe a-t-il encore envie ou besoin de sexe ? « Ça change, m'a-t-il répondu. Lorsqu'il y a attachement, il y a forcément aversion. Je dois me libérer de ces deux forces pour être vraiment libre de vivre quelque chose avec une femme.

« Honnêtement, la plupart de mes amies se sentent très à l'aise avec leur sexualité. Les femmes sont en avance sur les hommes dans ce domaine. Elles semblent tellement plus détendues et plus ouvertes que nous lorsqu'il s'agit de sexe. »

Quand je lui ai suggéré que les femmes n'avaient peut-être pas à faire leurs preuves sexuellement comme les hommes, il a acquiescé.

« C'est dur pour un homme de toujours réaliser des exploits et, évidemment, je voulais toujours être le meilleur. »

L'un des plus grands attraits et des plus grands soulagements que procure cette forme de pratique spirituelle est le fait de comprendre qu'on n'a plus besoin de faire des prouesses pour se faire valoir. Ce sens de la valeur et de l'identité personnelles finit par disparaître. Suit une acceptation totale de soi et de toute sa vie. On éprouve un sentiment de perfection du seul fait d'être en vie. Dans des moments comme ceux-là, on n'a besoin de rien d'autre.

« Un jour, j'ai reçu une carte d'un ami qui citait Walt Whitman. Cette citation m'a rendu très heureux et j'ai gardé la carte très longtemps. Elle disait : "Je ne savais pas qu'il y avait en moi autant de bonté." »

Outre son évolution et ses prises de conscience, Philippe éprouve aussi de nouveaux sentiments.

« Au cours des dernières années, je me suis senti seul comme jamais auparavant, m'a confié Philippe, et je commence à comprendre les avantages d'une relation sérieuse et de longue durée. Je ne sais pas ce qui va se passer.

« Évidemment, je veux rester engagé envers mon maître ; notre engagement envers le maître est proportionnel à notre engagement envers la liberté. Pour ma part, j'ai toujours eu des réserves et je n'ai jamais pu me laisser aller. J'ai toujours pensé que j'avais bien le temps de m'engager, que ce soit envers mon maître ou en amour. »

L'histoire de Philippe, ses sentiments et son expérience peuvent être analysés de plusieurs points de vue. Du point de vue de la psychologie, on pourrait dire qu'il se sentait coupable d'avoir trahi son père (maître) et d'avoir pris la mère (femme) pour lui tout seul. Mais on peut aussi analyser sa peur de l'intimité et ses problèmes avec les limites et les frontières.

Cependant, aucune analyse de la vie de Philippe ne saurait être complète si elle ne tient pas compte de sa vie spirituelle. Sa quête de la vérité a été un puissant moteur dans sa conscientisation, laquelle l'a fait réorienter ses émotions et sa libido vers un autre but.

Bien que les Occidentaux aient de la difficulté à rester objectifs, il est préférable de s'abstenir de porter des jugements sur l'expérience de Philippe (est-elle bonne ou mauvaise, saine ou malsaine) et d'essayer de la comprendre le mieux possible.

Comme le dit Philippe lui-même : « Quand on suit une démarche spirituelle et qu'on est honnête avec soi-même, toutes sortes de conflits finissent par surgir tôt ou tard et il faut y faire face. Utiliser sa spiritualité pour réprimer un problème, c'est une chose, mais s'en servir pour le laisser s'exprimer et le résoudre, c'en est une autre.

« Évidemment, dans la pratique spirituelle, il est toujours possible de se mentir et de réprimer ses sentiments et ses besoins. Un grand nombre de personnes se tournent vers la pratique de la spiritualité parce qu'elles ont plusieurs problèmes qu'elles sont incapables de régler et qui blessent leur âme. Il n'y a aucun mal à cela. À mesure que ces gens deviennent plus forts grâce à la pratique spirituelle, ils peuvent enfin se regarder en face. S'ils continuent à avoir une véritable pratique spirituelle, leurs problèmes finissent par faire surface et ils peuvent alors les affronter. »

RENONCER AU DÉSIR D'AVOIR UNE RELATION AMOUREUSE

Les pratiques spirituelles plus profondes exigent que les adeptes composent avec leurs émotions et qu'ils regardent en face toutes les difficultés de leur vie. Les différentes pratiques spirituelles n'ont pas toutes le même fonctionnement et la recherche de la liberté peut avoir toutes sortes de conséquences.

Serge, un beau grand brun, fort et charismatique, au début de la cinquantaine, est engagé dans le même genre de quête spirituelle que Philippe. Dans son cas, la pratique spirituelle a été poussée une étape plus loin. Non seulement il a renoncé aux femmes, mais il a complètement abandonné le désir d'une relation primaire.

«Ma relation est avec toute la vie, dit Serge, et dans ma quête de la vérité. Fusionner avec le grand tout.»

Serge n'a pas toujours été opposé à tout engagement. En fait, il s'est marié très tôt dans la vie. «J'étais très jeune, m'a expliqué Serge, et c'était pratiquement un mariage arrangé. Tout s'est mis en place très naturellement et cela semblait parfait à l'époque. Nous étions tous les deux bourgeois et beaux, mais c'était tout. Nous nous étions mariés pour le confort et pour les apparences, ce qui respectait parfaitement les règles tacites de la société. Je pensais être le seul à avoir fait un mariage de convenance, mais avec le temps, je me suis rendu compte qu'il en était de même pour elle.»

Ce mariage de convenance a bientôt perdu toute saveur pour Philippe et sa femme.

«Je comprends maintenant que vivre avec quelqu'un signifie entrer inévitablement dans son fantasme de la vie quotidienne, dans la réalité que cette personne veut créer et dans laquelle il faut vivre et jouer un rôle. À mon sens, une relation est un fantasme de la vie dont rêve l'autre, jusque dans ses moindres détails.

«En plus, il s'agit en grande partie d'un fantasme inexprimé. On est censé deviner quel est le rêve de notre partenaire, son fantasme d'enfant projeté sur la vie d'adulte, la vie de couple et notre rôle en tant que mari.»

Un grand nombre d'hommes qui se marient très jeunes ne sont absolument pas préparés aux réalités de la vie conjugale. Ils se marient en ayant une série d'attentes qui n'ont rien à voir avec la réalité.

«Dans mon cas, ma femme n'avait aucun intérêt, ni aucune compréhension de ce qui se passait en dehors de la maison. Rien. Elle se fichait de ma carrière et ne voulait pas en entendre parler. Mon travail consistait à sortir et à rapporter de l'argent.»

Et qu'obtenait-il en retour? «D'autres occasions de lui donner ce qu'elle désirait. Elle était gentille avec les étrangers, mais pas avec moi. Elle faisait ce qu'elle pensait qu'on attendait d'elle, le repas était prêt quand je rentrais du travail, mais je ne l'intéressais pas plus que ça.»

Le sentiment d'aliénation et de solitude que décrit Serge est fréquent chez les hommes qui ont l'impression de jouer un rôle et de ne plus être eux-mêmes.

« J'ai fini par la détester. Pendant notre lune de miel, elle a cessé de sourire et d'être gentille. Le changement a été aussi brusque qu'effrayant. Elle a cessé de jouer la comédie et elle est devenue méchante. J'en ai éprouvé une colère indescriptible. J'ai eu une violente querelle avec elle et sa mère après notre lune de miel. Sa mère savait que sa fille était possessive et jalouse, mais elle m'en avait prévenu seulement quelques jours avant le mariage. Il était trop tard. »

N'avait-il jamais rien soupçonné pendant leurs fréquentations ? « Une ou deux fois peut-être, mais je n'en avais pas fait de cas. On organisait un grand mariage et on avait pensé à tous les détails. J'avais 20 ans et je me suis laissé emporter dans le tourbillon. Je ne me suis pas rendu compte qu'il n'y avait pas de véritable lien entre nous et que tout cela était très superficiel, une illusion quoi ! »

Cette expérience brutale de la fausseté de sa relation a frappé Serge avec force et a orienté le cours de sa vie et de sa quête future.

« Avant de m'épouser, elle faisait semblant de m'aimer. Elle voulait que je l'épouse, j'imagine. Mais, aussitôt mariée, elle a agi comme si elle ne m'aimait pas. Je me suis senti piégé. »

Pourquoi avait-elle cessé de l'aimer ? « Aussitôt que nous nous sommes mariés, elle a commencé à agir comme sa mère qui criait constamment après son père. Notre mariage a été le calque de celui de ses parents. »

Voilà un autre exemple d'une personne qui s'identifie avec le comportement d'un parent et qui l'adopte presque automatiquement aussitôt la bague au doigt.

Du point de vue psychanalytique, dès qu'une femme se marie, sa relation avec son mari n'est plus romantique ou insouciante, car elle reproduit sa famille originale. La femme peut considérer son mari comme une doublure de son père (ou de sa mère), tandis qu'elle se met dans la peau de sa mère (ou de son père). Il arrive aussi qu'elle devienne comme sa mère après son mariage pour essayer de rester près d'elle. En effet, imiter une personne est une bonne façon de ne pas la perdre et cette dynamique a joué un rôle de premier plan dans la relation de Serge et de sa femme.

« Après notre mariage, j'ai progressivement perdu tout désir pour elle, m'a dit Serge. Je détestais être en compagnie d'une personne fermée et en colère la plupart du temps et j'ai commencé à l'éviter. Nous sommes restés mariés pendant 13 ans, mais tout allait de mal en pis. Nous avions trois enfants. La vie était triste, mais il m'a fallu sept ou huit ans avant de partir. »

Quand les enfants naissent et que la vie s'installe, il devient de plus en plus difficile de partir.

« Je suis devenu très apathique. Il a fallu que je perde mon emploi et que je passe quelques années au chômage pour que la situation explose. Je me couchais très tard et j'évitais ma femme. »

Serge était incapable d'affronter la violence de ses sentiments. Sans échappatoire pour comprendre ce qui lui arrivait et n'ayant personne à qui en parler, il lui était facile de sombrer dans la dépression et l'apathie.

Quand je lui ai demandé ce qui l'a finalement poussé à partir, Serge m'a avoué qu'il avait l'impression d'être déjà mort, qu'il n'avait pas de vie et n'en espérait plus. Il n'avait donc plus rien à perdre.

Pour lui, quitter sa femme était comme mourir un peu. Cependant, à ce moment-là, il n'avait plus le choix, il fallait qu'il parte. Rester était trop douloureux. Il avait le sentiment qu'il serait vraiment mort s'il n'avait pas pris ses jambes à son cou.

Dans son cas, la rupture a été l'expression d'une force, une tentative de se délivrer de tout ce qui l'étouffait. Mais ce n'est que plus tard qu'il s'en est rendu compte.

Les hommes ressentent tellement de culpabilité quand ils abandonnent leur famille qu'un grand nombre d'entre eux souffrent autant après qu'avant. Comme la culpabilité appelle le châtiment, ils sont prêts à supporter pendant longtemps la colère de leur femme, c'est-à-dire le juste châtiment qu'ils désirent inconsciemment.

« J'ai mis du temps à comprendre tout cela et à apprendre à travailler sur moi-même, m'a dit Serge. Même s'il y avait beaucoup de gens dans ma vie à cette époque, je n'ai jamais senti le besoin de trouver une autre partenaire. La plupart des femmes que je rencontrais désiraient avoir une relation plus profonde, mais je n'en avais aucun désir. Je sentais plutôt le besoin de me retrouver seul et d'être moi-même. »

D'aucuns diront que le traumatisme de son expérience a empêché Serge de faire confiance à une autre femme. Même s'il a vécu d'autres expériences plus positives ultérieurement, Serge n'a jamais l'impression d'être parfaitement lui-même avec une autre personne.

« J'ai appris une dure leçon en cédant à l'image de moi que se faisait quelqu'un, a poursuivi Serge. Je ne veux plus que cela m'arrive, jamais. »

Ne peut-il pas imaginer un couple dans lequel chaque partenaire laisse assez d'espace à l'autre pour que chacun ait la possibilité de s'exprimer et de travailler sur soi comme il l'entend ? « Il paraît que ça existe, m'a-t-il dit, mais je n'y ai jamais cru. Je n'ai jamais eu envie de satisfaire le besoin de plénitude d'une autre personne. Je pense que j'ai toujours considéré les relations amoureuses comme des fantasmes. On voit un couple en apparence parfait, mais en grattant un peu on découvre presque toujours de la pourriture.

« J'ai vu des couples formidables qui partageaient un objectif commun. Mais à mon avis, dans un couple, il y en a toujours un qui mène et l'autre qui fait des compromis. Il y en a toujours un qui est actif et l'autre qui suit.

« C'est flatteur pour l'ego, mais d'un vide ! Cela ne veut rien dire en fin de compte. À mon sens, les relations sont faites pour passer le temps et ne pas se sentir trop seul. Et puis, c'est plus acceptable socialement et c'est ainsi que les choses sont faites ; on sort au restaurant et au cinéma en couple, on paie même ses impôts en couple. Quand j'étais marié, on ne se demandait pas si on voulait des enfants, on en faisait, c'est tout. Aujourd'hui, je me demande pourquoi.

« À mon avis, la vie de couple est un refuge sûr. Les gens cherchent la sécurité au détriment de leur propre identité. »

Est-il possible de vivre avec quelqu'un et de vraiment partager sa vie ? « Oui, a répondu Serge. On dirait que c'est vital, comme respirer et manger. Mais je pense quand même que c'est un refuge contre la solitude. Les gens qui vivent seuls s'imaginent souvent qu'il y a quelque chose qui cloche, qu'ils sont marginaux et exclus. C'est un phénomène très répandu. Dans toutes les sociétés, une personne qui est encore célibataire après un certain âge est considérée comme quelqu'un qui a des problèmes. C'est comme ça. Mais, personnellement, je n'ai besoin de personne.

« Je trouve les femmes qui maternent les hommes étouffantes, agaçantes et fausses. J'imagine que je m'en méfie. J'ai l'impression que les femmes veulent sentir qu'on a besoin d'elles et qu'on les désire. Certaines personnes n'arrivent ni à vivre avec quelqu'un ni à vivre seules. Pour moi, c'est facile. »

Serge a besoin d'énormément d'espace pour apprendre à mieux se connaître. Les gentillesses et les manifestations d'affection lui semblent malhonnêtes lorsqu'elles relèvent d'une obligation. Il juge qu'elles sont au service de l'autre et non pas l'expression de sa véritable personnalité.

Pour Serge, la liberté de mouvement, d'expression et de choix pèse bien plus lourd dans sa vie que tout ce que peut lui apporter une relation amoureuse stable.

« À mon sens, dans un couple, il faut toujours renoncer à une partie de soi-même pour vivre en paix avec l'autre, même quand on s'aime beaucoup. Je ne suis pas particulièrement porté sur le sacrifice. On fait déjà suffisamment de compromis rien que pour rester en vie. Je n'ai pas envie d'être obligé de dire à quelqu'un où je vais et de m'expliquer constamment. Si je veux aller quelque part, j'y vais et c'est tout. Je n'ai pas envie de partager un compte de banque ou de justifier ma façon de dépenser mon argent. C'est déjà suffisant de composer avec ses propres désirs conscients et inconscients sans avoir à prendre en charge ceux de quelqu'un d'autre ; c'est lourd à porter, parfois trop lourd.

« Je pense que chacun devrait trouver une personne qui veut jouer le même jeu. C'est ce qu'on appelle le libre choix. Au soir de la vie, on a joué son rôle comme on l'entendait et on en a une expérience concrète, bien à soi. »

Serge ne voit pas les relations amoureuses comme une voie vers Dieu, le service des autres ou l'illumination, mais plutôt comme un obstacle, une façon de s'empêtrer dans tous les petits drames de la vie. Pourquoi voit-il le temps passé en couple comme du temps perdu ? Il m'a répondu : « Les gens ont des horaires chargés à l'extrême limite : vacances, carrière, famille et engagements sociaux. Ils ont des tas d'activités qui les empêchent de se demander pourquoi ils ont été mis sur terre, de comprendre qu'ils sont davantage qu'une forme physique et qu'ils sont en relation avec la conscience.

« On passe sa vie à faire des compromis et à avoir de bonnes et de moins bonnes expériences. On voyage, on a des enfants, une vie bien remplie. Le temps passe, on vieillit et on meurt. Et on a complètement oublié pourquoi on a été mis sur terre. À mon avis, c'est pour apprendre à se connaître soi-même. La vie n'a pas besoin d'être vécue à travers une histoire et un fantasme d'union. La véritable union est avec soi, avec sa véritable identité. »

J'ai suggéré à Serge que les relations amoureuses pourraient être l'expression de la spiritualité, une façon de voir Dieu en l'autre. « J'ai entendu dire que lorsque les deux partenaires recherchent avant tout un rapport avec Dieu, leur quête prend le dessus sur la relation. Certains disent que leur relation est la voie vers Dieu, que l'amour et le service de l'autre sont des expressions de l'amour divin.

« Les gens peuvent dire tout ce qu'ils veulent. Si ça marche pour eux, tant mieux. Quand deux personnes sont ensemble, ces trucs religieux peuvent peut-être fonctionner. Il y a des couples libres qui semblent très heureux. C'est très beau, mais aussi très rare. Deux partenaires qui évoluent et qui s'expriment du fond du cœur. C'est vraiment très beau. »

Malgré ce qu'il en dit, Serge ne pense pas que ce genre de relation soit pour lui. Selon certains psychologues, Serge a plutôt le sentiment d'être incapable de vivre une telle relation ; à leur avis, il manque de confiance en l'autre et pourrait consacrer sa quête spirituelle à surmonter ce manque de confiance. D'autres diraient peut-être que Serge ne s'est jamais guéri de la douleur et de la colère que lui a causées sa femme et qu'il doit maintenant lui pardonner et se pardonner à lui-même.

D'autres, plus radicaux, jugeraient que toutes ses souffrances ont été salutaires parce qu'elles l'ont conduit à sa quête de l'ultime réalité.

Serge se sent-il seul ? « Je ne suis jamais seul quand je suis avec moi-même. Il y a une grande différence entre se sentir seul et s'en défendre, d'une part, et laisser place à la solitude et se centrer sur ce qui nous habite, d'autre part. Je ne souffre pas de solitude, même s'il m'arrive de me sentir seul.

« Et puis, avec la façon dont les choses ont tourné, à cause de ma dépression au début et de mes fausses idées sur le sens de la vie, j'ai été obligé d'aller au fond des choses. Maintenant, je peux aider les autres à découvrir la vérité sur eux-mêmes. »

J'ai demandé à Serge s'il recommandait aux autres, à ses étudiants par exemple, de s'abstenir d'avoir des relations amoureuses. « Je ne pense pas que je puisse me permettre de dicter leur conduite aux autres. De toute façon, ils vont faire ce qu'ils ont à faire et en tireront des leçons. D'une façon ou d'une autre, la vie nous donne toujours ce dont nous avons besoin dans le moment présent. Deux personnes peuvent voir leur relation complètement différemment ; pour l'une, c'est le bonheur tranquille et pour l'autre, des hauts et des bas incessants, mais chacune y trouve son compte. On apprend, on fait des expériences. »

Que faisait-il de toutes ces femmes qui voulaient vivre avec lui ? Serge a ri avant de répondre. « Je n'avais pas besoin de faire quoi que ce soit. Il suffisait de ne pas faire ce qu'elles voulaient et elles finissaient par disparaître de ma vie.

« Ce qui me renverse le plus, c'est le sentiment qu'ont les gens d'être incomplets s'ils ne sont pas en couple. Sans une relation, ils ne peuvent pas exister. J'ai déjà eu envie d'être en couple, mais jamais de cette façon désespérée. »

Le Dr Gerald Epstein, qui enseigne la spiritualité occidentale, explique son point de vue sur la spiritualité et les relations amoureuses : « En Occident, nous suivons une voie monothéiste. Nous composons avec la dualité, deux amants. Dans cette voie spirituelle, on se rencontre soi-même en l'autre et c'est ainsi qu'on aime. On peut exister sans une relation, mais dans le mariage, c'est vraiment avec Dieu qu'on s'unit, préfiguration de notre union finale avec Lui.

« En Occident, la seule voie vers Dieu passe par une autre personne. Il faut une relation entre deux personnes. Il faut dépasser la dualité primaire, la division, pour atteindre son sens plus noble, l'amour. Il est ensuite facile d'y voir une rencontre et un mariage avec la volonté divine. C'est la façon de devenir un, la voie du monothéisme. »

Cette voie et celle de Serge sont dédiées à Dieu ou à l'union avec le grand tout, mais de manières différentes. L'identité et la quête d'unité de Serge ne passent pas par une relation amoureuse. Il s'identifie directement avec le « grand tout » et cela lui suffit.

« J'ai la capacité d'aider les gens à voir ce qui se passe en eux et à aller au fond des choses, m'a expliqué Serge. J'ai donc des rapports très étroits avec beaucoup de gens. Je sais comment aller au cœur de leur expérience. Ils me font confiance et me confient leurs problèmes. Il se développe toujours une relation très profonde et très intime, on peut même dire sacrée, lorsque les gens sont parfaitement honnêtes.

« Après avoir passé toutes ces années à me sentir prisonnier et désespéré, sans savoir ce que je voulais et sans comprendre le sens de la vie, je peux maintenant reconnaître les gens qui vivent cela. Mais je sais qu'ils peuvent s'en sortir. Tout n'est qu'illusion. Ils s'imaginent que s'ils pouvaient changer ceci ou cela ils seraient plus heureux, mais ce n'est pas vrai. Une prison reste une prison.

« La seule chose qui compte, c'est d'être fidèle à soi-même, malgré l'incompréhension de son entourage. Ce n'est pas d'organiser sa vie comme les autres le veulent qui compte.

« Ma vie est maintenant arrivée à une autre phase. Je me sens choyé, je suis conscient d'être vraiment moi-même. C'est ainsi que je perçois la réalité. Si vous regardez votre agenda de la semaine dernière, tout ce à quoi vous rêviez est déjà passé et irréel et vous rêvez déjà d'autre chose. Si vous jetiez un coup d'œil au calendrier de la semaine ou du mois passé, vous auriez l'impression que c'est celui d'une autre personne. Tous les événements que vous attendiez avec impatience, tous vos rendez-vous ne représentent plus rien. Pourtant, nous sommes toujours convaincus de l'importance de ce que l'avenir nous réserve. »

Les expériences de Serge et les gens qu'il a aimés ont-ils été marquants pour lui et l'ont-ils aidé à évoluer ? « La seule chose qu'on possède vraiment est l'amour qu'on vit dans le moment présent, m'a-t-il répondu. L'amour de la semaine passée est disparu, c'est un souvenir. C'est dans l'expérience du moment présent qu'on partage tout. S'accrocher à un souvenir et rêver à l'avenir ne sont que fantasmes. Mais dans le présent, il y a de la place pour l'amour. Qu'y a-t-il d'autre ? On n'attend pas le bonheur d'une autre personne et on ne garde pas rancune des offenses qui nous ont été faites. Pour moi, c'est ça, la réalité. Pas de regrets et pas de rêves. Nul besoin de faire des prouesses ni de s'accrocher à une quelconque identité. À mon avis, les identités créées à force de réalisations sont une autre belle illusion !

« On se compose un personnage qui a toutes sortes de réalisations à son actif, des mémoires, un album de coupures, et qu'est-ce que ça signifie ? Ce n'est qu'une image, une histoire. Faisons ceci et faisons cela, ayons une relation, fondons une famille et achetons une maison. Les gens sont tellement préoccupés par toutes ces choses qu'ils ne portent aucune attention à leur rapport avec eux-mêmes ou avec Dieu.

« Pourtant, c'est la source directe du bonheur. Mais les gens pensent toujours qu'ils doivent d'abord avoir ceci ou cela pour être heureux. Mais d'où vient ce bonheur, de l'objet, de la personne ou d'eux-mêmes ?

« Vous pouvez passer des années à aller d'un objet ou d'une personne à l'autre, mais pourquoi ne pas trouver le bonheur directement, maintenant ? »

En conclusion, Serge m'a présenté deux magnifiques citations qui décrivent sa vision et sa quête.

> *Ce n'est que lorsqu'on connaît la vérité de l'amour,*
> *qui est la véritable nature du Moi, que le nœud de la*
> *vie peut être défait. Ce n'est qu'en atteignant le som-*
> *met de l'amour qu'on arrive à la libération. Cette*
> *vérité est au cœur de toutes les religions. L'expérience*
> *du Moi n'est qu'amour ; on ne voit, on ne sent, on ne*
> *goûte et on ne fleure que l'amour, qui est la béatitude.*
>
> SRI RAMANA MAHARISHI

CONSEILS À RETENIR
**Comment composer avec les hommes
qui veulent leur liberté**

POUR LES FEMMES
- Ce genre d'homme vit une quête qui n'inclut pas nécessairement une relation amoureuse.
- À moins que vous soyez vous-même engagée dans ce genre de démarche, il est préférable que vous restiez de bons amis.

POUR LES HOMMES
- Sachez que la liberté a plusieurs visages et peut se présenter sous plusieurs formes.
- Certains hommes ne peuvent pas trouver la liberté sans l'aide d'une structure ou d'une limite. Une structure sert à concentrer l'énergie et à orienter la vie.
- Si votre quête de la liberté vous amène à rejeter toute forme de relation, assurez-vous que ce rejet ne découle pas de problèmes psychologiques et de déceptions non digérées.
- Les besoins réprimés finissent toujours par refaire surface pour qu'on puisse les comprendre et les accepter. La véritable pratique spirituelle doit accueillir toutes les expériences de la vie.

> *Satisfais d'abord le désir d'être libre et tu seras libre de tout autre désir. Si tu es libre, les choses que tu désirais te seront données pour qu'elles-mêmes soient satisfaites. Si tu es détaché de tout désir, tu combleras les désirs qui te viennent. La différence réside dans ton détachement. Comme dans un rêve, les désirs d'un homme libre seront satisfaits. Le rêve n'est ni réel ni irréel.*
>
> SRI H.W.I POONJA

CHAPITRE 15

Quand Dieu vient en premier

Comme dans le Cantique des Cantiques, la joie de l'harmonie entre mari et femme est la véritable parabole de l'union entre l'âme et Dieu.

IGERET HAKODESH

Il arrive un moment dans la vie de nombreux hommes où les aspirations spirituelles refont surface et les amènent à remettre en question l'orientation qu'ils ont donnée à leur vie. Ils se posent des questions fondamentales : Qui suis-je ? Où vais-je ? Quel est le sens de ma vie ? Qu'est-ce que je dois faire de ma vie ? Lorsqu'une personne cherche les réponses à ces questions dans un cadre religieux, c'est qu'elle aspire à servir Dieu dans tous les aspects de sa vie et à le faire passer en premier.

Lorsque la religion passe au premier rang après avoir longtemps occupé seulement une place secondaire, l'orientation de vie change complètement. Les choses qui semblaient importantes ne comptent plus. Les hommes traversent alors une période de profonde remise en question et toutes leurs relations en sont affectées. Bien que Dieu n'ait jamais joué un rôle dans leur relation amoureuse, Il en devient maintenant une composante vitale. Naturellement, ces hommes veulent que leur partenaire les suive. Certains quittent leur femme si elle refuse, ayant l'impression qu'elle les tire dans la mauvaise direction. Pour quelques-uns, la vie de couple devient une pratique spirituelle, la voie de la volonté de Dieu.

Pour le Dr Gerald Epstein, ces hommes arrivent à un point crucial dans leur vie où ils doivent prendre une décision. Dans un voyage spirituel, un homme doit vivre une période d'exil. Cela peut vouloir dire quitter son entourage et mettre fin à sa relation avec sa femme, si cette dernière refuse de l'accompagner. Une femme n'adhère pas nécessairement à la nouvelle idéologie qui a changé le cours de la vie de son mari. Lorsqu'il la quitte, elle peut se sentir très soulagée.

«La plupart des hommes se sentent extrêmement coupables d'abandonner leur famille et renoncent à leur voyage spirituel pour garder leur mariage intact. D'autres sont tellement hostiles et amers qu'ils se révèlent incapables, malgré tous leurs efforts, de poursuivre la relation. »

Thomas est un bel homme intelligent au cœur d'or. Il est l'exemple d'un homme dont la spiritualité n'a jamais cessé d'occuper une place de plus en plus importante dans sa vie ; il est resté avec sa femme aussi longtemps qu'il a pu, même si elle refusait de l'accompagner dans sa démarche. Il n'a pas voulu quitter sa femme et ses enfants à cause de ses principes religieux et parce qu'il ne voulait pas abandonner sa famille. Pendant ces années, cependant, sa femme l'a quitté deux fois et elle a finalement demandé le divorce sans lui en parler.

«Mon premier mariage a duré 19 ans et demi en tout, m'a dit Thomas. Je me suis marié à 18 ans. À l'époque, je suivais des cours du soir à l'université. Ma femme est tombée enceinte et j'étais déjà père à 19 ans. Après la naissance de notre premier enfant, ma femme a subi une opération majeure et a été très malade pendant un certain temps. Après cela, elle n'a plus jamais été la même et j'ai changé d'attitude devant la vie, ce qui m'a amené à modifier mes buts et mes priorités. J'ai commencé à travailler comme un dingue. Ma femme était inapte au travail. Au même moment, ma belle-famille est devenue plus présente, particulièrement ma belle-mère qui était séparée. Elle et son mari ont finalement divorcé.

«Je pense que bon nombre de gens s'arrangent inconsciemment pour qu'une prévision négative se réalise. On appelle ça une "prophétie qui s'exauce", m'a dit Thomas. Ma première femme était comme ça. De mon point de vue, pendant la majorité des 19 années que nous avons passées ensemble, j'ai travaillé très fort pour que nous soyons heureux. À certains moments, toujours de mon point de vue, elle se conduisait comme si elle s'attendait littéralement à devenir comme sa mère, dont le mari était un mufle. J'ai combattu cette attitude.»

De nombreuses personnes qui répètent inconsciemment les mêmes patterns que leurs parents finissent souvent par divorcer au même moment qu'eux. En fait, les gens craignent souvent que leur mariage soit plus réussi, plus heureux et plus satisfaisant que celui de leurs parents, parce qu'ils auraient l'impression de les trahir en faisant mieux qu'eux.

«En fait, a poursuivi Thomas, je suis devenu profondément chrétien pendant mon mariage et je me suis engagé davantage dans l'Église. Pendant des années, j'ai emmené mes enfants à l'église le dimanche matin, le dimanche soir et le mercredi soir. Ma femme ne nous accompagnait jamais. J'ai commencé par fréquenter l'Église baptiste, mais maintenant je suis catholique. J'ai un diplôme honorifique d'un collège chrétien et j'ai fait beaucoup de ministère.

«Je pense que la "prophétie qui s'exauce" de ma femme et son refus de m'accompagner à l'église et de prier avec moi ont été les deux choses qui ont nui à mon mariage. Lorsque nous passions à table, j'insistais pour dire le bénédicité avec les enfants, mais elle restait silencieuse. Ce n'était pas nécessairement parce qu'elle ne croit pas en Dieu ou en la prière, mais elle voulait faire les choses à sa façon, même en faisant fi de mes sentiments.»

Voilà une situation intéressante et délicate. Dans un couple, il est facile de transformer la pratique religieuse en une lutte de pouvoir; par exemple, une femme peut la percevoir comme une méthode de contrôle ou comme un prétexte pour la condamner si elle refuse de s'y plier. Inutile de préciser que tout cela déclenche alors chez elle de la résistance, de la colère et un sentiment de rejet. Même si elle souhaite participer, ces sentiments finissent par l'en empêcher.

Au début du mariage de Thomas, la pratique religieuse ne faisait pas partie de sa vie. Il est devenu plus religieux avec le temps, à mesure que les épreuves inattendues et déchirantes se sont abattues sur lui. Alors que sa foi s'approfondissait, celle de sa femme restait au même point. Il n'est pas étonnant que le comportement de son mari lui ait semblé coercitif.

Ce genre de dilemme n'est pas rare. Quand chaque partenaire évolue dans une direction opposée, le couple devient divisé, surtout en ce qui concerne les enfants. Dans un tel cas, chacun doit se montrer prudent et compréhensif. Le couple peut aussi avoir besoin de l'aide d'un professionnel.

«En raison de mes croyances chrétiennes et des enseignements des Écritures, a continué Thomas, je suis resté marié. J'ai pensé partir des dizaines de fois, mais je ne l'ai jamais fait. En définitive, la seule raison pour laquelle je ne suis plus avec elle, c'est parce qu'elle a demandé le divorce. Je voulais sincèrement faire de mon mieux et j'avais besoin de soutien et de direction. Même si une personne essaie de son mieux d'être le conjoint idéal, il faut avoir un modèle auquel on aspire dans un mariage.»

Incertain de l'attitude à adopter devant l'effritement de son mariage, Thomas a cherché soutien et direction auprès de l'Église et dans les Écritures.

«J'ai maintenant 48 ans. Dans ma génération, le père était absent la plupart du temps et nous n'avions pas de modèle du mari et du père idéal. Si je me suis engagé dans la religion, c'est entre autres parce que j'y ai trouvé des modèles très positifs. Je suis certain que cela fait partie de mon attirance pour la pratique religieuse.»

Thomas exprime candidement un besoin commun à un grand nombre d'hommes, c'est-à-dire trouver un modèle idéal, une façon de combler ce que Robert Bly appelle la «recherche du père». Lorsque le père est trop absent, les jeunes hommes grandissent avec un profond sentiment de carence et de confusion au sujet de leur identité et du comportement mâle respectable. Certains hommes ont besoin d'un modèle qui personnifie des valeurs supérieures. C'est ce que Robert Bly appelle le «roi intérieur» ou «père bénissant». Ces hommes ont besoin d'un modèle de comportement masculin qu'ils peuvent vraiment respecter et qui leur accordera sa bénédiction. Il y a alors introjection de ce rôle et ils deviennent le même genre d'homme, vivant selon des valeurs morales qu'ils respectent.

C'est en partie ce rôle qu'ont joué John F. Kennedy et Martin Luther King, fils, pour de nombreux hommes de leur génération. C'étaient des hommes qui se dépassaient et qui consacraient leur vie à une noble cause. C'est de ce genre d'image et de modèle dont Thomas avait besoin.

«J'ai commencé à fréquenter l'église régulièrement quand j'avais 26 ans. Lorsque j'étais enfant, ma famille fréquentait l'Église méthodiste, mais ce n'était pas important dans ma vie. J'entretenais de grands idéaux, mais j'allais à l'église uniquement parce que mes parents m'y envoyaient.

«Quand j'ai commencé à fréquenter l'église, ma femme a eu de la difficulté à s'y habituer. Je ne la blâme pas. C'est devenu très important pour moi. Je voulais que cela le devienne aussi pour elle, mais elle a toujours refusé de me suivre dans cette démarche.

« Nous avions plusieurs sujets de discorde. La Bible parle de ces couples mal assortis. Selon l'Ancien Testament, si un Juif épousait une Égyptienne, on pouvait s'attendre à des problèmes. Je pense qu'il est extrêmement important qu'un couple marié partage les mêmes valeurs.

« Je suis finalement parti lorsqu'elle a demandé le divorce sans raison valable. À cette époque, elle me rendait très malheureux et nous étions un mauvais exemple pour les enfants. Je savais que c'était mauvais pour eux. Je l'ai quittée en pensant que je me réconcilierais avec elle, mais nous avons divorcé.

« J'ai été célibataire pendant deux ans et demi. Puis, j'ai commencé à fréquenter quelqu'un qui me plaisait bien. Au même moment, ma femme est revenue dans le décor et a voulu reprendre la vie commune. »

Cela se produit souvent. Aussitôt que l'ex-conjoint se rend compte que l'autre est sur le point de s'engager ailleurs, il ou elle devient anxieux et plein de remords et veut se réconcilier encore une fois.

« Mon ex-femme m'a persuadé de rompre avec cette amie et de l'épouser à nouveau. Je l'ai fait à cause des enseignements des Écritures et parce que j'avais confiance que nous pourrions nous réconcilier. Elle a dit qu'elle acceptait de m'accompagner à l'église et j'ai pensé que ce serait mieux pour nos enfants, même si je n'étais pas parfaitement heureux. »

Thomas essayait de vivre sa vie selon les Écritures, malgré ses sentiments personnels.

« Nous avons été mariés environ deux ans. Pendant la première année, ma femme est allée en Californie avec ma fille pour rendre visite à une amie. Elle y est restée tout l'été. Lorsqu'elle est revenue, elle voulait déménager en Californie. Nous vivions en Ohio à cette époque et j'étais en affaires à mon compte. Elle continuait à parler d'aller vivre en Californie. L'été suivant, j'ai trouvé le nom de gens en Californie. Si mon mariage en dépendait, j'étais prêt à tenter ma chance là-bas. Après tout, ce n'était pas le bout du monde. J'ai donc écrit à des gens et en février de l'année suivante (deux ans après notre remariage), j'ai reçu un appel d'un homme de San Diego qui me proposait du travail comme consultant. J'ai pensé que ce pourrait être l'occasion pour moi de m'installer là-bas.

« Je suis donc allé en Californie où j'ai commencé à travailler. Si les choses allaient bien, ma femme mettrait la maison en vente et viendrait me rejoindre. Eh bien, j'ai commencé à travailler et je suis revenu à la maison six semaines plus tard, confiant que tout pourrait bien aller. Je suis retourné sur la côte Ouest avec ma voiture.

« J'y suis resté deux ou trois mois. C'était très agréable et je m'y plaisais. J'écrivais à ma femme plusieurs fois par semaine, je lui envoyais mes chèques de paie. En septembre, à l'occasion d'une visite, elle m'a déclaré qu'elle n'avait plus envie de déménager en Californie. »

La femme de Thomas semblait plus intéressée à perturber sa vie qu'à s'engager avec lui. Certaines personnes trouvent du plaisir à garder leur partenaire dans l'incertitude, l'obligeant à prouver constamment leur amour. Mais elles n'ont aucune intention d'assurer la réciproque. D'un point de vue chrétien, Dieu envoyait une épreuve à Thomas. Il devait s'efforcer de ne pas réagir de la même façon, mais de suivre ses valeurs profondes.

« J'avais des contrats de consultation en Californie jusqu'en janvier, m'a expliqué Thomas. Puis elle a demandé le divorce de nouveau. Je lui ai téléphoné de Californie et elle m'a affirmé qu'elle avait laissé tomber l'idée de divorcer. En février, je suis retourné en Ohio et j'ai appris que notre divorce avait été prononcé le mercredi précédent. Je n'avais même pas été mis au courant de l'audience. Je suis arrivé chez moi pour voir ma femme et mes enfants, mais elle avait fait changer les serrures. Je n'étais au courant de rien. Ce soir-là, je suis resté chez un pasteur que je connaissais pour réfléchir à tout cela. En fait, elle voulait tout ce que je possédais.

« Même si nous avions déjà divorcé une fois, nous avions encore des possessions en commun que j'avais pu garder la première fois. Cette fois-là, elle a tout pris. »

Thomas vivait une très grande épreuve. Du point de vue karmique, on peut dire que Thomas a payé une vieille dette envers sa femme. Mais qu'allait-il faire maintenant ? Chercherait-il à se venger et resterait-il amer ou accepterait-il la situation dans un esprit de pardon ? Quand on pardonne, on peut plus facilement passer à autre chose.

« J'ai dû tout reprendre à zéro. Environ un mois plus tard, j'ai recommencé à voir la femme avec laquelle je sortais quatre ans auparavant. Elle est ma femme maintenant. Lisette, dont le mari était décédé, était sortie avec d'autres hommes entre-temps. C'est grâce à l'intervention de Dieu que nous nous sommes retrouvés, car le plus jeune de ses trois fils venait de terminer son secondaire.

« Neuf mois plus tard, nous étions mariés. Nous sommes très heureux en ménage. Dans l'Église catholique, le mariage est un sacrement. Mon premier mariage a été annulé par l'Église, car ce n'était pas un mariage catholique. Nous nous étions enfuis ensemble à 18 ans.

«Du point de vue de l'Église, c'est un premier mariage. Ma femme est merveilleuse. Pour être franc, je suis sorti avec pas mal de femmes quand j'étais divorcé. La plupart d'entre elles avaient tellement de difficulté à se remettre de leurs problèmes conjugaux que je n'avais pas envie d'épouser une divorcée.

«Vous savez, toute cette histoire de divorce et de remariage est problématique pour moi du point de vue des Écritures. Selon le Nouveau Testament, si une personne, homme ou femme, divorce pour toute raison autre que l'adultère, il ne s'agit pas d'une raison valable. Il faut prouver que l'autre a été infidèle. Certaines personnes y voient un point de vue légaliste. Bien entendu, du point de vue de l'Église, un grand nombre de mariages ne respectent pas les Écritures et ne sont pas de véritables sacrements.

«Certaines Églises considèrent le mariage comme un sacrement, une vocation. C'est le cas dans l'Église catholique. On est appelé au mariage par vocation. Or, je crois qu'il faut travailler à une vocation. Alors, si les choses changent, on n'a pas le choix d'être inconstant. »

De ce point de vue, le mariage lui-même devient une pratique spirituelle. C'est la même chose dans la religion juive où le conjoint est considéré comme un partenaire dans l'accomplissement de la volonté de Dieu. L'un ne peut pas y arriver sans l'autre. Bien que la religion juive n'interdise pas le divorce, dans l'Ancien Testament, un homme sans femme est considéré comme un être incomplet, surtout que la femme est le temple de l'esprit de Dieu.

«J'ai le sentiment que Dieu m'a récompensé en me donnant la meilleure femme qu'un homme puisse désirer, a ajouté Thomas. J'ai été fidèle à ma première femme et j'ai tout fait pour me réconcilier avec elle, parce que je pensais que c'était mon devoir. C'est la raison pour laquelle je pense que Dieu m'a envoyé la femme parfaite au bon moment. Le moment compte beaucoup dans une relation.

«Quand j'y repense, je me rends compte que j'aurais pu faire davantage pour la soutenir et l'accepter inconditionnellement. Je suis certain que j'aurais pu faire mieux. Je n'essaie pas de me justifier. »

Sur le plan spirituel, lorsque nous sommes avec une personne qui ne nous convient pas, c'est peut-être que nous avons des leçons à apprendre d'elle, des expériences à vivre et des défis à relever pour pouvoir évoluer et nous préparer à rencontrer une personne mieux assortie ou même l'âme sœur.

Pourquoi y a-t-il tant de gens qui ne trouvent jamais l'âme sœur? ai-je demandé à Thomas. «Parce qu'ils n'ont pas résolu leurs problèmes du passé, m'a-t-il répondu. Même s'ils rencontrent la personne idéale, ils sont encore empêtrés dans les problèmes du passé et incapables de la reconnaître et de l'accueillir.

« Le pardon, c'est autre chose. Malgré tout ce que ma première femme a fait, je lui ai pardonné complètement. »

Sur le plan spirituel et psychologique, on dit avec raison qu'il est impossible d'accueillir une personne dans sa vie avant d'avoir pardonné les fautes du passé et fait de la place pour elle. Les autres femmes que Thomas avait rencontrées pendant son célibat n'avaient encore rien pardonné, ce qui les rendait très amères.

Quand je lui ai demandé ce qu'était un mariage vraiment réussi qui peut durer toujours, Thomas m'a répondu : « Premièrement, je ne partirais jamais à cause du sacrement. Deuxièmement, comme nous savons tous les deux que l'autre ne partira pas, nous nous sentons en sécurité et nous pouvons nous donner entièrement l'un à l'autre sans craindre d'être abandonné un jour. »

Voilà un exemple important de la liberté qu'apporte l'engagement ou la discipline. Si un tel mariage ne laisse pas les partenaires libres de partir ou d'aller voir ailleurs, il leur accorde d'autres libertés. En effet, chacun est libéré de la crainte d'être abandonné. De plus, chacun a le choix ou la liberté de devenir plus ouvert et plus vulnérable, de découvrir la confiance.

« Nous prions ensemble tous les jours, m'a confié Thomas. Nous prions avant chaque repas que nous prenons ensemble et, peu importe où nous sommes, nous allons à l'église ensemble. »

Thomas et Lisette vivent constamment sous l'œil d'une puissance supérieure qui les aide dans tous les aspects de leur vie commune. En soi, cela enlève beaucoup de pression sur leur couple, car chacun sait qu'il y a un être supérieur à qui ils doivent rendre compte et en qui trouver réconfort et secours.

« Quand on analyse les relations amoureuses et le mariage d'un point de vue spirituel, on arrive à des conclusions particulières, a poursuivi Thomas. Je sens que Dieu a créé l'homme et la femme pour être égaux, mais lorsqu'ils essaient de jouer le mauvais rôle dans un mariage — il y a des rôles naturels prescrits aux époux par Dieu —, lorsqu'ils ne respectent pas les rôles, il est inévitable que des conflits surgissent.

« Je pense que Dieu a créé la femme pour aimer et servir son mari, mais le mari aussi doit être disposé à servir sa femme. Il n'a pas le droit d'être égoïste tout le temps et aucun des partenaires ne doit se sentir exploité.

« L'idée qu'une femme serve un homme n'a pas la cote de nos jours. Cependant, dans la pratique spirituelle, l'individu apprend à donner, à servir. Il réprime et dissout son ego, c'est-à-dire cette partie égocentrique et égoïste de lui-même. Naturellement, lorsqu'un mariage est consacré à la pratique religieuse, chaque personne voudra servir l'autre et, ce faisant, se mettre au service de Dieu.

« Je crois que nous pouvons briser les patterns négatifs, mais il faut pour cela prier et surtout admettre l'existence du problème. Autrement, ces patterns se répètent automatiquement.

« Bon nombre de gens essaient de régler leurs problèmes par la psychologie, mais peu se tournent vers la prière. Si vous faites passer Dieu en premier dans votre vie, tout le reste se met en place.

« Lorsqu'on a interviewé ma grand-mère pour ses 102 ans, on lui a demandé le secret de la réussite de son mariage. Elle a répondu : "Il faut savoir donner et recevoir, mais surtout donner." »

Dans l'optique spirituelle, une relation ne met pas nécessairement l'accent sur les *sentiments,* mais sur les *gestes* : donne-t-on assez et comment communique-t-on avec l'autre et avec Dieu ?

« Pour notre lune de miel, m'a dit Thomas, nous sommes allés en Terre Sainte. Notre guide était Juif. Nous avons visité les lieux sacrés des Juifs et ceux des Chrétiens. Il est dit dans l'Ancien Testament et dans le Nouveau Testament qu'un homme doit être prêt à donner sa vie pour son épouse. C'est l'image qu'on a du mariage là-bas. Donner sa vie en sacrifice pour que l'épouse puisse paraître dans sa splendeur et sa beauté. Quand un homme est prêt à se sacrifier pour son épouse, celle-ci peut s'épanouir. Il s'épanouit aussi grâce à l'amour de sa femme, qui lui est reconnaissante de ce qu'il fait pour elle. Quand une femme se sent aimée de la sorte, elle ne veut que donner. Je crois que c'est ce que Dieu voulait.

« Je remercie Dieu de m'avoir envoyé Lisette. Quand on trouve la partenaire idéale, c'est un don de Dieu, une manifestation des desseins de Dieu. »

Thomas a trouvé sa partenaire idéale et la façon de servir Dieu avec elle. Pas étonnant qu'il se sente béni.

FAIRE UNE PLACE À LA PRÉSENCE DE DIEU

Dans la religion juive, le mariage est fondé sur l'amour. Cependant, la définition de l'amour et la façon de l'atteindre ne sont pas les mêmes que dans la pensée laïque.

On ne se marie pas nécessairement parce qu'on a atteint un paroxysme sentimental et qu'on est follement amoureux ; le mariage est plutôt considéré comme le début de l'apprentissage de l'amour véritable. Le partenaire devient le maître de l'apprentissage de l'amour.

Il n'y a pas de fréquentations chez les Juifs hassidim. Ils ne cherchent pas à tomber amoureux, ce qu'ils considèrent comme un engouement basé sur un fantasme. Au contraire, les futurs époux sont présentés l'un à l'autre en fonction de leur famille, de leurs buts et de leur degré de pratique.

Lorsqu'ils se rencontrent, ils parlent de leurs valeurs et de leurs pratiques mutuelles ainsi que de la façon dont ils veulent tenir maison, passer leur temps et élever leurs enfants. Bien qu'il soit important de déterminer s'il existe des atomes crochus entre les futurs époux, ceux-ci ne se touchent pas. Les Hassidim croient fermement que si tous les détails ont été mis en place et se déroulent selon les conventions, l'union sera bénie et Dieu aidera les époux dans tous les aspects de leur vie.

Ce rituel évite aux partenaires la douleur et l'humiliation du rejet. Il y a moins de cœurs brisés. De cette façon, on ne gaspille pas son temps et son énergie à semer le malheur dans son sillage.

De nos jours, les thérapeutes rencontrent beaucoup de gens qui mettent des mois à se remettre de leur divorce et qui ont peur de s'engager à nouveau. Le cœur humain est fragile et facilement blessé. L'orientation religieuse que certains Juifs donnent à leur mariage les protège de ce problème.

Moshe, un rabbin chaleureux et exubérant vivant à Jérusalem, a rencontré sa deuxième femme de cette façon. Bien que sa première femme et lui aient pratiqué leur religion ensemble, elle n'était pas prête à aller aussi loin que lui. À mesure que sa pratique s'est intensifiée, ils sont devenus de plus en plus incompatibles sur le plan spirituel. Il a donc quitté sa femme et cherché une autre partenaire.

Lorsque je lui ai demandé comment il avait rencontré sa deuxième femme, Moshe a répondu : « J'ai fait appel au "partenaire invisible". Quand j'ai rencontré ma femme, je me suis dit que j'aimerais bien avoir une sœur comme elle. Elle était tellement gentille ; j'étais à l'aise avec elle. Au début, je ne la connaissais pas bien, mais je sentais qu'elle était une femme exceptionnelle. J'avais raison. Il y a 20 ans de cela et, avec le temps, toutes les facettes de sa vraie nature se sont révélées. C'est fascinant. Je ne savais pas à quel point elle était merveilleuse, mais j'ai senti tout de suite en la voyant que nous étions faits l'un pour l'autre.

« De plus, nous voulions tous les deux qu'il y ait une place pour Dieu dans notre foyer. Nous formions une équipe, mais un partenaire invisible s'était aussi joint à nous. Chaque partenaire invisible investit énormément dans la relation et, quand les choses vont mal, il n'a pas envie de s'en aller parce qu'il a trop à perdre.

« Le partenaire invisible a tellement travaillé pour que tout fonctionne comme il faut qu'il s'assure que nous restions ensemble et que nous soyons heureux. Notre exemple a touché la vie de nombreuses personnes. Nous consacrons toujours notre vie commune à un but qui transcende la petite vie de chacun. Il est écrit que la présence de Dieu est parmi les époux et qu'elle les unit. Comme le dit la Torah : "Lorsque l'homme et sa femme sont bons, la Présence Divine est avec eux." »

Beaucoup de gens attendent que Dieu leur envoie la bonne personne. Moshe n'a pas attendu ; il l'a cherchée et l'a trouvée immédiatement. D'autres cherchent la bonne personne, sans jamais la trouver, ou trouvent quelqu'un qui ne leur convient pas. Qu'en pense Moshe ?

« Un homme qui cherche l'âme sœur espère habituellement qu'une femme comblera le vide qu'il n'a pas su combler en allant lui-même vers Dieu, m'a-t-il dit. Il est déçu parce qu'il voyait la solution dans une femme. Certaines personnes utilisent les enfants de la même manière. C'est la raison pour laquelle les hommes quittent leur femme et vice versa. Ils n'ont jamais vraiment été ensemble. Combien de temps peut-on supporter une situation dans laquelle il n'y a pas de force unificatrice ? Les hommes pensent qu'une relation amoureuse remplacera leur connexion avec Dieu, leur travail spirituel, mais ce n'est jamais le cas. On a besoin des deux pour être entier.

« J'ai remarqué que beaucoup de gens ont une idée bien précise de l'âme sœur qu'ils recherchent, de son apparence surtout, si bien qu'ils sont incapables de communiquer avec la vraie personne devant eux. Dieu peut nous envoyer une personne qu'on n'attendait pas. Un grand nombre d'entre nous rejetons des personnes que Dieu nous a envoyées.

« Paradoxalement, ce qu'il faut, c'est laisser tomber toute attente, apprendre à connaître la personne pour ce qu'elle est et l'écouter. Il se produit alors une chose qui transcende la raison et même l'émotion. Il n'y a rien de plus beau que deux personnes qui s'unissent dans un but commun et qui sont reconnaissantes l'une à l'autre de cette chance. Elles aiment leur but et elles s'aiment l'une l'autre. »

La pratique de la religion juive – *mitzvoh* (les mots, pensées et actes commandés et défendus par Dieu) – vise à atteindre l'amour et à réparer le monde. On sait ce qu'est l'amour véritable quand on comprend et qu'on reconnaît ce qu'il n'est pas, quand on sait distinguer le faux amour, qui n'apporte jamais la plénitude, du vrai.

« Comme je n'ai pas toujours été aussi pratiquant dans le passé, a ajouté Moshe, j'ai eu des relations amoureuses avec d'autres femmes. Quand on unit deux surfaces, du bois et de l'acier ou du verre et du bois, on a besoin d'une substance pour les cimenter. Dans une relation basée sur le souci de l'autre et l'amour, les partenaires sont unis et s'aiment. Mais s'il n'y a pas de partenaire invisible pour nous élever au-dessus des considérations personnelles, qu'y a-t-il ?

« Dans la tradition juive, les mariés se tiennent sous un dais, un signe de sainteté qui les entoure, les englobe et les remplit. Il ne suffit pas que le couple soit ensemble ; les partenaires doivent être ensemble pour intégrer le divin en eux et dans le monde.

« Pour que le bon partenaire vous soit envoyé, vous devez préparer sa place. Par exemple, si vous receviez un flacon de parfum précieux, vous ne voudriez pas le mettre dans un vieux pot de moutarde. De même, pour mériter une âme sœur, vous devez vous purifier pour permettre que l'union se réalise. Pour y arriver, il faut faire preuve d'humilité et adopter la voie supérieure. Quelle est l'utilité d'envoyer à une personne l'âme sœur qui lui est destinée depuis le début des temps si elle n'est pas prête à l'accueillir ?

« Alors, Dieu attend patiemment en espérant que la personne saura saisir l'occasion. Dieu attend pour envoyer une partenaire éternelle. Pour l'accueillir, il faut se débarrasser de tas de choses sans valeur.

« Ne vous inquiétez pas si vous ne trouvez pas l'âme sœur dans cette vie. Selon la tradition juive, les âmes sœurs sont envoyées sur terre en même temps. Gardez l'esprit et le cœur ouvert. Il y a de fortes chances qu'il existe une personne pour vous. Si vous dégagez de l'énergie positive, alors vous saurez saisir l'occasion et changer votre destinée sans tomber dans le négativisme. »

La spiritualité n'est-elle pas faite d'ascétisme et de sacrifice ? « L'une des choses les plus merveilleuses de la pensée juive, m'a répondu Moshe, est qu'elle accepte les émotions et les appétits sexuels de l'être humain, reconnaît qu'il aime faire des affaires et qu'il peut servir Dieu en toutes choses. Une personne qui renonce à ces aspects de la vie pour devenir abstinente ou refuser de faire des affaires ne règle rien. Elle arrive dans le monde propre et en ressort sans s'être sali les mains. Tout va bien pour elle, mais qu'en est-il du monde ?

«La tradition juive enseigne que nous avons la responsabilité de vivre dans le monde physique et d'y participer parce que Dieu est partout. Dieu n'est pas plus présent sur la montagne ou parce qu'on est célibataire ou retiré des affaires. Il n'y a pas de plus grande illusion que de croire qu'on se rapproche de Dieu en se retirant du monde qu'Il a créé.»

Lorsque Dieu est le lien unificateur dans un couple, celui au service duquel il met son amour, il y a une grande communauté d'esprit et de cœur.

Quand une personne pratique une religion, que ce soit la religion juive, la religion chrétienne ou la religion musulmane, le secret consiste à trouver un ou une partenaire qui partage ses convictions. Le couple et le foyer peuvent alors devenir le lieu où la spiritualité est mise en pratique. En fait, dans la tradition juive, le véritable temple est le foyer, l'autel est la table où toute la famille se réunit pour manger et boire ainsi que pour prier, bénir et remercier Dieu.

CONSEILS À RETENIR
Comment composer avec les hommes qui font passer Dieu avant tout

POUR LES HOMMES ET LES FEMMES
- Soyez certains de partager les mêmes valeurs et les mêmes pratiques religieuses dès le départ. Dans ce domaine, plus que dans tout autre, n'espérez pas pouvoir changer l'autre. Vous jouez avec une âme.
- Ce mariage sera un voyage qui vous rapprochera de Dieu. Vous n'avez pas besoin de consacrer votre énergie à garder votre partenaire, mais à garder la présence de Dieu entre vous.
- Priez et demandez à Dieu de vous donner la force de continuer dans cette voie.

> *Un étudiant du Talmud s'était caché sous le lit de son maître pour apprendre comment le rabbin et sa femme faisaient l'amour. L'ayant trouvé, le rabbin lui demanda de sortir de la chambre, mais l'étudiant refusa en disant: «C'est dans la Torah et cela mérite d'être étudié.»*
>
> LA TALMUD

CHAPITRE 16

La recherche du paradis terrestre

J'ai dit à la créature insatisfaite en moi : quelle est cette rivière que tu veux traverser ?

KABIR

Certains disent que nous avons été expulsés du Paradis terrestre et que nous ne pouvons pas espérer y retourner. D'autres ont eu l'impression de le retrouver en trouvant une âme sœur et en goûtant l'extraordinaire sentiment d'union totale et le simple bonheur de vivre. Ces personnes peuvent ensuite passer le reste de leur vie à chercher à revivre cette exaltation. Leur seul désir est de retourner au paradis terrestre qu'elles ont connu.

Arrivé à la fin de la trentaine, Manuel est un bel homme mince et très intense. Il m'a raconté son premier retour au paradis terrestre lorsqu'il avait 11 ans et comment cette expérience a influencé tout le reste de sa vie.

« J'ai grandi en Pologne et, à l'âge de 11 ans, j'ai trouvé l'âme sœur. C'est arrivé tout d'un coup et je l'ai su tout de suite.

« Dans mon village, il y avait toute une bande d'enfants de paysans, et ma sœur et moi jouions avec eux. Il y avait une coutume voulant que le deuxième jour suivant Pâques nous nous lancions tous de l'eau. Je me souviens d'avoir lancé de l'eau aux autres et d'avoir soudainement remarqué cette petite fille. J'ai immédiatement senti qu'elle était mon âme sœur.

Même si nous n'avions que 11 ans, j'étais certain qu'elle était celle que j'attendais. Je n'avais pas le moindre doute, pour la seule fois de ma vie d'ailleurs. C'est la relation amoureuse la plus mature que j'ai vécue, même si je n'ai jamais vraiment parlé à cette jeune fille.

«Dès que j'ai reconnu cette jeune fille, tous les autres dans la bande ont aussi compris que nous étions faits l'un pour l'autre. Comme ils savaient que nous étions timides et que nous ne parlions pas, ils nous ont précipités l'un contre l'autre. Je me souviens d'avoir couru après elle jusqu'à ce qu'elle ralentisse. J'ai ralenti derrière elle, mais je me suis vite éloigné, car j'étais incapable de lui parler. Il fallait que je vive mon amour à distance. Je lui envoyais des cadeaux comme des tablettes de chocolat par l'intermédiaire d'un ami, et elle m'en envoyait aussi.

«Finalement, le moment de vérité est arrivé pendant sa première communion. C'était au printemps, dans une petite église en bois d'un village de Pologne. Elle était la plus belle et ressemblait à une mariée. Après la cérémonie, elle m'a invité à une fête chez elle. Je n'ai pas osé y aller. Après la cérémonie à l'église, je me suis promené à bicyclette autour de chez elle, mais je ne suis jamais entré. À un moment, sa mère est sortie et m'a offert un morceau de gâteau. J'ai mangé le gâteau et j'étais aux anges, presque comme au paradis terrestre. J'ai été dans cet état pendant deux ou trois ans.

«Pendant toutes ces années, je ne lui ai jamais parlé. Ma sœur m'avait demandé si je l'aimais et je lui avais répondu que je savais que je l'aimais réellement.»

Au paradis terrestre, les mots ne sont peut-être pas nécessaires. Il y a une telle communion, une telle union intime, qu'on comprend tout sans paroles.

«De nombreuses années plus tard, je me suis dit que le moment était venu de la retrouver. J'ai alors découvert qu'elle était mariée à un homme très jaloux et qu'elle avait déjà plusieurs enfants.

«Je suis quand même retourné à l'ancienne maison de ses parents, celle-là même autour de laquelle je m'étais promené à bicyclette. J'ai appris que sa famille avait déménagé et qu'elle-même s'était installée dans la grande ville avec son mari. Je n'avais plus aucun moyen de la joindre.»

Cette charmante histoire un peu mystique, qui ressemble à un conte de fées, évoque une époque d'innocence et de pureté, un stade de la vie où connaître son amour au sens mondain, comme lui parler ou être reçu chez elle, n'est ni nécessaire, ni souhaitable, ni même permis. Un contact mondain est dangereux, car il risque de détruire la pureté que la jeune fille représente. Une communion spirituelle suffit aux amants.

D'aucuns parleraient de fantasme et diraient que le danger de lui parler ou de la connaître était davantage lié au risque de détruire ce fantasme. D'autres soutiendraient qu'il y avait une véritable communion spirituelle entre Manuel et cette jeune fille et que Manuel l'avait vraiment reconnue grâce à des facultés supérieures qui ne dépendaient pas de la parole.

Lorsque Manuel, une fois adulte, est retourné à la maison des parents de la jeune fille, il n'était plus au paradis terrestre. Il n'était plus dans le même état de naïveté. La cupidité avait pris le dessus et il voulait que son amour d'autrefois lui en donne plus. Inutile de dire qu'elle était déjà partie. Mais le paradis terrestre ne lui avait pas été révélé tant par cette femme que par l'état d'esprit qu'il avait connu avec elle, et c'est cet état d'esprit qu'il avait maintenant perdu.

Nous avons tous enfoui au plus profond de nous-mêmes le souvenir d'un amour parfait, d'un bonheur total, d'une union avec Dieu ou avec la mère, d'un assouvissement de tous nos désirs avant même que nous en ayons pris conscience. Certains diraient que c'est cela le paradis terrestre, tandis que d'autres pensent que c'est notre séjour dans le ventre de notre mère. Pendant le reste de notre vie, qui est une période d'exil, nous rêvons de revenir à cet état d'union intime et de bonheur total.

Pour certaines personnes, c'est une première relation, sexuelle et amoureuse, qui éveille ce désir. Une rupture est alors comme une expulsion du paradis terrestre. Elle leur cause une profonde douleur et le sentiment d'être abandonnées. Une rupture peut aussi se comparer à la naissance, lorsque nous sommes arrachés à notre mère et à l'union intime que nous vivions avec elle.

À notre naissance, nous sommes forcés de sortir du ventre de notre mère pour devenir des êtres indépendants. Nous pleurons et luttons pour que nos besoins soient comblés. Or, cette expérience originelle peut nous servir de modèle dans nos relations pendant tout le reste de notre vie.

Certains vivent leur naissance et leur séparation d'avec leur mère comme un rejet. Ils ont le sentiment d'avoir été jetés dehors et abandonnés ou d'avoir abandonné leur mère. Leonard Orr, le père du « rebirthing », prétend que toutes les douleurs en amour remontent à des traumatismes que les gens ont vécus à leur naissance, par exemple la séparation radicale d'avec leur mère et le sentiment d'avoir causé de grandes douleurs, tout en ayant beaucoup souffert eux-mêmes. Pour ces personnes, l'amour et la douleur sont à jamais associés. Pendant toute leur vie, elles croient que l'amour fait mal et qu'il fera toujours mal.

Les personnes qui ressentent le besoin de remonter à leurs origines et de revivre ce sentiment d'union intime choisissent parfois la vie religieuse et l'union avec Dieu. D'autres optent pour la méditation. Certains espèrent inconsciemment trouver ce sentiment d'union intime auprès de la femme qu'ils aiment et avec qui ils croient pouvoir retrouver le paradis. Rien de moins ne peut les satisfaire.

Pendant tout le reste de sa vie, Manuel a cherché l'amour inconditionnel de toute femme qu'il fréquentait ; il cherchait à retrouver le sentiment intense de bonheur et d'union profonde qu'il avait ressenti. Il l'avait même retrouvé pendant quelque temps avec sa deuxième femme, Carmella.

« Carmella était Colombienne. C'était une femme très belle, qui avait beaucoup de caractère, mais elle était maniaco-dépressive. Au début, nous avions une relation très superficielle. Lorsqu'elle était dans sa phase maniaque, nous avions beaucoup de plaisir, même sexuellement. Mais elle se transformait tout d'un coup et pouvait devenir négative sans crier gare. Il y a des fois où elle se mettait à me regarder d'un air critique et morbide, comme si un nuage sombre venait d'apparaître et qu'un grand vent froid s'était mis à souffler. Cela me faisait peur et je me disais que je ne voulais plus jamais la voir. J'en étais surtout bouleversé lorsqu'elle avait été particulièrement excitante peu avant, car je voulais vraiment connaître une union totale avec elle. Un instant, j'avais l'impression d'être amoureux fou d'elle et l'instant suivant, je voyais un mur se dresser entre nous. »

C'étaient le sentiment d'être amoureux fou et l'état d'euphorie qu'il ressentait entre les séparations soudaines qui gardaient Manuel attaché à cette femme enivrante.

« Même si je continuais à me dire que je ne la reverrais pas, nous continuions à nous voir. J'imagine que le destin nous réunissait toujours dans les mêmes cercles de gens. À un moment, je lui ai dit que je partais en voyage en Europe et en Afrique du Nord et elle m'a répondu qu'elle allait m'accompagner parce qu'elle n'avait jamais fait un tel voyage. Plus tard, elle m'a dit qu'elle avait saisi la chance de sa vie parce qu'elle voulait que je sois à elle. Cela lui avait demandé beaucoup de courage. »

Des paysages exotiques représentaient pour eux la toile de fond parfaite pour vivre dans un état second et connaître le sentiment d'amour et d'union profonde qu'ils recherchaient tous les deux. En partant, ils coupaient tous les ponts avec la réalité de tous les jours, ce qui leur permettrait, croyaient-ils, d'atteindre les sommets auxquels ils aspiraient.

«Nous sommes tombés amoureux pendant ce voyage. Carmella était continuellement dans un état d'euphorie, même s'il y a des moments où elle a voulu se suicider, comme à Naples, où je l'ai trouvée assise sur le rebord de la fenêtre de l'hôtel, prête à se jeter dans le vide. Mais la plupart du temps, tout était merveilleux, et les petits drames lors de ses moments sombres certains jours rendaient les autres encore plus éblouissants.»

C'est là une évolution à la fois étonnante et fascinante. Malgré le peu de prise de Carmella sur la réalité et le danger qu'elle tente de se suicider, ou peut-être à cause de cela, la beauté de leur relation s'est approfondie. Manuel était au paradis avec Carmella, puis elle l'en expulsait et le projetait en enfer. Les fluctuations dans leur relation et le danger de perdre à jamais cet état d'extase rendaient ces moments au paradis terrestre d'autant plus précieux. Le danger devenait aussi un défi : il devait préserver l'euphorie à tout prix.

«Nous étions complètement libres. Nous avions de l'argent et nous étions amoureux. Nous passions la majeure partie de notre temps dans des baignoires et des chambres d'hôtel. À Paris, nous faisions l'amour cinq fois par jour et nous n'étions jamais rassasiés. Nous étions amoureux du monde entier, mais surtout l'un de l'autre. C'était la relation amoureuse classique. Nous avions des ailes et nous volions à l'unisson.

«Puis, soudainement, je me suis senti déprimé. Au bout de deux mois d'euphorie, je me suis rendu compte que c'était fini. C'est arrivé tout d'un coup, un beau matin. Je ne pouvais plus maintenir ces pics euphoriques.»

Pendant un certain temps, tous deux avaient perdu leur ego et leur sens d'avoir une identité distincte. Ils s'étaient fondus l'un dans l'autre dans une euphorie amoureuse. À l'égard de cet état, le Soufi dans *La compagnie des amis* dit :

> Seul le Bien-aimé a la clé de la porte intérieure du cœur qui relie l'âme à Dieu. En ouvrant cette porte, Il active le cœur des cœurs avec l'énergie de son appel. Lorsque nous répondons Oui, lorsque nous nous donnons de plein gré à la voie, nous nous ouvrons intérieurement et nous nous alignons avec l'appel de l'amour. Notre consentement n'est pas simplement un Oui momentané, mais un état d'abandon qui requiert notre constante attention.

Les moments de grande exaltation et de communion totale ne peuvent être soutenus sans à la fois l'union de l'un avec l'autre et l'union avec «l'Absolu». À moins de pouvoir nous unir avec l'Absolu dans l'amour, nous sommes condamnés tôt ou tard à quitter le paradis terrestre et à redevenir des individus distincts dans le monde de tous les jours. Le désespoir lié à la rupture et à la séparation peut être terrible, surtout après une histoire d'amour total.

«En plus, nous avons fini par manquer d'argent, a continué Manuel. Nous avions été euphoriques et je savais que je devais continuer à bouger. Nous étions en Italie et Carmella voulait que nous y restions. J'avais l'impression que si je restais, il m'arriverait malheur. Nous avons donc continué à nous déplacer pour fuir je ne sais quoi. À cause de la dépression, je ne pouvais pas rester au même endroit très longtemps. Je la fuyais si bien qu'elle ne me rattrapait pas.»

Manuel avait projeté ses sentiments de désespoir sur une force extérieure qu'il s'acharnait à fuir continuellement. Chaque nouvelle ville et chaque nouvel endroit devenaient une source de divertissement et de distraction qui l'empêchait de penser à ce qui se passait en lui. Naturellement, il était inévitable que ses sentiments finissent par s'intensifier au point où rien ne pourrait plus l'en détourner.

«À un moment, comme nous manquions d'argent, Carmella et moi avons dû rester au même endroit pendant un certain temps. C'était à mon tour de sombrer dans la dépression. Elle reflétait la sienne dans une certaine mesure, mais c'était aussi ma dépression à moi, qui remontait à l'époque où j'étais enfant.»

À ce moment-là, Manuel a senti ses propres démons, son conditionnement et sa douleur, c'est-à-dire tout ce qu'il n'avait jamais vraiment voulu comprendre auparavant. Il y a des gens qui fuient la dépression en se réfugiant dans l'amour, croyant que cela leur évitera de devoir faire face à ce qui se passe en eux. Mais ça ne marche jamais très longtemps.

«Pendant les deux mois de bonheur que nous avons vécus ensemble, j'avais l'impression d'avoir été élevé au-dessus de toutes mes inhibitions, au-dessus de tout, et j'étais au septième ciel. Je me souviens d'avoir bu l'eau d'une fontaine à Rome et d'en avoir été transporté de joie. Tout avait un goût merveilleux ! C'était très touchant. Les gens qui nous voyaient ensemble disaient qu'ils n'avaient jamais rencontré deux personnes aussi amoureuses.»

Il faut faire une distinction entre «être amoureux» et «vivre l'amour», ce qui est à de nombreux égards exactement en opposition. Vivre l'amour signifie accepter et reconnaître à chaque moment ce que nous sommes et qui nous aimons. Vivre l'amour sous-tend la capacité de goûter à la vie telle qu'elle est et, comme l'a fait Dieu dans la Bible, de déclarer que tout est «bon».

«Une fois la joie envolée, m'a confié Manuel, tout est devenu gris. Nous sommes retournés à Paris où nous avons pris une chambre dans l'hôtel où nous avions été si heureux, seulement pour revivre l'expérience. Mais plus on essaie de revivre quelque chose, plus on a l'impression que c'est forcé et que c'est faux. Nous sommes revenus à New York et je me suis mis à croire que le mariage nous permettrait de retrouver l'euphorie que nous avions connue.»

Après avoir goûté à l'euphorie, une personne peut passer le reste de sa vie à chercher à revivre cette expérience. Mais, selon le bouddhisme zen, plus on court après l'euphorie, plus elle s'éloigne. On ne peut rien reconquérir ou posséder. On ne peut que dire merci et continuer sa route pour vivre de nouvelles expériences dans le moment présent.

«Nous nous sommes mariés et ça a été un désastre. Nous avons été mariés pendant six ans, mais nous n'avions que le souvenir de nos deux mois d'euphorie pour nous soutenir. Nous ne nous entendions pas très bien pour ce qui était de vivre ensemble et de faire face aux problèmes de tous les jours, comme payer le loyer. Il fallait que je trouve du travail, mais j'avais envie de faire de la sculpture et je ne voyais pas pourquoi je devais travailler comme menuisier. Je ne comprenais pas pourquoi il fallait que je gaspille mon temps de la sorte.

«Puis je me suis dit que nous devrions avoir un enfant. Ma femme est devenue enceinte et je me suis rendu compte par la suite que nous n'étions pas prêts à avoir un enfant. Notre petite fille est née et elle nous a apporté beaucoup. Elle a été comme une révélation! Elle m'a ouvert les yeux et permis de voir le monde! C'était assez extraordinaire! Mais tout le reste dans ma vie était déprimant. J'avais l'impression d'être en prison. Ce n'était ni ce que j'avais prévu ni ce que je voulais. En plus, ma femme avait un style de vie très différent du mien. Elle aimait les choses bien structurées et voulait que la maison soit parfaite. Au début, cela m'importait peu. Mais j'ai adopté bon nombre de ses façons de faire et je les ai conservées encore aujourd'hui. Nous avions beaucoup d'influence l'un sur l'autre.»

Le fait de tomber amoureux et de connaître ce qui semble être le paradis terrestre avec une autre personne ne signifie pas que l'on se connaît soi-même ou qu'on connaît l'autre ou même qu'on comprend la véritable nature de l'amour. Dans un sens, l'expérience que Manuel et Carmella avaient eue de l'amour était fausse. Elle ne leur avait pas apporté le bonheur, mais le désespoir et le mécontentement.

On peut dire que l'homme doit quitter le paradis terrestre pour apprendre à aimer véritablement et à trouver sa véritable voie. Ce processus lui enseigne la vérité.

Pour sa part, Manuel voulait un sentiment d'union totale comme quelqu'un d'autre voudrait de la drogue. La recherche de l'euphorie a fini par devenir pour lui un moyen de fuir ses propres sentiments et sa dépression ; sa quête est devenue un évitement de la vie de tous les jours. Il voulait que la vie soit autre que ce qu'elle était. Lorsqu'il s'en rendait compte, peu importe combien il se sentait exalté, il savait qu'il devait faire face à la réalité et la dépression s'installait.

« Carmella et moi devions partir en voyage pour aller rendre visite à mon père en Tunisie. Elle ne pouvait pas obtenir de passeport parce qu'elle était de nationalité colombienne, mais j'en ai obtenu un. Je suis donc parti seul et, au lieu de rester six semaines, je suis resté quatre mois. Je me souviens combien j'étais heureux de partir seul et d'échapper à tout ce que je vivais. Pendant les trois premiers mois, j'ai mené la vie d'un célibataire. C'était extraordinaire. Mais au bout de trois mois, ma femme et ma fille ont commencé à me manquer et j'ai voulu aller les retrouver.

« Lorsque je suis revenu, j'ai découvert que les serrures avaient été changées. Carmella m'a dit qu'elle ne voulait plus vivre avec moi. Elle avait rencontré quelqu'un d'autre. En plus, elle était fâchée et se sentait humiliée. Elle se sentait abandonnée et voulait vivre en célibataire.

« Lorsque je suis rentré de voyage, elle sortait avec cinq hommes pour rattraper le temps qu'elle avait perdu pendant notre mariage. J'ai cru devenir fou et j'ai tout fait pour la reconquérir. Je la voulais plus que tout au monde. J'ai appris à danser et à me faire accepter au sein de la communauté hispanique. J'avais l'impression que plus j'essayais, plus elle m'échappait. »

Dès que la personne aimée devient inaccessible, le désir de la reconquérir s'éveille. Manuel retrouvait son désir de retourner au paradis terrestre.

« J'ai tout fait pour elle et j'ai subi tellement d'humiliations. J'allais garder ma fille dans son appartement pendant qu'elle sortait avec d'autres hommes. Je trimbalais mes affaires de chez moi à chez elle parce qu'elle ne rentrait pas avant 5 h du matin. Elle revenait une fleur à la main en me disant que tous les hommes tombaient amoureux d'elle. Elle me disait cela pour me punir. Une fois, elle n'est pas rentrée avant 9 h le matin. Je n'avais pas fermé l'œil de la nuit.

« Je lui aurais pardonné de coucher avec d'autres hommes si seulement elle s'était tournée vers moi sur le plan affectif, mais elle ne le voulait pas. Finalement, j'ai rencontré une autre femme. En m'intéressant à elle, j'ai commencé à me détacher de Carmella. Cela m'a pris huit mois. J'avais remarqué que chaque fois que j'essayais de m'éloigner un peu plus, ma femme se rapprochait de moi. Malheureusement, il était trop tard, car je m'engageais de plus en plus avec cette autre femme. Lorsque je l'ai expliqué à Carmella, elle en a été très choquée. Elle s'attendait à ce que je revienne. Mais elle ne me donnait aucun espoir, aucun signe. »

Manuel et Carmella donnaient libre cours à des sentiments de rage, de chagrin et d'humiliation qui ressemblaient sans doute à ce qu'ils avaient éprouvé lorsqu'ils étaient enfants, par exemple lorsqu'ils avaient dû se séparer de leurs parents et renoncer à l'amour inconditionnel.

L'amour extatique qui ne se fonde pas sur la connaissance de l'autre devient vite de la rage lorsque les besoins demeurent inassouvis. Disparaît alors de la relation la compassion ou même la reconnaissance de l'autre comme une personne distincte.

D'aucuns diraient qu'il est impossible de revenir à notre état originel et de retrouver le bonheur inconditionnel et le sentiment d'une union parfaite. Cependant, d'autres inventent des techniques s'apparentant à la prière et à la méditation qui leur permettent de retrouver cet état originel.

Dans le processus de « rebirthing » de Leonard Orr, une technique de respiration particulière permet à un individu de remonter jusqu'à sa naissance et de libérer les peines, les traumatismes et les croyances négatives qu'il avait adoptées à ce moment-là à son sujet, au sujet de sa mère et de l'amour. Au cours de ce processus, il remplace consciemment ses expériences négatives par des croyances et des choix positifs. Il peut alors pardonner à sa mère et se pardonner à lui-même, faire confiance aux femmes, accepter d'être vulnérable et, enfin, apprendre à donner et à recevoir de l'amour. C'est un procédé laborieux, qui demande du temps, du courage et de la volonté, mais il donne d'excellents résultats.

« J'ai l'impression que je n'ai pas encore trouvé *la femme* de ma vie. Je cherche toujours celle qui sera mon âme sœur. »

Manuel cherche encore la femme qui éveillera toutes les parties de son être et qui lui donnera le sentiment d'être en sécurité et bien intégré. Dans le moment, il croit encore que tout dépend de l'autre, de la femme particulière qu'il désire si vivement trouver.

Si certains estiment que différentes femmes pourraient faire le bonheur de Manuel une fois qu'il aura atteint la maturité voulue, d'autres croient qu'il existe des âmes sœurs et que lorsque nous trouvons la nôtre, tout devient différent. Trouver l'âme sœur dans cette vie est un cadeau très précieux.

Selon les enseignements de Edgar Cayce, nous vivons de nombreuses relations douloureuses et pénibles avant de rencontrer l'âme sœur. Il en est ainsi parce qu'il y a des leçons que nous devons apprendre pour nous préparer à rencontrer la personne qui nous est destinée. Et même lorsque nous rencontrons l'âme sœur, tout ne se passe pas nécessairement très paisiblement. Il y a toujours des problèmes personnels à régler. Mais l'amour et le sentiment d'union totale avec l'âme sœur nous donnent la force d'y travailler.

Il est dangereux de croire que nous nous sentirons toujours heureux et en communion parfaite, une fois que nous aurons trouvé l'âme sœur, que nous n'aurons plus besoin de faire face à la réalité de l'autre. Même lorsqu'il s'agit de l'âme sœur, il faut communiquer clairement, discuter et régler les petits problèmes et les aspects pratiques de la vie de tous les jours. Ce besoin d'aplanir les difficultés s'intensifie souvent à mesure que les sentiments des amoureux s'approfondissent.

Lorsque j'ai demandé à Manuel si lui et Carmella avaient travaillé à améliorer leur relation, il m'a répondu : «Non. L'amour s'est installé entre nous comme un état de grâce, puis il est parti. Nous ne savions pas comment le retrouver. Nous espérions qu'une espèce d'état de grâce ramènerait l'amour entre nous. Mais comment peut-on retrouver l'amour? Je ne le sais pas.»

D'aucuns diraient peut-être qu'un état de grâce ou un goût du paradis est donné à deux personnes pour qu'elles évoluent. Elles doivent apprendre à se parler, à se pardonner et même à sacrifier certains de leurs désirs personnels. Peu importe la communion spirituelle entre un homme et une femme, chacun doit reconnaître et respecter les différences de l'autre.

«Nous avions un idéal d'union parfaite, m'a expliqué Manuel, mais il n'en est rien sorti. Nous n'en avions pas rêvé. Nous avions tout obtenu sans efforts. Mais nous ne savions pas quoi faire de toute cette euphorie et nous vivions dans la crainte de l'ennui.»

L'amour véritable nous rend capables d'accepter tous les moments, de ne pas nous accrocher aux moments heureux et de ne pas craindre les moments sombres ou ennuyeux.

Lorsque nous pouvons prendre la vie telle qu'elle se présente et en être reconnaissants, nous pouvons atteindre l'état du grand maître zen Ummon, qui a déclaré que «chaque journée est une bonne journée».

UNE FOIS PAR SEMAINE AU PARADIS TERRESTRE

Victor m'a parlé d'une relation qui représente pour lui le paradis terrestre. Son expérience du bonheur euphorique ne découle pas d'une union totale avec une femme, mais plutôt de son entière acceptation de la femme qu'il aime et de ce qu'il vit avec elle.

«Andrée et moi nous sommes rencontrés comme tout le monde et nous nous sommes plu tout de suite. À ce moment-là, rien ne me laissait croire que notre relation deviendrait pour moi l'un des plus merveilleux et des plus enrichissants aspects de ma vie.

«Andrée et moi nous voyons une fois par semaine, le mercredi, pendant quatre heures. Et c'est tout. Dès qu'elle entre, nous nous serrons longuement et elle me dit toujours : "Que tu es fort!" Elle me dit la même chose toutes les semaines. C'est un rituel. Puis elle enlève son manteau et entre. Un merveilleux repas est au feu et les apéritifs nous attendent. Nous nous asseyons et nous parlons de notre semaine, de ce qui s'est passé dans sa famille et dans la mienne. Je ne connais pas sa famille et elle ne connaît pas la mienne. Il n'y a aucune obligation entre nous. Nous savons ce que nous devons faire avec qui et quand, mais toutes ces personnes demeurent pour l'autre des personnages fantomatiques.

«La seule chose qui compte entre nous, c'est nous deux. Nous sommes tous les deux divorcés et nos enfants respectifs font partie d'un autre monde, à l'arrière-plan. Nous sommes à l'avant-plan, quatre heures par semaine. Nous nous voyons depuis près de huit ans, mais notre bonheur et notre plaisir d'être ensemble n'ont pas diminué.»

Lorsque je lui ai demandé s'il avait l'impression de vivre un fantasme, Victor m'a répondu : «Je vis ce que j'appelle un fantasme constructif ancré dans la réalité. Nous nous rencontrons à heure fixe, nous savons ce que nous faisons et nous menons chacun notre barque. Nous passons toujours des moments merveilleux ensemble et il ne nous est jamais arrivé de dire des choses qui aient pu blesser l'autre. Comme je vous l'ai dit, tout est facile parce qu'il n'y a pas d'obligations, de conflits, de choix, de loyautés divisées ou de demandes autres que nos quatre heures par semaine.

« Le temps que je passe avec Andrée est une expérience en soi. Elle n'a rien à voir avec quoi que ce soit d'autre dans ma vie. Si j'étais une personne malheureuse, je me sentirais malheureux dès son départ, mais ce n'est pas le cas. Il y a plein d'autres choses que j'aime faire avec des amis ou des gens. Une fois qu'elle est partie, il me reste moi. »

Lorsque je lui ai demandé si elle lui manquait pendant la semaine ou s'il se sentait jaloux qu'il y ait un autre homme dans sa vie, il m'a dit : « Non et il en est de même pour elle. Je ne lui demande jamais ce qu'elle a fait pendant un week-end à moins qu'elle ne veuille m'en parler. Elle ne me pose pas de questions non plus. Une fois de temps en temps, elle me dit qu'elle a passé une merveilleuse soirée à l'opéra ou ailleurs. Si je me mets à me demander avec qui elle a pu y aller ou pourquoi ce n'était pas avec moi, je me dis tout de suite d'oublier cela.

« Elle me parle du plaisir d'assister à un opéra et des gens qu'elle y voit et je suis content de la voir heureuse.

« Chaque fois que nous nous voyons, c'est toujours nouveau et différent. Elle dit qu'il y a une fraîcheur dans notre relation et que c'est ce qu'elle apprécie. Je ne dis jamais la même chose deux fois, je cuisine toujours quelque chose de différent et je suis très inventif sur le plan sexuel. C'est incroyable.

« Ma sœur est venue passer une semaine chez moi. C'est une femme charmante, mais elle est extrêmement conventionnelle et il y a toujours eu des tensions entre nous. Même si elle m'admire beaucoup, je dois ménager ses susceptibilités. En son for intérieur, elle ne m'accepte pas.

« Elle me demande toujours des nouvelles d'Andrée. Elle ne l'a vue qu'une ou deux fois, mais elle ne manque jamais de me demander si je la vois toujours le mercredi soir, si nous prenons des vacances ensemble et comment est sa famille. Naturellement, elle connaît toutes les réponses à ces questions.

« J'ai fini par lui dire un jour que j'aimerais bien qu'elle essaie de réprimer ses jugements et qu'elle écoute ce que j'ai à lui dire. J'ai essayé de lui faire comprendre que dès qu'Andrée franchit le seuil de la porte, c'est le bonheur total. Je lui explique que nous nous serrons, que nous nous aimons et que nous parlons de notre semaine. Je la raccompagne à sa voiture à 22 h et je ne lui reparle plus jusqu'au mercredi suivant.

« Ma sœur a l'impression que nous nous sentons ainsi parce que nous ne nous voyons qu'une fois par semaine. Mais ce n'est pas cela du tout. Je connais des gens qui ne se voient que quelques minutes par semaine, ce qui ne les empêche pas de se haïr, de se blâmer mutuellement et de se dire des choses désagréables. Les gens en réclament toujours plus. Ils veulent toujours en savoir plus l'un sur l'autre et ils sont possessifs, de sorte qu'il faut toujours qu'ils fassent des plans. Il n'y a rien de tout cela entre nous, n'est-ce pas merveilleux ? Notre relation n'a besoin d'aller nulle part. Chaque rencontre entre nous est complète et extraordinaire. Et c'est différent chaque fois.

« Je ne ressens aucune amertume parce que je ne peux pas la voir plus souvent. Je ne suis pas amer, parce que nous sommes totalement honnêtes l'un avec l'autre. Notre honnêteté nous dicte d'ailleurs de ne pas nous ingérer dans la vie de l'autre et de ne pas parler de choses que nous ne voulons pas partager.

« Je n'ai aucun désir de lui tendre des pièges ou de lui tirer les vers du nez. Les choses sont vraiment parfaites telles qu'elles sont. Je ne sais pas où nous en serons dans cinq ans. Qui peut le savoir ? J'aimerais avoir plus avec elle, mais je sais que si j'insiste, elle résistera, et je respecte cette résistance chez elle. Cela ne signifie pas que je veux l'épouser, mais j'aimerais la voir les week-ends de temps en temps. C'est impossible, et cela me va. J'ai toujours la possibilité de voir d'autres gens pendant les week-ends. Cela n'influence pas mes sentiments pour elle ou ce que nous faisons ensemble. Ma sœur et diverses autres personnes sont incapables de comprendre ou d'accepter ma façon de voir les choses.

« C'est une relation agréable parce que nous sommes tous les deux capables de vivre le moment présent. Cette capacité d'oublier le ressentiment et la jalousie et de ne pas s'immiscer dans la vie des autres, même des proches, est une rare qualité chez une personne. Cela signifie aussi que son bonheur ne dépend pas de l'autre. Je peux être heureux avec Andrée parce que je me sens bien dans ma peau. Je ne compte pas sur elle pour faire de moi un être entier. »

À sa façon, Victor s'est créé un modèle de paradis terrestre, c'est-à-dire un endroit où il peut connaître l'amour inconditionnel en acceptant les choses telles qu'elles sont.

« La plupart des problèmes dans les relations amoureuses viennent du fait que les gens ne savent tout simplement pas remercier le ciel pour tout ce qu'ils ont. Ils n'en profitent pas et s'attardent uniquement sur ce qu'ils n'ont pas. »

Pour qu'une relation amoureuse puisse ramener une personne au paradis terrestre, il faut que cette personne apprécie tout ce qu'elle a au lieu de toujours rêver du fruit qu'il est défendu de manger.

«Même si Andrée et moi ne vivons pas une relation conventionnelle, je sais qui elle est et j'aime ce qu'elle est. J'aime qu'elle apprécie la nature. Il lui arrive de regarder quelque chose et de se laisser complètement envoûter. En outre, elle aime véritablement la musique, que j'adore. Je ne suis pas toujours en train de me dire que j'aimerais qu'elle soit différente. Il n'y a rien d'autre que je voudrais qu'elle soit.»

Dans l'histoire du Paradis terrestre, Dieu dit à Adam de ne pas manger du fruit de l'arbre de la connaissance du bien et du mal, de ne pas juger ce qui est bon et ce qui est mauvais. Au Paradis terrestre, il n'y a pas de jugements, seulement l'acceptation et le plaisir des beautés qu'il contient.

«Si Andrée me disait demain matin qu'elle m'aime vraiment, mais qu'elle veut aller s'installer en Californie et que nous ne nous reverrons plus, si elle rompait avec moi de manière honnête, j'en serais très triste pendant des jours. Pas pendant des mois ou des années, mais seulement pendant des jours, car rien n'éclaterait en moi. Ce serait une séparation naturelle. Je n'aurais pas à faire face à la trahison, à la déception ou aux mensonges, qui sont ce qui fait mal. La douleur ne vient jamais de l'honnêteté.

«Mes amis me disent que je serais misérable si je la perdais. Je leur réponds que ce ne serait pas le cas. Je trouverais peut-être quelqu'un d'autre, peut-être pas. Mais je ne me contenterais jamais d'une chose qui ne me procure pas de plaisir. J'aime trop la vie pour cela. Je la prends comme elle vient et je ne m'accroche pas. Je suis toujours en contact avec le grand mystère et mon cœur peut tout englober.»

Victor a trouvé le paradis terrestre parce que, comme le Soufi l'a dit, il dit oui à tous les aspects de la vie.

Certains diraient que sa relation repose sur un fantasme et sur l'acceptation de conditions extrêmement limitatives. Cependant, Victor a accepté qu'il y a une quantité limitée de temps et d'attention qu'Andrée veut bien lui donner. Il ne blâme ni lui-même ni Andrée de cette situation ; il accepte ce qu'ils ont ensemble.

Il est très particulier que Victor accepte ce qu'Andrée peut lui donner et qu'il en profite et en soit reconnaissant. D'aucuns parleraient d'amour inconditionnel. Cela ne veut pas dire cependant que Victor se contente de miettes. Comme le sait Andrée, il a une vie bien remplie ; il voit d'autres gens et il cherche une relation qui peut lui permettre de donner et de recevoir plus pleinement avec une personne libre.

CONSEILS À RETENIR
**Comment composer avec les hommes
qui cherchent le paradis terrestre**

POUR LES HOMMES ET LES FEMMES
* On entre dans le paradis terrestre grâce à l'acceptation et à l'amour inconditionnels, à une véritable communication et à un respect récl pour les similarités et les différences de l'autre.
* Il ne faut pas confondre l'euphorie et le paradis terrestre. L'euphorie est un état émotionnel qui ne dure pas. Très souvent, elle est suivie d'un épisode de dépression.
* Pour rester au paradis terrestre, il faut renoncer à son moi mesquin, exigeant et enclin à porter des jugements. Il faut être prêt à voir, à goûter et à reconnaître la vie telle qu'elle est et à la trouver bonne.

> *Sachez que lorsque vous apprendrez à vous perdre*
> *Vous atteindrez le Bien-aimé.*
> *Il n'y a pas d'autres secrets à apprendre*
> *Et plus que cela ne m'est pas connu.*
>
> AL-ANASRI

CHAPITRE 17

La volte-face

En préparant cet ouvrage, il m'est apparu une technique extraordinaire pour découvrir la relation qui nous rendra heureux. Cette technique aidera des hommes et des femmes à s'épargner des mois – et même des années – de souffrance et de confusion sur le plan amoureux. Elle sera utile à toute personne qui veut une relation permanente et qui est prête à s'engager à se donner ce qu'il y a de mieux. Cette technique est la volte-face.

PROFITER DE LA TECHNIQUE DE LA VOLTE-FACE

Grâce à la méthode de la volte-face, une personne renonce au monde des fantasmes, des bouleversements et des rejets et trouve la sérénité et la clarté voulues pour accepter et apprécier les gens tels qu'ils sont. Vous découvrirez qu'il s'agit d'une méthode fantastique si vous désirez vraiment trouver une relation qui évoluera en un amour véritable.

La plupart des gens qui s'engagent dans une nouvelle relation s'empêtrent automatiquement dans des rêves, des fantasmes, des désirs et des patterns répétitifs sur lesquels ils n'ont aucun contrôle. Au début, il y a généralement une période d'exaltation totale pendant laquelle nous nous disons que nous avons enfin trouvé la personne qui nous rendra entiers. (Après cette phase, nous devenons souvent déprimés, nous blâmons l'autre, nous cherchons à fuir et nous faisons du tort à la relation ou nous nous en faisons à nous-mêmes.)

Pendant la phase d'exaltation, il est très difficile sinon impossible de voir les choses telles qu'elles sont. Lorsque nous évitons de regarder la réalité en face, cependant, nous le payons toujours très cher plus tard.

La méthode de la volte-face met immédiatement fin à une chaîne d'événements à la fois destructeurs et terriblement décevants.

Si vous souhaitez réellement vivre une relation heureuse qui repose sur des bases solides, cette technique est cruciale à de nombreux égards. En vous en servant, vous pourrez aisément écarter les personnes et les situations qui ne vous conviennent pas, c'est-à-dire qui vous catapultent dans un monde de fantasmes qui ne mènent nulle part ou là où vous ne voulez pas vous retrouver.

La technique de la volte-face vous guidera tout en vous protégeant. Elle vous permettra de voir les choses d'un point de vue que vous avez de la difficulté à adopter, surtout pendant que vous vivez votre phase d'exaltation amoureuse.

SUIVRE LA TECHNIQUE DE LA VOLTE-FACE

Cette technique comprend diverses étapes. Je vous les décrirai soigneusement et vous constaterez qu'elles sont le prolongement naturel des anecdotes, des chapitres et des conclusions présentées plus tôt. Pour bien saisir la technique, je vous recommande très vivement de lire tous les chapitres qui précèdent lentement et attentivement. L'histoire de chaque personne vous fera mieux comprendre les erreurs que nous commettons tous en amour.

PREMIÈRE ÉTAPE: ÉTABLISSEZ CLAIREMENT VOS PRIORITÉS ET VOS PRÉFÉRENCES. SACHEZ CE QU'IL VOUS FAUT ABSOLUMENT ET CE DONT VOUS POUVEZ VOUS PASSER.

Déterminez à la fois ce qu'il vous faut absolument et ce que vous ne tolérerez pas dans une relation. Par la suite, tenez-en compte. Si vous rencontrez une personne qui ne correspond pas à ce que vous cherchez, ne critiquez pas ses lacunes et dites-vous qu'elle n'est simplement pas pour vous. Soyez fidèle à vos besoins et renoncez doucement à une situation qui ne vous convient pas avant de vous y engager.

Prenez conscience des faibles probabilités qu'il existe une personne possédant absolument toutes les qualités que vous recherchez. Quelles sont les qualités que doit avoir la personne que vous aimerez? Quelles sont les qualités dont vous pouvez vous passer ? Soyez honnête avec vous-même lorsque vous y réfléchissez.

Dressez la liste des qualités et des caractéristiques que vous jugez essentielles, que vous ne pouvez absolument pas tolérer ou qui importent peu dans une relation. Les qualités et les caractéristiques peuvent inclure par exemple la patience, la constance, la spontanéité, la joie de vivre, la souplesse, l'aisance financière, la pratique religieuse, une vision tradition-nelle des choses, la loquacité, la sérénité, la possessivité, la sensualité, la jalousie, la monogamie, le plaisir, etc.

Réfléchissez à chaque qualité ou caractéristique que vous avez notée et déterminez-en l'importance. S'agit-il d'une qualité que vous devez absolu-ment trouver dans une relation (ou que votre partenaire doit posséder) ? Est-ce une qualité que vous ne pourriez pas tolérer bien longtemps ? Est-ce une qualité qui ne vous fait ni chaud ni froid ? Notez votre évaluation de chaque qualité et de chaque trait à mesure que vous relisez votre liste.

Surveillez la façon dont vous agissez dans une relation et gardez votre liste à jour. Peut-être pensiez-vous avoir besoin d'une chose qui est absente de votre relation actuelle sans que cela vous dérange ? Voyez au fil des jours ce qui vous déplaît vraiment dans une relation. Soyez honnête lorsque vous dressez la liste de ces choses. Vous verrez qu'il est toujours agréable de chercher à découvrir qui on est véritablement.

Peut-être changerez-vous avec le temps, mais vous pourrez dorénavant vous engager dans des relations en faisant face à la réalité de qui vous êtes — et de qui vous n'êtes pas. Vous ne pouvez pas fonder une relation amou-reuse sur ce que vous aimeriez devenir un jour ou sur ce que votre parte-naire pourrait être. Il vaut mieux que vous partiez d'où vous êtes et que vous composiez avec la réalité.

De nombreuses relations qui auraient pu être merveilleuses se sol-dent par un échec à cause de petites différences qui n'auraient sans doute eu aucune importance à long terme. Réfléchissez bien à votre liste de caractéristiques essentielles ; pensez-y souvent et remettez-la à jour au besoin. Sachez ce qui vous importe avant tout et concentrez-vous sur ces choses.

DEUXIÈME ÉTAPE : SÉPAREZ LE FAUX AMOUR DU VRAI. DANS UN DÉSERT, UN MIRAGE N'ÉTANCHE PAS LA SOIF.

Nous avons une telle soif d'amour et un tel désir d'intimité que nous nous accrochons à toutes sortes de simulacres que nous confondons avec l'amour véritable. Ainsi, nous prenons parfois la dépendance, le pouvoir ou le contrôle pour de l'amour.

Si vous rencontrez une personne avec qui vous pourriez avoir une relation, prenez soin de bien l'écouter au lieu d'essayer tout de suite de la séduire ou de l'impressionner. Qui est cette personne? Qu'espère-t-elle trouver en vous? Les bons sentiments ne veulent pas nécessairement dire qu'un amour solide en naîtra.

Posez-vous les questions suivantes: Est-ce que je sers uniquement à rehausser l'ego de cette personne? Est-ce la sécurité que je lui apporte? Sait-elle vraiment qui je suis ou cherche-t-elle simplement le fantôme d'un amour passé? Pour y répondre, voici ce que vous devez faire:

Arrêtez-vous et posez-lui des questions sur ses relations passées. Écoutez attentivement ce qu'elle a à dire.

Lorsque nous rencontrons quelqu'un qui nous intéresse et avec qui nous croyons avoir des atomes crochus, nous prenons rarement le temps de nous arrêter pour découvrir qui est réellement cette personne.

Prenez-le. Posez-lui des questions sur ses relations passées. Quel genre de personne a-t-elle fréquenté et combien de temps ces relations duraient-elles en général? Demandez-lui ce qu'elle aimait le plus dans ses relations et ce qui posait le plus de problèmes. Qui quittait qui? Pourquoi? Écoutez attentivement ses réponses, car il y a de fortes chances que votre relation avec elle soit une répétition de ses relations passées.

Recherche-t-elle des qualités que vous possédez naturellement? Vous faudra-t-il changer pour lui plaire? Bon nombre de gens croient erronément que si deux personnes s'aiment suffisamment, l'une pourra changer pour faire plaisir à l'autre. Bien entendu, il est possible de changer certaines choses, mais les qualités et les habitudes fondamentales d'une personne ne changent jamais beaucoup.

Respectez qui cette personne est et ce qu'elle vous dit. Laissez-la parler sans l'interrompre.

La plupart des gens aiment parler d'eux-mêmes lorsqu'ils trouvent une oreille attentive. Posez à la personne que vous cherchez à mieux connaître des questions sur ses parents, sur ses frères et sœurs et sur le mariage de ses parents. Les gens recréent souvent les relations dans lesquelles ils ont grandi. S'il s'agit d'une personne qui a eu la vie difficile, renseignez-vous sur le travail qu'elle a fait sur elle-même. A-t-elle consulté un thérapeute?

Est-elle disposée à le faire maintenant? Est-elle consciente de traîner de vieux problèmes qu'elle n'a jamais réglés?

Sachez que les patterns sont très puissants.

Les patterns amoureux se répètent inlassablement. Il est donc important que vous cherchiez à savoir si elle est consciente qu'il existe de tels patterns. Reconnaît-elle avoir commis des erreurs dans le passé?

Au début, ces questions couperont court à vos fantasmes romantiques. Vous aurez peut-être l'impression de perdre quelque chose en y renonçant, mais dites-vous que c'est tout le contraire. Vous y gagnez en vous donnant la possibilité de rencontrer la vraie personne, ce qui vous épargnera la souffrance de voir vos fantasmes s'effriter et de vous retrouver avec une personne que vous connaissez à peine et qui ne vous convient pas.

TROISIÈME ÉTAPE: EN ÉCOUTANT L'AUTRE, OUBLIEZ L'IMAGE QUE VOUS AVEZ DE CETTE PERSONNE, LAISSEZ TOMBER VOS JUGEMENTS ET OUBLIEZ VOS DÉSIRS. ÉCOUTEZ-LA ATTENTIVEMENT POUR DÉCOUVRIR QUI ELLE EST.

Lorsque vous suivez la technique de la volte-face, vous avez pour tâche d'arrêter de projeter vos désirs sur l'autre afin de découvrir qui est véritablement cette personne. Si vous lui montrez le plaisir ou la déception que vous ressentez en entendant ses diverses réponses, elle se sentira jugée et se repliera sur elle-même ou modifiera ses réponses pour vous plaire.

Ne faites pas de commentaires sur ce qu'elle vous raconte et n'allez surtout pas dire que vous aimeriez qu'elle soit différente. À cette étape, c'est l'écoute qui importe avant tout. Si vous posez des questions pour ensuite porter des jugements, l'autre personne s'en rendra compte et cessera de parler ouvertement. (Cela ne signifie pas que vous ne devez pas vous demander si cette personne vous convient; rappelez-vous simplement que vous devez éviter de juger.)

Votre tâche consiste simplement à comprendre quels sont les antécédents amoureux de cette personne, ce qu'elle recherche véritablement et dans quelle mesure tout cela vous convient. Il s'agit peut-être d'une perle rare, mais qui n'est pas pour vous.

Une personne dit généralement à l'autre qui elle est et ce qu'elle veut dès le début. En général, cependant, l'autre ne l'écoute pas. Les signes et les signaux sont automatiquement bloqués.

La technique de la volte-face exige un revirement de cette situation. Il faut porter une très grande attention à tout ce que nous voyons et entendons. En renonçant à vos fantasmes, vous finirez par découvrir une vraie personne avec qui vous pourrez développer de solides racines.

QUATRIÈME ÉTAPE : RENONCEZ À VOULOIR CHANGER L'AUTRE. RENONCEZ VOUS-MÊME À VOULOIR CHANGER. NE VOUS CONVENEZ-VOUS PAS TELS QUE VOUS ÊTES ?

Nous nous engageons souvent dans une relation en espérant ou en croyant que nous pourrons changer l'autre ou nous changer nous-mêmes. Combien de fois entendons-nous les gens dire que si leur partenaire les aimait suffisamment, il changerait ou agirait de manière à les rendre heureux ? Que le partenaire ne change pas ne prouve nullement son manque d'amour.

C'est là une grave erreur. Dans une relation qui dure longtemps, nous faisons constamment des ajustements pour nous adapter à l'autre. Cependant, lorsque l'amour repose sur une insatisfaction liée à un trait fondamental chez l'autre, il n'est jamais très solide. L'autre le sent et a l'impression d'être inadéquat et indigne d'amour. Dans un tel cas, les deux partenaires en souffrent.

Il faut beaucoup de courage et de sagesse pour reconnaître la vérité. Une personne peut avoir certains traits de caractère que vous refusez de tolérer, mais cela ne la rend pas mauvaise pour autant. Elle ne vous convient tout simplement pas. N'oubliez pas qu'il peut y avoir quelqu'un d'autre qui recherche chez une personne les caractéristiques qui vous horripilent.

CINQUIÈME ÉTAPE : NE MENTEZ PAS ET NE LAISSEZ PAS L'AUTRE VOUS MENTIR.

Au début, de nombreuses personnes mentent ou exagèrent la vérité en parlant d'elles-mêmes. Elles donnent de fausses impressions et acceptent les fausses impressions qu'on leur donne. Elles gobent aussi les exagérations continuelles de la personne dont elles sont amoureuses. Tôt ou tard, les façades s'effondrent. La vérité doit éclater au grand jour. Dans un couple engagé sur le plan affectif, plus tôt cela se produit, mieux c'est.

Vous éviterez que l'autre ne vous mente en vous concentrant sur ce que vous voulez et en l'écoutant. Prenez conscience des réalités dans sa vie. Faites en sorte de rencontrer les amis dont il parle, ainsi que sa famille, et essayez de le voir au travail. Posez-lui des questions sur ce qui se passe dans sa vie et comparez ses réponses aux faits.

Il est étonnant de voir combien de gens sont heureux de renoncer à leur propre jugement et à leurs propres perceptions pour conserver un amour. Les fantasmes sont tentants. Cependant, les mensonges, les jeux de pouvoir et l'exagération découlent du sentiment de l'un ou l'autre de ne pas être à la hauteur.

Résistez à la tentation. Dites-vous que vous êtes digne d'amour comme vous êtes. Il ne faut tolérer que la vérité et trouver quelqu'un qui recherche ce que nous avons à donner. Autrement, nous dérogeons à notre véritable nature pour nous accrocher à quelqu'un que nous ne pourrons jamais satisfaire de toute façon. Après des années de relations malheureuses, nous n'aurons plus qu'une très piètre estime de nous-mêmes. Pourquoi ne pas essayer d'éviter une telle situation dès le départ ?

SIXIÈME ÉTAPE: PRENEZ TOUT LE TEMPS QU'IL FAUT. DÉCOUVREZ TOUT CE QUE VOUS DEVEZ SAVOIR AVANT DE VOUS ENGAGER.

Lorsque deux personnes se rencontrent, elles ressentent souvent le besoin de devenir très intimes très rapidement. Évitez de laisser l'amour vous faire perdre la tête. Il faut beaucoup de temps pour connaître une autre personne. Celle-ci doit se dévoiler lentement. Ne vous laissez pas bousculer et ne bousculez pas la personne que vous aimez.

Ne pressez pas l'autre de vous en dire plus que vous ne voulez en dire et ne laissez pas l'autre vous tirer les vers du nez. Profitez du temps que vous passez ensemble pour vous adonner à des activités qui vous plaisent et qui vous permettront de vous découvrir et de mieux vous connaître tous les deux.

Ne vous engagez pas à faire des activités ou à tenir des promesses si vous ne vous y sentez pas prêt. N'acceptez jamais une chose de peur de perdre la personne aimée. Si une personne vous quitte parce que vous ne pouvez pas vous accommoder de son horaire, laissez-la partir sans faire d'histoire. Une telle personne ne vous conviendrait pas de toute façon. La personne pour vous saura respecter votre rythme, tout comme vous respecterez le sien. Elle comprendra aussi que la patience est cruciale dans toute relation amoureuse.

SEPTIÈME ÉTAPE: PRENEZ CONSCIENCE DE VOS FANTASMES: QU'ATTENDEZ-VOUS DE L'AUTRE ET QUE PROJETEZ-VOUS SUR CETTE PERSONNE? VOUS LAISSEZ-VOUS PRENDRE AU JEU DE LA COMPULSION DE RÉPÉTITION? ÉLIMINEZ-LA DÈS QUE VOUS SENTEZ QU'ELLE FAIT SURFACE.

S'il est important de connaître et de comprendre l'autre, il est tout aussi important de se connaître et de se comprendre soi-même. Pour aimer pleinement, une personne doit savoir ce qu'elle a à offrir, de bon et de mauvais.

Nous avons tous des fantasmes inconscients, c'est-à-dire des images, des compulsions et des désirs qui peuvent nous empêcher de reconnaître la personne qui nous conviendrait. Ces fantasmes peuvent aussi influencer notre comportement et nous faire partir lorsque nous devrions rester ou vice versa.

Prenez conscience de vous-même. Assumez la responsabilité de qui vous êtes et de ce que vous recherchez dans une relation. Ne laissez rien au hasard. Concentrez-vous sur le style de vie, les valeurs, les buts et les qualités que vous privilégiez. Gardez la tête froide lorsque vous rencontrez une personne qui vous plaît et voyez d'abord si elle est celle avec qui vous pourriez évoluer vers une relation durable. Les atomes crochus n'ont pas besoin d'être présents dès le début. Ils peuvent se manifester une fois que vous êtes bien ensemble, lorsque vous vous sentez mutuellement acceptés et en sécurité. La patience est de mise, même en amour.

HUITIÈME ÉTAPE: SACHEZ QUE L'AMOUR SE FONDE SUR LA VÉRITÉ ET LA SAGESSE. SACHEZ QU'IL FAUT ÊTRE VIGILANT ET EN PRENDRE SOIN. REMERCIEZ LE CIEL DE TOUT CE QUE VOUS AVEZ REÇU ET N'AYEZ PAS PEUR DE VOUS OUVRIR ET DE DONNER EN RETOUR.

Il est impossible d'attirer une personne plus équilibrée qu'on ne l'est soi-même. Si vous voulez que vos relations amoureuses soient plus enrichissantes, devenez une personne plus épanouie. Si vous voulez quelqu'un de plus généreux, devenez vous-même une personne plus généreuse. Renoncez à vos habitudes et à vos exigences enfantines. Acceptez d'en faire un peu plus pour rendre l'autre heureux.

Prenez la bonne habitude de rendre grâce au ciel pour tout ce que vous avez reçu et tout ce que vous recevez maintenant. Vous pourrez ainsi vous concentrer non pas sur ce qui est négatif, mais sur tout ce qu'il y a de richesse et de bonté dans votre propre vie. Il peut être utile de garder un petit cahier dans lequel noter tout ce que vous recevez chaque jour. Si vous le faites, vous constaterez avec étonnement qu'il n'y a pas de fin à tout ce que vous recevez.

Lorsque nous avons l'impression de recevoir beaucoup, il est naturel de vouloir donner en retour. Et cela crée une situation exceptionnelle. En donnant généreusement, non seulement vous deviendrez une personne plus heureuse et plus réceptive, mais vous constaterez aussi que plus vous donnez, plus vous recevez. Et votre relation avec la vie elle-même deviendra beaucoup plus enrichissante.

Faites appel à un être supérieur si vous en avez envie. Sachez que tous les fantasmes, toutes les séductions, tous les échecs et toutes les tentations de la vie cessent de compter lorsque apparaît le Partenaire invisible !

> *Abandonnez toute notion de soi et de l'autre.*
> *Voyez qui est devant vous.*
> *Ici même.*

ESHIN (ÉTUDIANT ZEN)

ÉPILOGUE
OSER AIMER À NOUVEAU

Le monde est une matrice et non une tombe, un endroit où toute chose est engendrée et dotée de vie.

HENRY MILLER

Tout comme nous devons apprendre à partir et à faire nos adieux, nous devons aussi apprendre à continuer à vivre. Nous devons apprendre à nous dire oui et à dire oui à d'autres personnes, à nous ouvrir à de nouvelles possibilités.

La séparation est une chose naturelle. Il nous arrive régulièrement de quitter quelqu'un ou que quelqu'un nous quitte. Les séparations, les changements, les pertes et les renaissances font partie de la nature même de l'Univers. Lorsque nous nous en rendons compte, nous ne voyons plus la rupture comme un rejet douloureux et nous pouvons nous ouvrir sans difficulté à de nouvelles personnes et à de nouvelles situations.

La plupart d'entre nous vivons à moitié endormis, comme dans un rêve. Quel gaspillage! Notre vie et les gens qui la peuplent représentent pourtant de miraculeux cadeaux que la plupart d'entre nous refusons jour après jour. Pourquoi refusons-nous régulièrement tout ce qui nous est offert?

Nous nous limitons parce que nous sommes trop occupés à nous accrocher à l'idée de ce que la vie «devrait» nous apporter — à ce que nous attendons et exigeons, à ce que nous croyons bon pour nous (même si cela ne l'est pas). Cela nous empêche de tomber sainement amoureux de la bonne personne, ce qui est un droit fondamental.

Nous sommes nombreux à vivre comme des hôtes ingrats invités au merveilleux banquet de la vie. Au lieu d'en profiter, nous nous inquiétons qu'il ne dure pas toujours. Nous critiquons les plats. Nous en exigeons un et aucun autre ou nous nous jetons sur un plat qui ne nous convient pas pour nous demander ensuite pourquoi nous sommes malades.

Nous passons notre temps à chercher des défauts aux autres convives. Nous ne savons pas qui est notre hôte ni même pourquoi il nous a invités. Et nous ne pensons pas à remercier qui que ce soit de nous avoir invités à un aussi somptueux banquet.

Il arrive que nous nous fichions éperdument de ce que nous faisons au banquet. Cependant, lorsque la nourriture vient à manquer, nous sommes terrifiés. Si nous n'apprécions pas la nourriture, nous bousculons les autres. Nous agissons de manière égoïste, ne voyant pas que nous avons tous été invités au même titre.

Rendre grâce au ciel pour tout ce que nous avons est une façon de chercher notre hôte et de commencer à découvrir pourquoi nous avons été conviés. En faisant preuve de gratitude, nous découvrons non seulement que toutes les personnes présentes au banquet sont précieuses, mais aussi qu'elles ont quelque chose d'unique à offrir. Remercier le ciel nous rappelle aussi que le temps passe. Il est idiot de le gaspiller à cultiver le ressentiment ou à blâmer les autres.

Pour aimer pleinement, il faut croire à l'amour et avoir du courage. Nous entendons beaucoup parler de foi, mais comment pouvons-nous la rendre réelle dans notre vie ? Il est rare de rencontrer quelqu'un qui a une véritable foi en la vie, en les autres et en lui-même. En général, une telle personne est tombée souvent, mais elle a appris à se relever.

Dans les relations comme dans toute autre chose, il n'y a rien de mal à tomber. Nous pouvons toujours nous relever. Pour avoir la foi, il faut continuer à avancer bravement, malgré toutes nos mauvaises expériences et malgré l'incertitude devant ce qui nous attend. Il faut nous faire confiance et faire confiance à Dieu et à l'Univers, tout en restant vigilants.

Bien qu'il soit douloureux de quitter une personne ou de se faire quitter, tout ce qui se forme est sujet à changement. Il ne peut pas en être autrement. Plus nous apprenons à nous aimer et à nous accepter nous-mêmes et la personne qui partage notre vie, plus notre univers se renouvelle et s'enrichit. Et nos relations amoureuses s'améliorent constamment.

Le prunier près de ma cabane,
Il n'y pouvait rien,
Il fleurissait.

SHIKI

TABLE DES MATIÈRES

Cet ouvrage a été achevé d'imprimer
en mars 2000.

Transcontinental
IMPRESSION
IMPRIMERIE GAGNÉ

IMPRIMÉ AU CANADA